원리를 밝히는
PostgreSQL
실전서!

초보자를 위한
PostgreSQL
DBA편

권순용 · 구경서 · 최경환 · 윤 현 · 허원석 지음 | 최세환 · 정 흠 · 문태견 · 홍리화 감수

ax|om

초보자를 위한
PostgreSQL
DBA편

axiom

머리말

데이터베이스 업종을 선택하여 모델링, DBA, 튜닝, 데이터 이행을 수행한 지 27년이 되었다. 30년 가까이 데이터베이스 업종에 종사하면서 지켜온 바, 지난 2~3년전부터 데이터베이스 시장은 오픈소스 데이터베이스가 화두되었다. 그러는 동안 시중에는 오픈소스 관련 기술 및 서적이 전무한 상태에서 기업들은 오픈소스 데이터베이스의 도입을 시작했다. 필자는 몇 년전 MariaDB 서적을 출판하고 오픈소스 데이터베이스의 또 하나의 기둥인 PostgreSQL 데이터베이스에 관한 서적을 이번에 출판하게 되었다. 필자가 오라클로 데이터베이스에 처음 뛰어들었던 27년 전만 해도, 오픈소스 데이터베이스가 지금처럼 성장하리라고는 상상하지 못했다. 하지만 현재 오픈소스 데이터베이스는 상용 제품의 자리를 위협하며 가파르게 점유율을 높이고 있다. 혼자 오픈소스 데이터베이스를 공부하고 구축하며 이 책을 출판하게 되었다. 모쪼록 이 책이 오픈소스 데이터베이스를 도입하고 운영하는 많은 고객사에게 조금의 도움이라도 되길 바란다.

더 이상 출판을 하지 않기로 다짐했건만 어느덧 이번 책이 열두 번째 결과물이 되었고, 집필 과정에서 새로운 도전이라는 생각이 느껴져 감회가 새로웠다. 더군다나 필자가 설립한 데이터베이스 컨설팅 회사에서 가장 빠르게 가장 많은 오픈소스 데이터베이스 전환 프로젝트를 수행하며 쌓은 지식과 경험을 바탕으로 출판한다는 것에 대해 더욱 의미가 있는 것 같다. 이 책이 나오기까지 언제나 필자를 믿어준 엑시엄의 식구들에게 진심으로 감사하고 항상 믿고 따라주는 아내와 딸에게 감사를 전한다.

_저자 **권 순 용**

프로그래밍을 전공하면서 다양한 분야를 접할 기회가 있었지만, 그중에서도 제게 가장 큰 흥미를 준 분야는 단연 데이터베이스였습니다. 대학교 시절 SQL을 처음 배우던 때부터 관심은 본격적으로 시작되었고, 졸업 후에는 Oracle 기반의 데이터베이스 실무에 자연스럽게 뛰어들게 되었습니다. 수많은 프로젝트와 고객사 환경에서 성능 문제를 해결하고, 아키텍처를 개선해 나가며 DBMS가 가진 깊이와 무게를 체감할 수 있었습니다. 그 경험을 바탕으로 『Achieving Extreme Performance with Oracle Exadata』 번역에 참여했고, 이후 실전 경험을 바탕으로 『Perfect 오라클 실전 튜닝 2』 집필에도 함께하게 되었습니다.

하지만 시간이 흐를수록 단일 벤더 기술에만 갇히지 않고 PostgreSQL, MySQL 등 다양한 오픈소스 기반 데이터베이스에도 관심을 가지게 되었습니다. 기술은 계속 진화하고, 오픈소스 생태계 역시 이제는 성능, 확장성, 유연성 측면에서 기업 환경에서도 충분히 경쟁력을 갖춘 대안으로 자리 잡고 있음을 실감하고 있습니다. 특히 최근에는 오라클에서만 가능하다고 여겨졌던 기능들까지 오픈소스 진영에서도 실현되고 있다는 점에서, 그 가능성은 더욱 크다고 생각합니다.

이 책을 통해 DBMS를 처음 접하는 독자에게는 안정적인 첫걸음을 내딛는 출발점이 되고 이미 Oracle이나 타 벤더의 DBMS를 경험하신 분들에게는 새로운 관점에서 PostgreSQL을 이해하고 비교해보는 기회가 되기를 바랍니다.

끝으로 이 여정을 함께한 엑시엄정보시스템의 동료들에게 감사드립니다.

_저자 **구 경 서**

PREFACE

데이터베이스 업계에 몸담은 지도 어느덧 17년이 되었습니다. 그동안 DBA로서의 운영 경험을 바탕으로, 데이터 모델링, 성능 튜닝, 이행(Migration) 등 다양한 영역에서 실무를 쌓아왔습니다. 오라클, MS SQL Server 등 상용 DBMS가 주류이던 시절부터 여러 프로젝트를 경험했지만, 최근 몇 년간 급격히 부상한 오픈소스 데이터베이스의 흐름은 저에게도 새로운 화두였습니다.

그중에서도 PostgreSQL은 단순한 무료 DBMS를 넘어, 기업용 DBMS의 대안이자 새로운 표준으로 자리매김하고 있다고 생각합니다. 강력한 확장성, 표준 준수, 안정적인 트랜잭션 처리 능력은 물론이고, 다양한 커뮤니티와 도구들의 지원까지 갖춘 PostgreSQL은 초보자에게는 진입장벽이 낮고, 전문가에게는 깊이 있는 기술적 탐구가 가능한 매력적인 시스템입니다.

저는 지금까지 세 권의 데이터베이스 책을 집필해 왔지만, 이번 『초보자를 위한 PostgreSQL』은 오픈소스 전환을 고려하거나 이제 막 데이터베이스를 접하는 분들에게 실질적인 도움을 주기 위한 목적에서 시작되었습니다. 이 책은 단순한 기능 설명을 넘어서, 실무자가 어떤 관점에서 PostgreSQL을 이해하고 활용해야 하는지를 염두에 두고 구성하였습니다.

PostgreSQL을 둘러싼 생태계는 앞으로도 빠르게 성장할 것입니다. 이 책이 독자 여러분의 첫걸음을 조금 더 든든하게 만들어주는 길잡이가 되기를 진심으로 바랍니다.

_저자 **최 경 환**

PostgreSQL은 오픈소스 데이터베이스 관리 시스템 가운데 높은 안정성과 확장성을 인정받으며, 점차 다양한 산업 현장에서 채택되고 있다. 최근에는 상용 DBMS에서 PostgreSQL로의 전환을 고려하는 기업이 증가하고 있으며, 이에 따라 PostgreSQL에 대한 체계적인 이해와 실무 중심의 학습 자료에 대한 수요도 함께 높아지고 있다.

하지만 PostgreSQL은 많은 초심자들에게 낯설고 어렵게 느껴지는 대상이다. 특히 상용 DBMS에 익숙한 사용자에게 PostgreSQL의 구조와 운영 방식은 새로운 학습이 필요한 영역으로 다가올 수 있다. 이 책은 PostgreSQL을 처음 접하는 이들을 위해 데이터베이스 관리에 대한 기초 개념부터 PostgreSQL의 내부 구조, 트랜잭션 처리, 프로세스, Vacuum, 시스템 파일 구조까지 실무에서 꼭 알아야 할 핵심 주제를 단계적으로 설명한다.

이 책을 통해 PostgreSQL의 내부 작동 원리를 보다 명확히 이해하고, 실무 현장에서 요구되는 운영 및 관리 능력을 갖추며, PostgreSQL 기반의 시스템 운영 및 오픈소스 DBMS 도입을 고려하는 모든 이들에게 유용한 참고 자료가 되기를 기대한다.

끝으로, 책 집필 과정 전반에 걸쳐 아낌없이 지원해주신 권순용 대표님과 엑시엄 동료들에게 감사를 전한다. 또한 집필 기간 동안 묵묵히 응원해준 사랑하는 아내와 두 딸에게도 깊은 감사를 전한다.

_저자 **윤 현**

머리말

최근 국내 데이터베이스 시장의 판도는 명확하게 오픈소스로 기울고 있다. MySQL, PostgreSQL과 같은 오픈소스 데이터베이스가 오라클 같은 상용 제품들을 넘어 시장의 중심으로 자리 잡고 있다. 이러한 흐름 속에서 PostgreSQL을 배우려는 분들이 많아졌지만, 익숙하지 않은 오픈소스 데이터베이스를 처음 접하게 되면서 혼란에 빠지는 경우가 잦다. '대체 어디서부터 시작해야 할까?', '실무에선 정확히 어떤 기능이 필요할까?' 하는 고민은 현업에 있는 실무자 누구나 한 번쯤은 마주치게 되는 문제일 것이다.

이 책은 바로 그와 같은 고민을 가진 독자들을 위해, 그리고 그 질문에 대한 어느 정도 해답을 제시하기 위해 집필했다. 물론 PostgreSQL의 모든 기능을 이 한 권에 담을 수는 없는 일이다. 대신 '실무에서 가장 빈번하게 사용되는 것'과 '성능을 위해 반드시 알아야 할 핵심 원리'라는 두 가지 기준을 세웠다. 단순히 기능을 나열하는 것을 넘어, 각 기능이 왜 필요하고 어떻게 동작하는지 이해한다면, 책에 없는 새로운 문제를 만나도 스스로 해결할 힘이 생길 것이라 믿는다. 마지막으로 이 책이 출간될 수 있도록 여러모로 힘 써주신 권순용 대표님과 엑시엄 회사 분들께 진심으로 감사의 마음을 전한다.

_저자 **허 원 석**

감수평

SUPERVISION EVALUATION

초보자를 위한 PostgreSQL은 시각적 자료들을 활용한 개념 설명과 더불어 운영TIP을 제공하여 실무환경에서 발생할 수 있는 다양한 문제들에 대한 가이드를 제공하고 있습니다. PostgreSQL의 구조적 이해부터 운영 및 관리까지 체계적으로 설명되어 있어 처음 PostgreSQL을 접하는 독자들도 친숙하게 다가갈 수 있도록 구성되어 있습니다. PostgreSQL에 관심이 있지만 어디서부터 시작하면 좋을지 막막한 독자들을 위한 든든한 길잡이가 될 것이라고 생각합니다.

_정 흠

이번에 PostgreSQL 책을 감수하면서 기존에 다뤄왔던 Oracle이나 MySQL과는 차별화되는 PostgreSQL의 구조적 특징을 이해할 수 있었습니다. 전반적으로 글이 이해하기 쉽게 구성되어 있어 PostgreSQL의 메모리 구조나 프로세스 등 기본 개념을 익히는 데 도움이 되었습니다. 그동안 PostgreSQL 을 공부해야겠다고 생각하면서도 막연한 어려움에 시작을 망설였던 분들이 많았을 것입니다. 이 책이 출간된다면 PostgreSQL 학습에 큰 도움이 될 것이라 확신합니다.

_최 세 환

이 책은 PostgreSQL의 구조를 처음 접하는 분들도 쉽게 이해할 수 있도록 잘 구성되어 있습니다. 특히, 각 단원마다 저자분들의 풍부한 노하우로, 개념을 시각적으로 정리한 그림과 예시로 눈으로 따라가며 이해하기 쉽게 설명되어 있습니다. 실무에서 바로 활용할 수 있는 내용이 많아 큰 도움이 될 것입니다. 감수자로서 책을 읽으며 독자를 위한 저자의 세심함이 느껴졌고, PostgreSQL을 제대로 배우고 싶은 분들께 자신있게 권합니다.

_문 태 견

처음으로 책 감수에 참여하며 PostgreSQL의 구조와 개념, 내용을 체계적으로 정리할 수 있는 기회를 얻었습니다. 이 책은 실무에 적용할 수 있는 부분이 많아 실질적인 도움을 주며 각 단원의 구성과 설명이 매끄럽게 이어져 PostgreSQL을 처음 접하는 독자에게 큰 도움이 될 것 같습니다. 다시 한번, 책의 감수 작업에 참여할 기회를 주신 모든 분께 진심으로 감사드립니다.

_홍 리 화

서 문

오픈소스 DBMS의 성장은 예전부터 예견되어 왔다. 하지만 이토록 가파른 성장세는 모두의 예상을 뛰어넘었다. 불과 몇 년전만 해도 MariaDB와 MySQL이 오픈소스 DBMS 시장을 주도했지만 지금은 PostgreSQL로 중심이 넘어왔다.

몇 년전 MariaDB에 대한 책을 출간한 후, 오픈소스 DBMS 시리즈의 후속작으로 초보자를 위한 PostgreSQL(DBA편)을 선보이게 되었다. 이 책은 DBMS의 기본이 되는 시스템 관리 및 구조에 대한 내용으로 구성하였다. 이를 통해 오픈소스 DBMS에 관심 있는 많은 분들이 PostgreSQL의 구조를 이해하는데 도움이 될 것이라고 생각한다.

상용 DBMS를 사용하던 다수의 고객사들이 오픈소스 DBMS로 전환을 시도하고 있다. 이 책이 오픈소스 DBMS로 전환하는 많은 고객사들이 겪는 어려움을 해결하는데 일조하길 바란다. 또한, 이 책을 통해 막연히 어렵게 느껴졌던 PostgreSQL에 대해 자신감을 갖게되고, 더 나아가 오픈소스 DBMS의 안정적 정착을 이끄는 안내서가 되기를 소망한다.

이 책의 대상 독자

이 책은 PostgreSQL에 대해 실무를 접하기 어려운 학생 또는 PostgreSQL DBA를 준비하는 분 또는 Oracle 등의 다른 DBMS로 DBA 업무를 수행하다가 PostgreSQL DBA를 준비하시는 분들을 위해 만들어진 책이다. 실제 PostgreSQL을 구축하고 운영하는 실무자들이 집필함으로써 실무에 필요한 이론 및 예제를 쉽게 전달하고자 하였다.

이 책의 구성

이 책은 크게 8개의 Chapter로 구성되어 있으며, 각 Chapter에 대해 간략히 소개하면 다음과 같다.

Part 01. PostgreSQL 메모리

이 단원에서는 PostgreSQL이 사용하는 메모리 구조에 대해 중점적으로 설명하고 있다. 데이터베이스의 메모리 구조는 다른 소프트웨어에 비해 매우 복잡하게 구성된다. 이와 같은 PostgreSQL의 메모리 구조를 확인하는 것이 DBMS 학습의 시작일 것이다.

Part 02. PostgreSQL 프로세스

PostgreSQL의 메모리를 관리하고 운영하기 위해서는 다양한 프로세스가 필요하다. 이 단원에서는 PostgreSQL 메모리를 관리하고 운영하는 다양한 프로세스들의 역할에 대해 자세히 설명한다.

Part 03. 트랜잭션

PostgreSQL은 다른 데이터베이스에 비해 트랜잭션의 개념 및 관리가 복잡하다. PostgreSQL의 트랜잭션에 대한 이해가 없다면 뒤에서 언급한 Vacuum에 대한 이해가 더욱 어려워질 것이다. 이 단원에서는 PostgreSQL의 트랜잭션에 대해 알기 쉽게 자세히 설명한다.

Part 04. Vacuum

이 단원에서는 다른 데이터베이스에는 존재하지 않는 Vacuum의 종류 및 방식에 대해 자세히 설명하고 있다. 이 단원에서는 PostgreSQL의 Vacuum이 왜 필요하며 내부적으로 어떻게 동작하는지 알아본다.

Part 05. PostgreSQL 주요 파일

데이터베이스를 관리하고 운영하기 위해서는 많은 파일들을 참고하고 사용하게 된다. PostgreSQL에서 사용하는 파일들에 대한 종류와 각각의 파일들이 어떻게 사용되고 관리되는지에 대해 확인해 보자.

Part 06. 데이터베이스, 스키마, 유저 및 권한

데이터베이스를 처음에 사용하기 위해서는 데이터베이스, 스키마, 유저 및 권한에 대한 이해가 필수적이다. 이 단원에서는 이와 같은 항목에 대해 예제를 통해 자세히 설명하고 있다. 이 단원을 통해 실제 DBMS의 기본적인 사용이 가능할 것이다.

Part 07. 오브젝트

오브젝트는 데이터를 포함한 오브젝트와 포함하지 않는 오브젝트로 구분된다. 데이터 또는 저장 영역을 포함하는 오브젝트는 테이블, 인덱스, 파티션 등이 있다. 데이터 또는 저장 영역을 포함하지 않는 오브젝트는 뷰, 시퀀스, 트리거, 프로시저 등이 있다. 이 단원에서는 PostgreSQL에서 주로 사용하는 오브젝트를 중심으로 내용을 설명한다.

Part 08. 데이터베이스 정보 확인 및 모니터링

데이터베이스는 많은 사용자가 사용하고 다양한 프로세스와 오브젝트가 존재하기 때문에 이에 대한 전반적인 이해가 있어야 효과적으로 데이터베이스를 운영할 수 있다. 이 단원에서는 데이터베이스 정보를 확인할 수 있는 시스템 카탈로그 및 동적 뷰와 함수를 어떻게 활용하는지 자세히 설명한다.

차 례

머리말 ··· 4
감수평 ··· 7
서 문 ··· 8

PART 01 PostgreSQL 메모리

- section 01   PostgreSQL 메모리 구조 ······································ 17
- section 02   Shared Buffer ··· 25
- section 03   WAL Buffer (Write-Ahead Logging Buffer) ················ 34
- section 04   CLOG Buffer ··· 39
- section 05   Other Buffer ··· 41

PART 02 PostgreSQL 프로세스

- section 01   PostgreSQL 프로세스의 역할 및 종류 ······················ 47
- section 02   Postgres 프로세스 ··· 50
- section 03   Client 프로세스와 Backend 프로세스 ······················ 53
- section 04   Background 프로세스 ·· 54
- section 05   BG Writer 프로세스 ··· 56
- section 06   WAL Writer 프로세스 ··· 62
- section 07   Checkpointer 프로세스 ······································· 72
- section 08   Logger 프로세스 ··· 79
- section 09   Autovacuum Launcher 프로세스와 Autovacuum Worker 프로세스 ···· 80
- section 10   Archiver 프로세스 ··· 82

PART 03 트랜잭션

- section 01 트랜잭션 ID ········· 91
- section 02 테이블 로우와 DML ········· 94
- section 03 FSM(Free Space Map)과 CLOG ········· 99
- section 04 트랜잭션 ID Wraparound ········· 103
- section 05 트랜잭션 Snapshot ········· 107
- section 06 Isolation 레벨에 따른 MVCC(Multi-version Concurrency Control) ········· 109
- section 07 Isolation 레벨에 따른 현상 ········· 116

PART 04 Vacuum

- section 01 Vacuum의 필요성 ········· 125
- section 02 Vacuum의 종류 ········· 127
- section 03 VM(Visibility Map)의 개념 ········· 128
- section 04 Concurrent Vacuum ········· 131
- section 05 Freeze 프로세싱 ········· 133
- section 06 Full Vacuum ········· 141
- section 07 Concurrent Vacuum vs Full Vacuum ········· 144
- section 08 Autovacuum ········· 148

차례

PART 05 PostgreSQL 주요 파일

- section 01 PostgreSQL 주요 파일의 종류 ··············· 155
- section 02 파라미터 설정 파일의 개념 및 종류 ··············· 157
- section 03 파라미터 적용 레벨 및 우선 순위 ··············· 159
- section 04 파라미터 변경 및 확인 방법 ··············· 160
- section 05 postgresql.conf 파일의 작성 방법 ··············· 168
- section 06 접근 제어 인증 파일 ··············· 170
- section 07 Socket 파일의 개념 ··············· 176
- section 08 Socket 파일의 관리 ··············· 178
- section 09 로그 파일 ··············· 180
- section 10 PID 파일 ··············· 186

PART 06 데이터베이스, 스키마, 유저 및 권한

- section 01 PostgreSQL 오브젝트 구조 ··············· 191
- section 02 데이터베이스 ··············· 192
- section 03 스키마(Schema) ··············· 199
- section 04 스키마(Schema) Search Path ··············· 203
- section 05 유저, Role 및 권한 ··············· 206
- section 06 유저와 Role의 관리 ··············· 207
- section 07 public 스키마와 public Role ··············· 218
- section 08 권한의 개념 ··············· 221
- section 09 권한의 관리 ··············· 223
- section 10 권한의 종류 ··············· 229

PART 07 오브젝트

- section 01　테이블(Table)의 개념 ······················· 235
- section 02　테이블(Table)의 종류 ······················· 240
- section 03　테이블(Table)의 관리 ······················· 248
- section 04　인덱스(Index)의 개념 ······················· 256
- section 05　인덱스(Index)의 관리 ······················· 262
- section 06　뷰(VIEW)의 개념 ··························· 264
- section 07　뷰(VIEW)의 관리 ··························· 266
- section 08　시퀀스(Sequence)의 개념 ···················· 269
- section 09　시퀀스(Sequence)의 관리 및 사용 ············ 271

PART 08 데이터베이스 정보 확인 및 모니터링

- section 01　데이터베이스 정보 확인 및 모니터링 개념 ········ 281
- section 02　프로세스 관련 정보 ·························· 282
- section 03　메모리 관련 정보 ···························· 294
- section 04　쿼리 관련 정보 ······························ 297
- section 05　테이블/인덱스/유저/권한 관련 정보 ············ 308
- section 06　WAL(Write Ahead Log) 관련 정보 ············ 315

PART 01

PostgreSQL 메모리

소프트웨어 또는 프로그램은 기동할 때마다 OS에서 메모리를 할당받는다.
PostgreSQL 또한 기동과 동시에 OS로부터 할당받은 메모리를 사용한다.
하지만, PostgreSQL은 다른 일반 소프트웨어 또는 프로그램과는 달리
메모리 사용이 매우 복잡하기 때문에 데이터베이스 관리자 또는 개발자 등
모두가 PostgreSQL 메모리에 대한 아키텍처를 이해하고 있어야 한다.
PostgreSQL 메모리 구조를 정확하게 이해하고 있어야 보다 효율적으로
데이터베이스 작업 및 애플리케이션 개발 작업을 수행할 수 있다.
또한, 장애 발생 시 원인을 파악하기 수월할 것이다.
이 단원에서는 PostgreSQL 메모리 구조를 확인해 보자.

PostgreSQL 메모리 구조

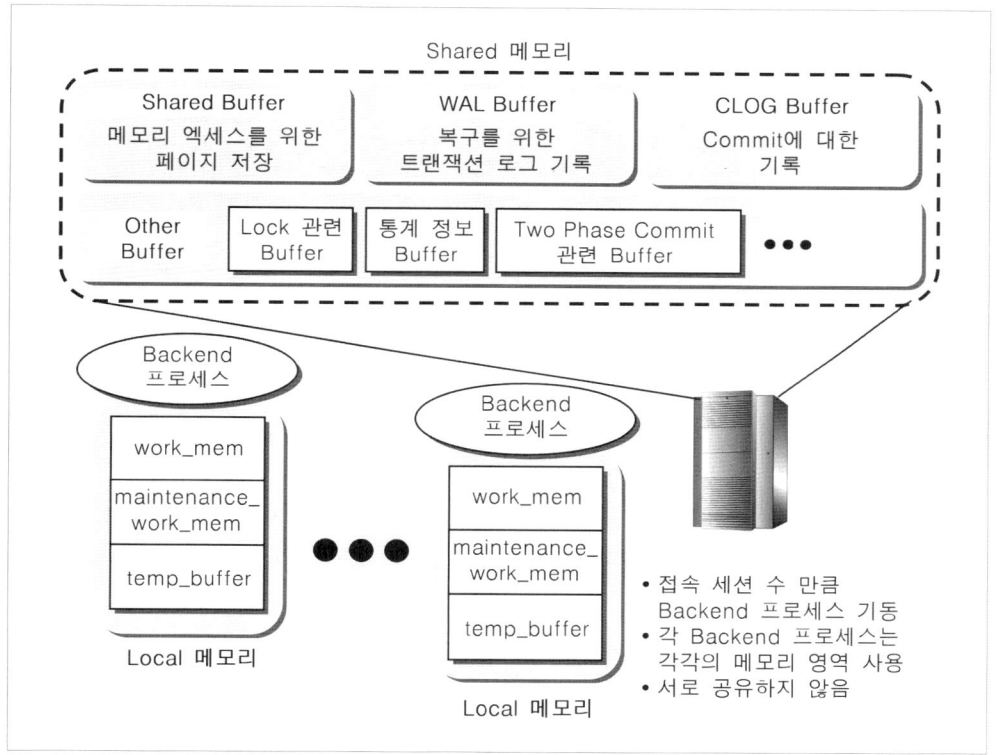

위의 그림과 같이 PostgreSQL에서 사용하는 메모리는 크게 두 가지가 존재한다.

종류	내용
Local 메모리	프로세스마다 공유하지 않고 개별적으로 사용
Shared 메모리	모든 프로세스가 공유하여 공통으로 사용

위와 같이 두 가지 종류의 메모리가 존재하며 각각의 특징을 확인해 보자.

1.1 Local 메모리의 개념

Local 메모리에 대해 아래 그림을 통해 확인해 보자.

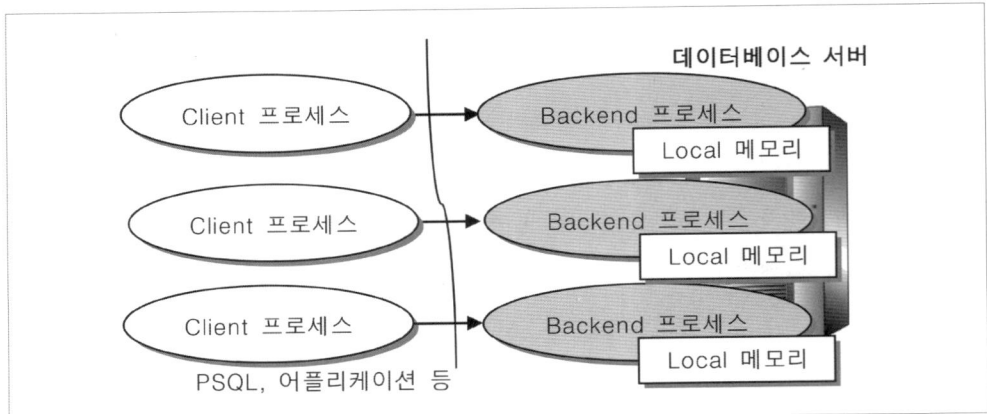

위의 그림과 같이 하나의 Client 프로세스에서 데이터베이스를 호출하면 데이터베이스에서는 하나의 Backend 프로세스가 생성되며 각각의 Backend 프로세스가 사용하는 메모리를 Local 메모리라고 한다.

종류	내용
Client 프로세스	· 데이터베이스에 접속하기 위해 프로그램을 실행하면 프로그램을 수행한 Client에는 Client 프로세스가 생성된다. · Client 프로세스는 데이터베이스에 접속하는 순간 모든 정보를 서버의 Backend 프로세스에 전달한다. · Client 프로세스에서 특정 SQL을 실행하면 해당 SQL과 기타 정보를 Backend 프로세스에 전달하고 Backend 프로세스의 응답을 대기한다. · 예를 들어, 외부 PC에서 pgAdmin으로 데이터베이스에 접속하였다면 해당 PC에 기동된 pgAdmin 프로세스가 Client 프로세스에 해당한다.
Backend 프로세스	· Client 프로세스로부터 SQL과 기타 정보를 전달받은 Backend 프로세스는 요청받은 내용을 수행하기 위해서 필요한 모든 작업을 수행한다. · 요청받은 내용 및 기타 정보를 저장하기 위해 Backend 프로세스는 자신만의 메모리 공간인 Local 메모리를 이용한다.

Local 메모리는 다음과 같이 정의할 수 있다.

✓ **Local 메모리** - 데이터베이스에 접속하는 모든 유저에게 연결되는 Backend 프로세스에 독자적으로 할당되는 PostgreSQL 메모리 영역

1.2 Local 메모리의 구조

아래의 그림은 Local 메모리의 구조이다.

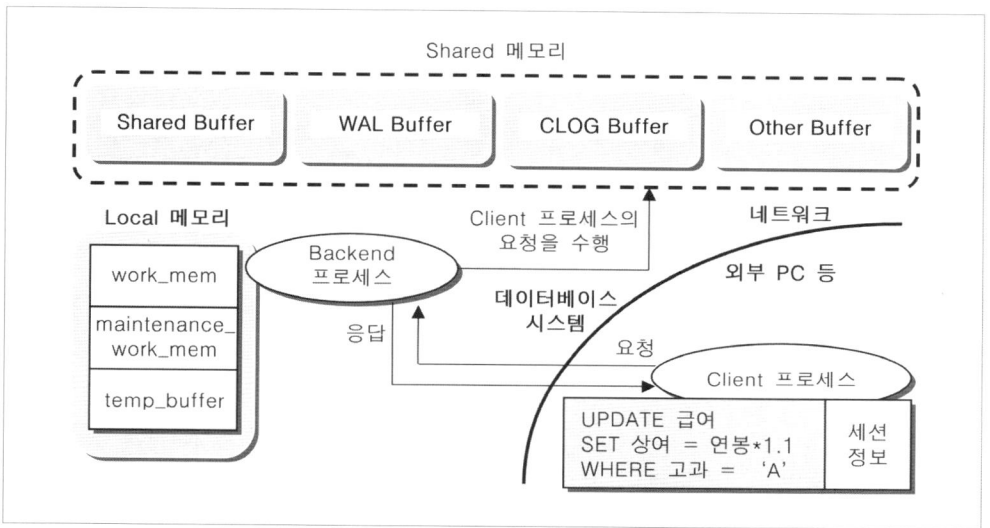

Local 메모리의 각 영역에 대해 확인해 보자.

종류	내용
work_mem	· 정렬(Sort) 작업, Bitmap 작업, 해쉬 조인과 Merge 조인 작업 등에 사용되는 공간 · 접속하는 Client 또는 세션이 사용할 수 있는 최대 메모리 크기 · 대량의 정렬 작업이 필요할 경우 세션 단위로 증가 가능 · work_mem 공간이 부족할 경우 디스크 영역 사용 · 크게 설정하면 Backend 프로세스들이 메모리를 과다하게 사용하여 작업 도중 메모리 부족 오류 발생 가능
maintenance_work_mem	· 데이터베이스 유지 관리 작업에 사용하는 메모리 설정 · Vacuum, Vacuum Full, Autovacuum, CREATE INDEX, REINDEX, CLUSTER 등의 유지 관리 작업에 사용되는 공간
temp_buffers	Temporary 테이블을 저장하기 위한 공간

■ Client 프로세스 vs Backend 프로세스 vs Local 메모리

아래와 같이 PostgreSQL 접속 시에는 하나의 Client 프로세스에 하나의 Backend 프로세스가 할당된다. 또한 하나의 Backend 프로세스는 하나의 Local 메모리를 사용한다.

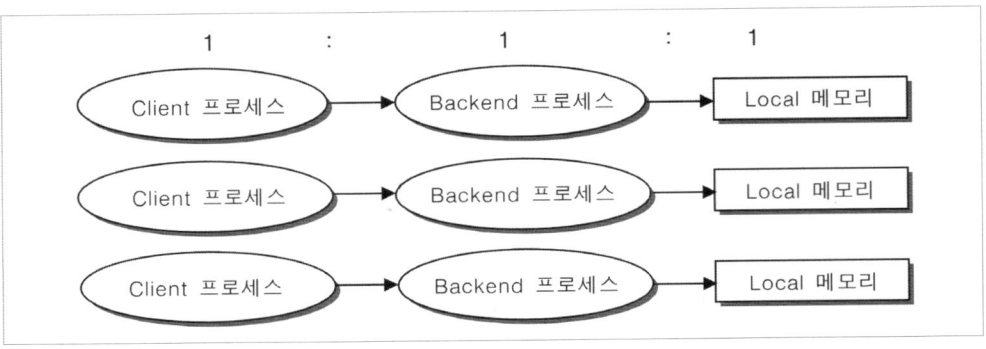

1.3 Local 메모리의 관리

PostgreSQL에서는 다음과 같은 파라미터에 의해 Local 메모리 크기를 관리할 수 있다.

파라미터 이름	기본 설정 값	내용
work_mem	4 MB	· 모든 세션에 영향을 미치는 파라미터이므로 max_connections 및 max_parallel_work 등의 병렬 작업 관련 파라미터 값을 고려하여 설정 필요 · 세션 또는 트랜잭션 단위로 설정 가능
maintenance_work_mem	64 MB	· CREATE INDEX, VACUUM 유지 관리 작업은 대용량의 I/O를 발생시키는 작업이고 동시 작업이 자주 발생하지 않기 때문에 work_mem 보다 크게 할당 필요 · 세션 또는 트랜잭션 단위로 설정 가능 · 해당 작업을 수행하지 않는 세션은 초기부터 할당하지 않으며 사용하는 세션은 사용 후 반환 · Autovacuum 사용 시 autovacuum_work_mem 파라미터를 설정하지 않을 경우(기본값) maintenance_work_mem · autovacuum_max_workers 파라미터 값(기본값 3) 만큼 메모리 사용
temp_buffers	8 MB	· Temporary 테이블 생성 후에 세션에서 temp_buffers 파라미터 값을 변경해도 영향을 미치지 않음 · 세션 또는 트랜잭션별로 설정 가능 · 대용량 Temporary 테이블을 사용하는 트랜잭션을 수행할 경우 트랜잭션 또는 세션별로 설정

temp_file_limit	무제한	· OS의 SWAP과 같은 역할을 하는 디스크 영역의 제한 값 · 정렬 및 해쉬 조인 등에 사용되는 Temp 파일이 사용할 수 있는 최대 디스크 공간 · 하나의 트랜잭션이 이 값을 초과하면 트랜잭션 취소 · 세션 또는 트랜잭션 단위로 설정 가능

1.4 Shared 메모리의 구조

PostgreSQL 메모리 구조 중 가장 중요한 Shared 메모리의 개념을 그림을 통해 확인해 보자.

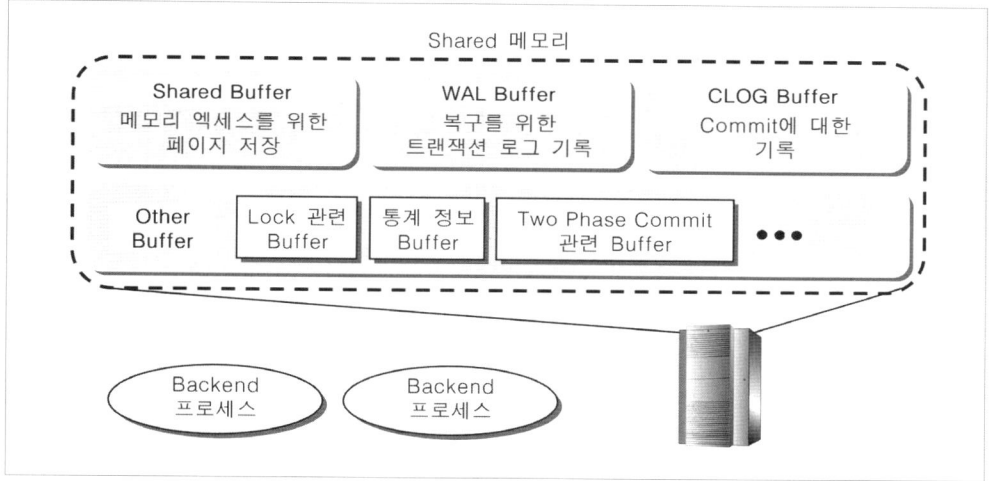

PostgreSQL은 필요한 데이터를 디스크에서 엑세스한 후 메모리에 저장한 다음 메모리 공간에 저장된 데이터를 읽거나 변경할 수 있다. 이러한 일련의 작업에서 사용되는 공용 메모리 영역을 Shared 메모리라고 하며 그 구조는 위의 그림과 같다.

- Shared Buffer
- CLOG Buffer
- 통계 정보 Buffer
- WAL Buffer
- Lock 관련 Buffer
- Two Phase Commit 관련 Buffer

위와 같이 Shared 메모리는 Shared Buffer, WAL Buffer, CLOG Buffer, Lock 관련 Buffer, 통계 정보 Buffer 및 Two Phase Commit 관련 Buffer 등으로 구분할 수 있다.

1.5 Shared 메모리의 개념

Shared 메모리는 공유 메모리 영역이므로 데이터베이스에 접속하는 모든 사용자는 동일 Shared 메모리를 사용한다. 예를들어, 데이터베이스에 접속하는 유저1, 유저2 및 유저n은 동일 Shared 메모리를 사용한다.

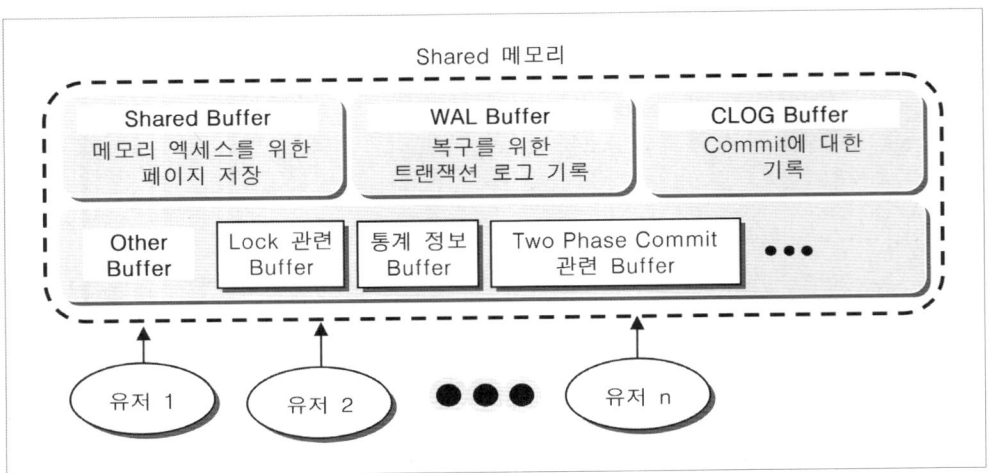

Shared 메모리는 다음과 같이 정의할 수 있을 것이다.

✓ **Shared 메모리** - PostgreSQL에서 여러 유저가 수행한 SQL를 처리하기 위해서 데이터를 엑세스하거나 변경할 때 사용하는 공유 메모리 영역

Shared 메모리는 데이터베이스가 시작될 때 OS 메모리에서 할당받으며 종료될 때 다시 OS 메모리 영역으로 반환된다. Shared 메모리의 중요 구성 요소의 용도를 확인해 보자.

항목	용도
Shared Buffer	· 페이지의 빠른 엑세스 · 자주 사용되는 페이지를 메모리에 저장하여 엑세스함으로써 디스크 엑세스를 감소시켜 성능 향상(재사용)
WAL Buffer	· DML 작업에 대한 트랜잭션 로그 기록 · 장애 발생 시 복구 용도로 사용
CLOG Buffer	· 트랜잭션 Commit 정보 기록 · 트랜잭션 정보를 메모리에 캐싱하여 MVCC(Multi-Version Concurrency Control)에서 불필요한 디스크 엑세스를 방지하는 기능 지원(MVCC 지원을 위해 필요)

항목	내용
Lock 관련 Buffer	· 사용하는 모든 Lock 정보 저장 · Backend 프로세스 및 유저 프로세스에서 공유
통계 정보 Buffer	· 서버 활동에 대한 정보 저장 · 누적 통계에는 테이블의 Vacuum 및 Analyze 작업 정보, 테이블 및 인덱스에 대한 엑세스 등이 포함
Two Phase Commit 관련 Buffer	· 2PC(Phase Commit) 트랜잭션 처리를 위한 정보 저장

Shared 메모리의 용도를 확인하면 PostgreSQL의 아키텍처에 대해 보다 쉽게 이해할 수 있을 것이다.

1.6 Shared 메모리 관련 파라미터

아래 파라미터를 이용하여 Shared 메모리를 설정한다.

항목	내용
shared_memory_size	Shared 메모리 크기를 MB 단위로 표시하는 파라미터이다.
shared_memory_size_in_huge_pages	Shared 메모리 영역에 필요한 huge 페이지의 수를 huge_page_size 파라미터에 기반하여 표시하는 파라미터이다.
min_dynamic_shared_memory	병렬 쿼리가 메모리 부족 문제로 성능 저하가 발생하지 않도록 미리 메모리를 할당하는 파라미터이다.
shared_memory_type	주요 Shared 메모리 영역에 사용되는 공유 메모리의 구현 방식을 선택하는 파라미터이다. | 값	내용
mmap	Anonymous Shared 메모리 사용(기본값)
sysv	System V Shared 메모리 사용
windows	Windows System에서 사용	
dynamic_shared_memory_type	동적 Shared 메모리의 구현 방식을 선택하는 파라미터이다. | 값	내용
posix	POSIX Shared 메모리 사용(기본값)
mmap	Memory-Mapped Files를 이용한 Shared 메모리와 유사
sysv	System V Shared 메모리 사용
windows	Windows System에서 사용	

아래처럼 여러 방법으로 파라미터 값을 확인할 수 있다.

■ **SHOW 파라미터명(psql에서만 가능)**

```
testdb=# SHOW shared_buffers;  → 원하는 파라미터 명으로 변경
shared_buffers
----------------
100MB
```

■ **동적 뷰 조회**

```
testdb=# SELECT name, setting, unit
          FROM pg_settings
          WHERE name = 'shared_buffers';  → 원하는 파라미터 명으로 변경
     name        | setting | unit
-----------------+---------+------
 shared_buffers  | 12800   | 8kB
```

→ 총 용량은 setting * unit이므로 12,800 * 8KB = 102,400KB = 100MB이다.

■ **현재 세션의 파라미터 설정 값 확인**

```
testdb=# SELECT current_setting('work_mem') AS work_mem;
work_mem
----------
8MB
```

Shared 메모리에 대한 파라미터 변경은 'PostgreSQL 주요 파일' 단원의 파라미터 변경 및 확인 방법을 참고하길 바란다.

Shared Buffer

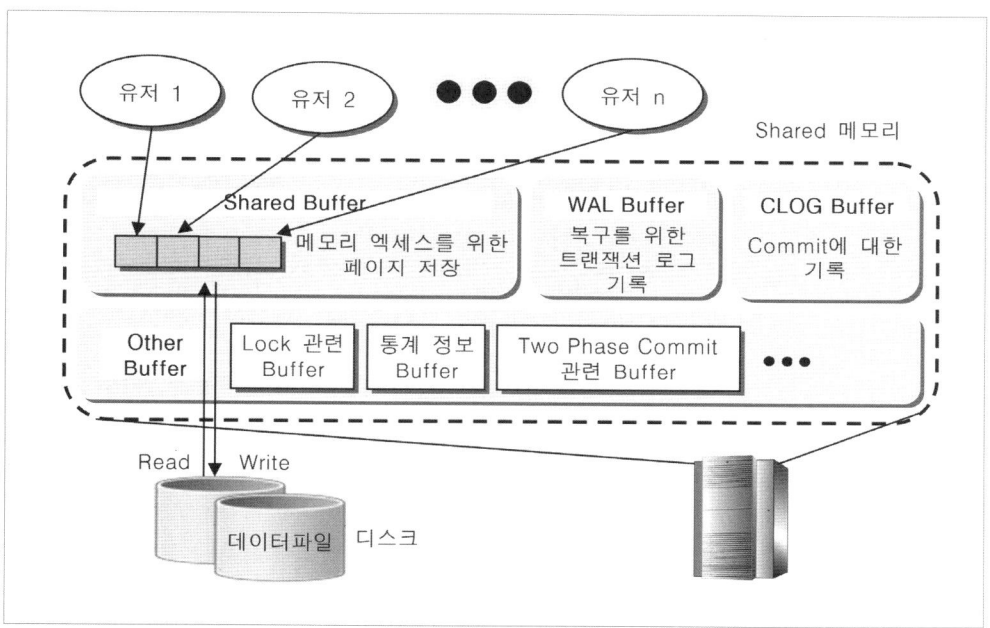

PostgreSQL의 Shared 메모리를 구성하는 요소 중 하나인 Shared Buffer의 개념 및 활용에 대해 확인해 보자.

2.1 Shared Buffer의 개념

Shared Buffer의 필요성과 목적을 인지한다면 Shared Buffer를 보다 쉽게 이해할 수 있다.

항목	내용
Shared Buffer의 필요성	· 일반적으로 디스크의 페이지를 엑세스하는 것보다 메모리에서 페이지를 엑세스하는 것이 비교할 수 없을 정도로 빠르다. · 엑세스한 페이지들을 메모리에 저장하여 다시 엑세스할 때는 메모리 엑세스만으로 수행을 종료할 수 있도록 엑세스한 페이지들을 저장하는 공간이 Shared Buffer이다.

Shared Buffer는 필요한 데이터 페이지를 최대한 메모리에서 엑세스하기 위해서 메모리에 데이터 페이지를 저장하는 공간이다. 이러한 Shared Buffer는 두 가지 기능에 초점을 맞추고 있다.

- 자주 엑세스되는 페이지는 Shared Buffer에 계속 보관
- Shared Buffer에 존재하는 페이지에 대해 빠른 검색

결국 Shared Buffer는 페이지에 대한 메모리 엑세스를 효율적으로 수행하기 위해 다음과 같은 요소들을 이용한다.

목표	목표 달성을 위한 요소
자주 엑세스되는 페이지는 Shared Buffer에 계속 보관	· 자주 엑세스되는 페이지는 Shared Buffer에 계속 보관되어 있어야 한다. · Clock Sweep 알고리즘을 사용하여 자주 엑세스하는 페이지를 Shared Buffer에 유지되게 함으로써 디스크 I/O를 감소시켜 Logical Read(메모리 엑세스)가 더 자주 발생하도록 한다.
Shared Buffer에 존재하는 페이지에 대해 빠른 검색	· Shared Buffer 내에 저장되어 있는 페이지의 양이 많더라도 필요한 페이지를 빠르게 검색할 수 있어야 한다. · Shared Buffer에 존재하는 페이지에 대해서 빠르게 검색할 수 있도록 해쉬 테이블 알고리즘을 사용한다.

PostgreSQL은 디스크에 저장되어 있는 데이터를 사용하기 위해서 데이터가 저장되어 있는 디스크의 페이지를 메모리에 로드하여 저장한 후 해당 페이지를 엑세스하거나 변경한다. 이와 같이 디스크에 존재하는 페이지를 메모리에 로드하고 저장하는 공간이 Shared Buffer이다. Shared Buffer는 결국 아래와 같이 정의할 수 있다.

☑ **Shared Buffer**- PostgreSQL이 데이터를 읽고 수정하기 위해 디스크에 존재하는 페이지를 읽어 로드하여 저장하는 메모리 공간

2.2 Shared Buffer의 사용

Shared Buffer는 SQL을 수행할 때 필요한 데이터를 저장하고 있는 페이지를 메모리에 저장시키고 지속적으로 메모리에서 엑세스하게 하여 Logical Read/Logical Write를 수행하기 위한 공간이다. Shared Buffer는 아래의 그림처럼 사용된다.

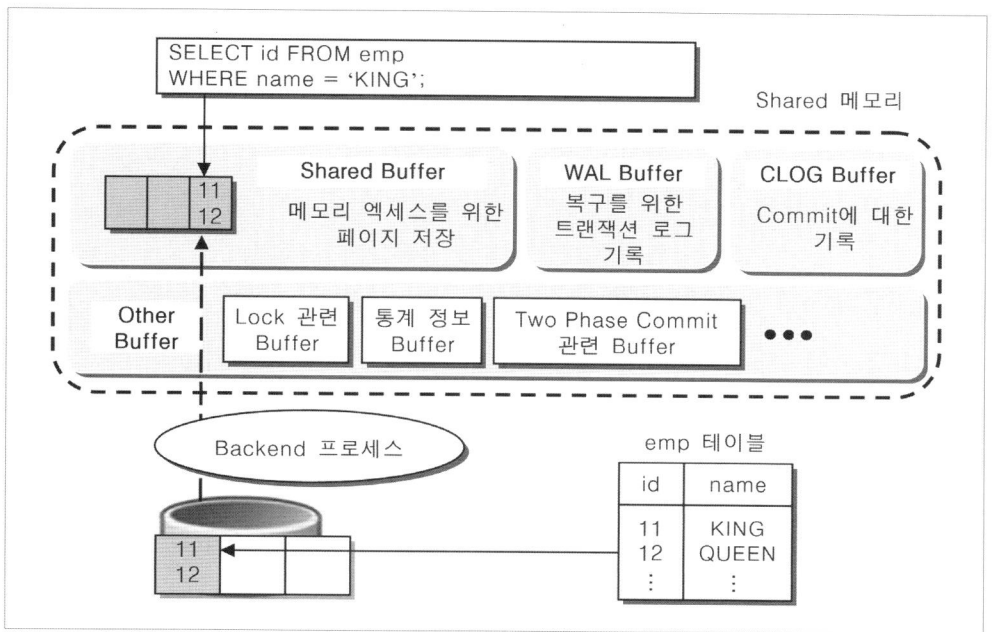

위 그림에서처럼 emp 테이블에서 'KING' 사원의 id 컬럼 값을 검색하는 SQL 문이 실행되었다고 가정하자.

1. SQL을 수행한 후 SQL 파싱이 종료하였다면 다음 단계에서 Shared Buffer에 해당 데이터가 저장되어 있는 페이지가 존재하는지 검색한다.
2. 1단계에서 필요한 페이지가 Shared Buffer 영역에 존재하지 않는다면 Backend 프로세스가 필요한 페이지를 디스크의 데이터 파일로부터 Shared Buffer로 저장한다.
3. 1단계에서 필요한 데이터를 저장하고 있는 페이지가 Shared Buffer에 존재한다면 디스크의 데이터 파일을 엑세스할 필요 없이 Shared Buffer의 페이지를 엑세스한다.

위와 같은 경우 2단계에서는 Physical Read가 발생하고 3단계에서는 Logical Read가 발생한다.

항목	내용
Physical Read	Shared Buffer에 필요한 데이터가 저장되어 있는 페이지가 존재하는지를 검색하고 존재하지 않는다면 Backend 프로세스가 디스크의 데이터 파일을 엑세스하여 필요한 페이지를 Shared Buffer에 저장하는 경우이다.
Logical Read	엑세스하고자 하는 데이터를 저장하는 페이지가 Shared Buffer에 존재하여 디스크의 데이터 파일을 엑세스할 필요가 없는 경우이다.

운영 TIP 디스크에서 페이지를 읽거나 수정하는 작업보다 메모리에서 처리하는 작업이 훨씬 빠르다. 그렇기 때문에 데이터베이스 성능을 향상시키기 위해서는 디스크 I/O(Physical Read/Write)를 최소화하고 메모리에서 데이터를 엑세스하도록 해야 한다. 이를 위해 일반적으로 Shared 메모리 영역 중에서 페이지를 저장하는 Shared Buffer에 상대적으로 큰 용량을 할당하는 것이 일반적이다.

2.3 Shared Buffer 활용

아래 그림을 통해 Shared Buffer의 활용에 대해 확인해 보자.

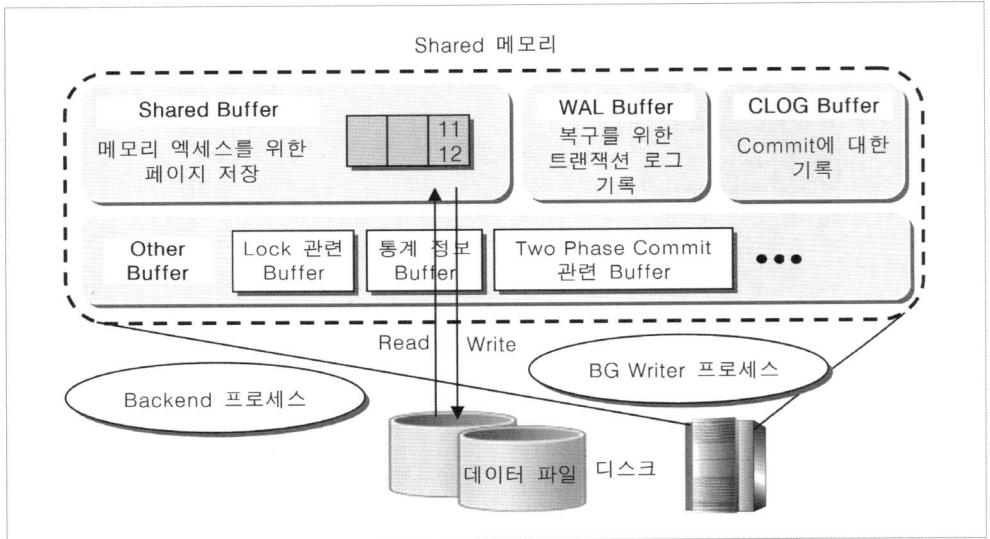

Shared Buffer를 사용하는 프로세스들의 역할을 확인해 보자.

항목	내용
Backend 프로세스	디스크의 데이터 파일로부터 필요한 페이지를 엑세스(Read)하여 Shared Buffer에 저장하는 프로세스이다.
BG Writer 프로세스	Shared Buffer에 저장되어 있는 페이지 중 변경된 페이지의 내용을 디스크의 데이터 파일에 저장(Write)하는 프로세스이다.

위와 같이 필요한 페이지를 디스크의 데이터 파일에서 Shared Buffer로 저장하는 역할은 Backend 프로세스가 담당하며 데이터가 수정되었다면 수정된 페이지를 메모리에서 데이

터 파일로 저장하는 역할은 BG Writer 프로세스가 담당한다. 프로세스에 대한 자세한 내용은 'PostgreSQL 프로세스' 단원에서 설명하겠다.

■ I/O 단위

PostgreSQL의 I/O 단위는 일반적으로 8KB 크기의 페이지다. 따라서 Backend 프로세스와 BG Writer 프로세스는 페이지 단위로 엑세스하고 기록한다. Shared Buffer 개념의 그림을 확인해 보면 필요한 데이터는 id 컬럼의 값이 '11'인 하나의 로우지만 I/O의 최소 단위가 페이지이므로 해당 로우를 저장하는 페이지 전체를 Shared Buffer에 저장한다.

2.4 Buffer 매니저

Shared Buffer의 크기는 제한되어 있기 때문에 shared_buffers 파라미터에 지정된 크기 이상의 페이지를 저장해야 한다면 과거에 저장되어 있던 페이지를 제거하고 새로운 페이지를 저장한다. 이때 PostgreSQL은 Shared Buffer의 캐시 관리를 위해 Clock Sweep 알고리즘을 사용한다. Clock Sweep 알고리즘은 아래와 같이 2가지의 장점을 가진다.

- LRU(Least Recently Used) 알고리즘을 단순화하여 구현이 간단하며 메모리 사용량이 적다.
- 자주 사용되지 않은 페이지를 효율적으로 선택한다.

■ 페이지 교체 알고리즘(프로세스 스케줄링 기법)

페이지 교체 알고리즘은 한정적인 메모리 공간을 효율적으로 관리하기 위해서 메모리 내에 필요한 페이지가 존재하지 않을 경우 할당된 페이지 중에서 어느 것과 교체할지 결정하는 알고리즘으로 다양한 알고리즘이 존재한다. 많은 프로세스 스케줄링 기법이 있으며 그중 데이터베이스에서 가장 많이 사용하는 스케줄링 기법은 아래와 같다.

항목	내용
LRU(Least Recently Used)	최근에 가장 적게 사용한 페이지를 교체
FIFO(First In First Out)	적재된 시간 기준으로 먼저 적재된 페이지를 교체
LIFO(Last In First Out)	적재된 시간 기준으로 가장 늦게 적재된 페이지를 교체

위 3가지의 페이지 교체 알고리즘은 대표적인 예이다. PostgreSQL은 Clock Sweep 알고리즘을 사용한다. 이는 LRU 알고리즘을 단순화한 NFU 알고리즘을 기반으로 개량된 방식이다.

항목	내용
NFU(Not Frequently Used)	가장 적은 횟수를 참조하는 페이지를 교체

첫 번째로 Buffer 매니저에서 사용하는 Clock Sweep 알고리즘의 구성 요소를 확인해 보자.

항목	내용
Buffer Pool	데이터 파일의 페이지가 저장되며 buffer_id로 관리된다.
Buffer 디스크립터	· Buffer Pool과 Buffer 테이블의 요소를 연결하는 구조이다. · Buffer Pool에 저장된 각각의 페이지에 1:1로 매핑된다. · 각 페이지의 상태(Dirty, 사용여부 등), usage count(Clock Sweep 알고리즘에서 사용), 디스크 위치(파일 번호, 블록 번호)와 같은 메타 데이터를 저장한다.
Buffer 테이블	· Buffer Pool을 용이하게 관리하기 위한 테이블이다. · buffer_tag 페이지와 buffer_id의 관계를 저장하는 용도로 사용된다. · Buffer Pool에 저장되어 있는 페이지의 조회와 Buffer Pool 관리 성능을 향상시키기 위한 해쉬 함수 기반 테이블이다. · 해쉬 함수, 해쉬 버킷 슬롯, 데이터 엔트리(buffer_tag, buffer_id)로 구성된다.

Clock Sweep 알고리즘은 Buffer Pool에 페이지를 저장하고 Buffer 테이블을 확인해서 Victim Buffer를 빠르게 찾는 구조이다. 물론 Buffer 테이블과 Buffer Pool의 페이지들은 Buffer 디스크립터로 서로 연결되어 관리된다.

두 번째로 Clock Sweep 알고리즘의 Victim Buffer 탐색에 대해 확인해 보자. Clock Sweep 알고리즘은 사용 빈도가 가장 낮은 것을 선택하는 알고리즘이다. 시계 방향으로 스캔하면서 Free Buffer가 더 이상 존재하지 않으면 Clock Sweep 알고리즘을 이용하여 Victim Buffer를 선정한다. Clock Sweep 알고리즘의 이해를 위해 필요한 항목을 먼저 확인해 보자.

항목	내용
Victim Buffer	Shared Buffer에서 사용 빈도가 적어 교체 대상이 되는 Buffer이다.
Buffer ID	Buffer Pool 내의 특정 슬롯(위치)을 가리키는 식별자이다.
Buffer Tag	메모리에 캐시된 페이지를 고유하게 식별하는 정보로 테이블스페이스 번호, 데이터베이스 번호, 오브젝트 번호 및 블록 번호로 구성되어 있다.

Victim Buffer의 탐색은 아래와 같이 수행한다.

단계	내용
1단계	디스크에서 읽은 페이지를 Shared Buffer에 저장하기 위해 빈 공간을 요청한다.
2단계	Shared Buffer가 모두 사용되고 있어 Backend 프로세스가 요청한 페이지가 없는 경우 Clock Sweep 알고리즘을 통해 교체 가능한 Buffer를 찾는다.
3단계	첫 번째 Buffer_id부터 순차적으로 진행된다.
4단계	해당 Buffer_id의 usage_count를 확인하며 usage_count가 0인 Buffer를 Victim Buffer로 선정한다.
5단계	선정된 Victim Buffer가 변경된 상태라면 디스크에 먼저 기록한다.
6단계	해당 Victim Buffer의 usage_count 값을 0에서 1로 변경한다.
7단계	· usage_count 값이 0이 아니면 건너뛰고 해당 숫자에서 1씩 감소시킨다. · Buffer 상태가 Pinned 상태라면 감소시키지 않고 건너뛴다.

> **NOTE**
>
> ■ **bm_max_usage_count**
>
> buffer_id의 최대 usage_count 값으로 기본값은 5로 설정되어 있다. 페이지가 참조될 때 usage_count가 5를 초과하지 않도록 제한하는 역할을 한다. 이 값은 PostgreSQL 소스 코드에 하드 코딩되어 있으며 변경하려면 소스 코드를 수정한 후에 재컴파일해야 하므로 일반적으로 수정하는 것은 권장되지 않는다.

세 번째로 아래에서 Clock Sweep 알고리즘이 발생하는 상황을 자세하게 확인해 보자.

1. 재사용이 가능한 Buffer를 찾기 위해 nextVictimBuffer 포인트가 가리키는 Buffer_id=1인 곳을 탐색한다. 해당 Buffer는 Pinned 상태이므로 다음 Buffer로 넘어간다.

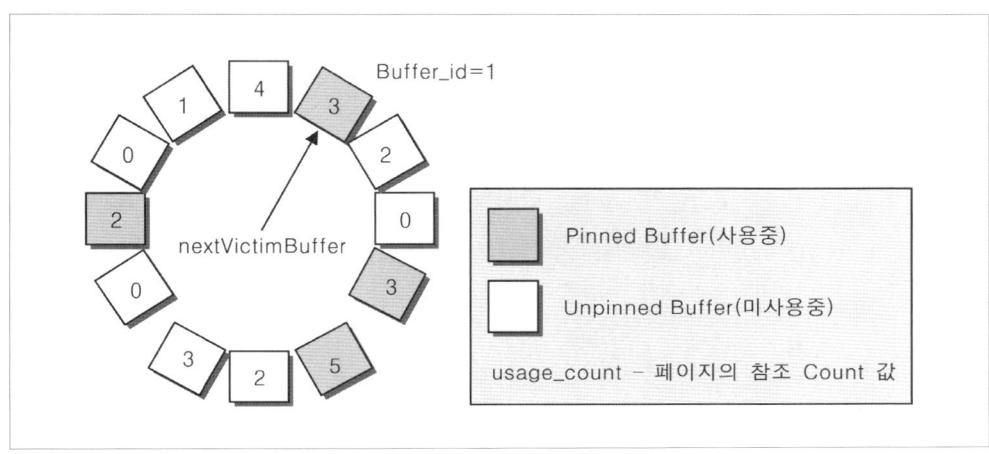

2. Buffer_id=2인 곳을 탐색하는데 Buffer의 상태가 미사용 중이고 현재 usage_count가 2이므로 1을 감소시켜 1로 만들고 다음으로 넘어간다.

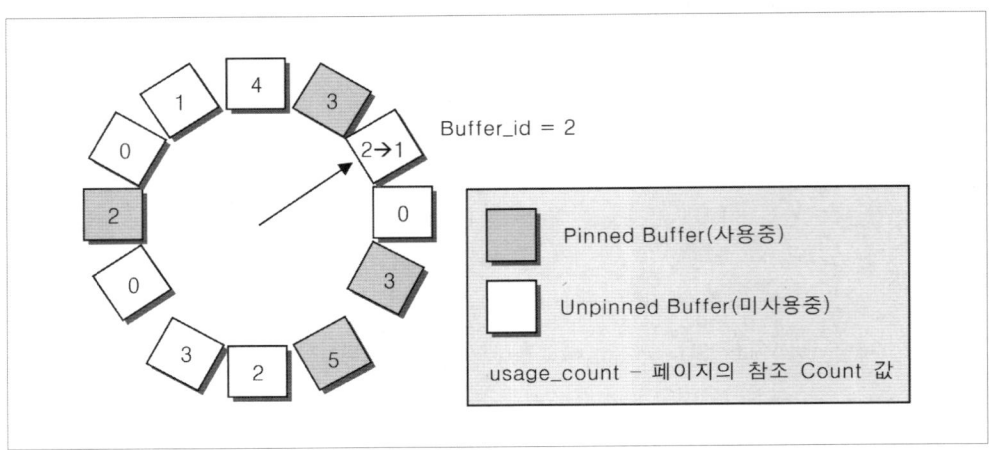

3. Buffer_id=3인 곳을 탐색하면 해당 Buffer는 Buffer의 상태가 미사용 중이고 usage_count가 0이므로 해당 Buffer를 재사용 공간으로 결정한다.

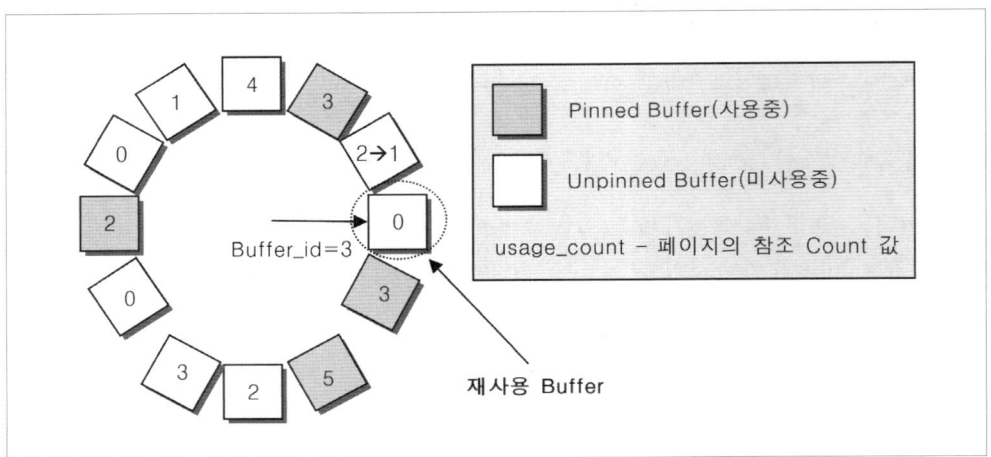

위와 같이 Unpinned Buffer를 탐색하면서 usage_count를 1씩 감소시키고, 감소 전 usage_count가 0인 Buffer를 발견하면 재사용 공간으로 선택한다.

2.5 Shared Buffer 관련 파라미터

아래 파라미터를 이용하여 Shared Buffer를 설정한다.

항목	내용
shared_buffers	· Shared Buffer의 크기를 설정하는 파라미터이다. · 일반적으로 물리 메모리의 25%~40% 정도로 설정한다. · 기본값은 128MB이며 최소 128KB 이상 설정해야 한다.

■ 더블 Buffering

PostgreSQL은 Shared Buffer에 데이터를 캐싱하는 시점에 OS 파일시스템의 Buffer 캐시에도 캐싱한다. 이를 더블 Buffering이라고 한다. PostgreSQL이 최근에 사용한 페이지만 저장하는 Shared Buffer에서 필요한 페이지를 찾을 수 없는 경우 OS 파일시스템의 Buffer 캐시를 읽고 쓰며 이로 인해 디스크 엑세스를 감소시킬 수 있다.

Section 03. WAL Buffer(Write-Ahead Logging Buffer)

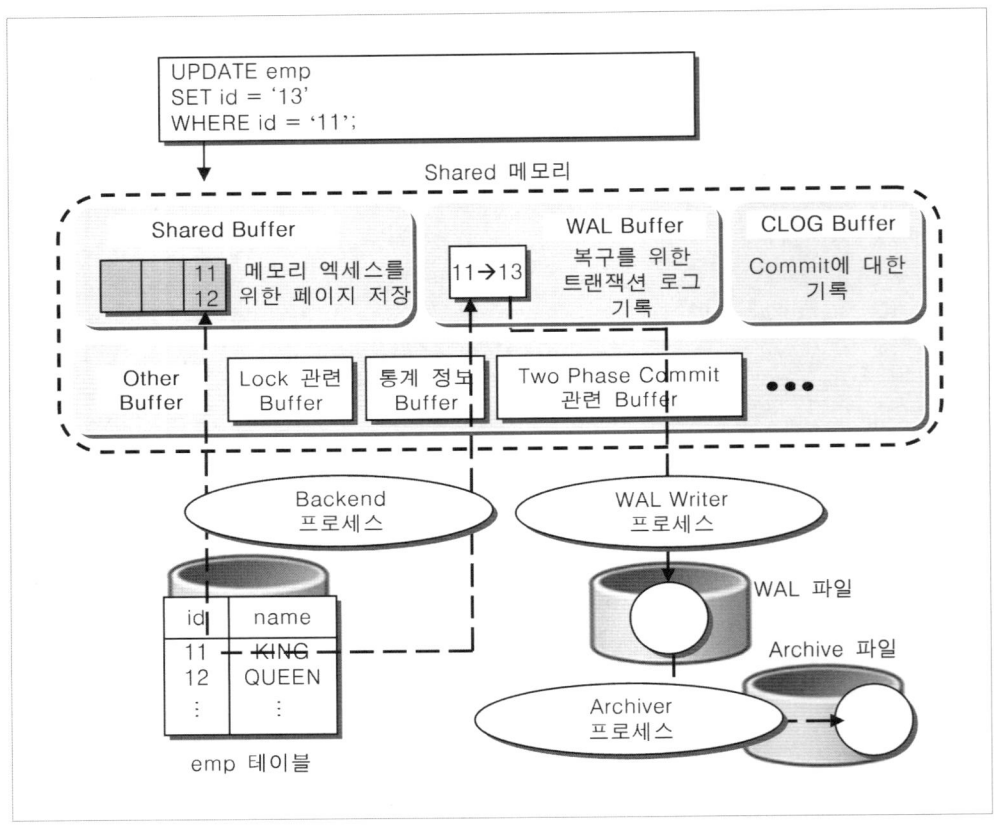

3.1 WAL Buffer의 개념 및 목적

WAL Buffer는 트랜잭션 로그를 저장하는 공간이다.

✓ **트랜잭션 로그** – DDL에 의해 오브젝트가 변경되거나 DML에 의해 데이터가 변경되는 경우 변경 작업에 대한 로그

이와 같은 트랜잭션 로그를 WAL Buffer에 기록한다. WAL Buffer에서 작업을 수행하는 프로세스 및 역할은 아래와 같다.

항목	수행 백그라운드 프로세스
트랜잭션 로그를 WAL Buffer에 기록	Backend 프로세스
WAL Buffer의 트랜잭션 로그를 디스크에 기록	WAL Writer 프로세스
디스크에 기록된 WAL 파일 백업	Archiver 프로세스

WAL Buffer의 개념 및 목적을 확인해 보자.

항목	내용
개념	오브젝트 및 데이터 변경 시 생성되는 트랜잭션 로그를 저장하는 Shared 메모리 공간
목적	모든 DML/DDL 작업에 대한 복구 지원

■ **복구(Recovery)와 롤백(Rollback)**
롤백은 어떤 작업에 대해 작업 전 데이터로 원상복귀하는 것이며 복구는 장애 발생 시에 장애 이전 시점으로 데이터를 원상복구하는 것이다. 여기서 장애는 일반적으로 미디어 장애(디스크 또는 스토리지 장애)를 의미한다. 이런 경우 복구와 롤백의 주체는 아래와 같다.

항목	개념	주체
복구	장애에 대한 데이터베이스 복구	WAL Buffer/WAL 파일
롤백	작업에 대한 작업 전 데이터로 복귀	로우 Header 및 CLOG
	로우(Row) Header에는 변경 시 발생한 새로운 로우에 대한 포인터 정보를 갖고 있기 때문에 롤백에 직접적으로 사용	

3.2 Write-Ahead Logging의 개념

WAL Buffer의 기본 개념인 Write-Ahead Logging에 대해 확인해 보자.

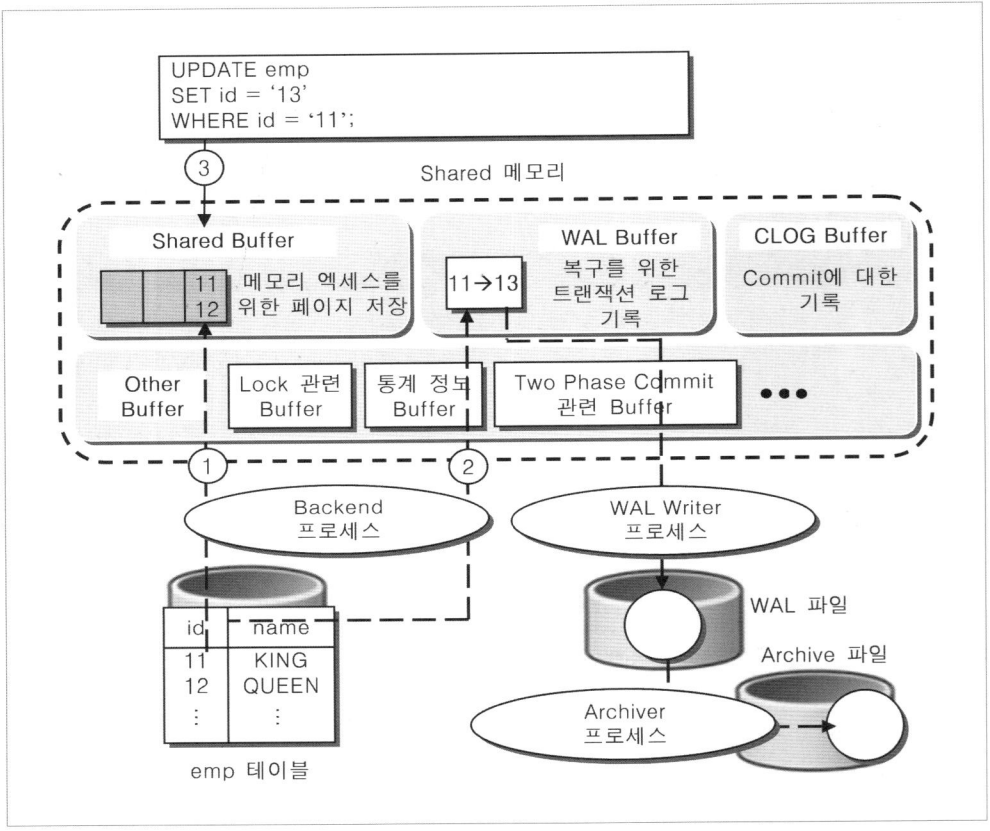

위의 그림을 통해 DML 작업이 수행되는 순서를 확인해 보자.

1. 실제 변경이 발생하는 페이지를 ①과 같이 Shared Buffer에 적재한다.
2. Shared Buffer에 적재된 페이지를 변경하기 전에 Backend 프로세스에 의해 변경 트랜잭션 로그를 ②와 같이 WAL Buffer에 먼저 기록한다.
3. ②의 작업이 종료된 후 실제 Shared Buffer에 적재된 페이지를 ③과 같이 변경한다.

위와 같이 실제 변경할 데이터를 저장하고 있는 페이지를 변경하기 전에 변경 트랜잭션 로그를 WAL Buffer에 먼저 기록해야 하고 이를 Write-Ahead Logging(선 로그 기법) 이라고 한다.

항목	내용
Write-Ahead Logging	단어 그대로 트랜잭션 로그를 기록하는 작업을 먼저 수행한다는 의미이다. DML(Insert, Delete, Update) 작업을 수행할 경우 실제 데이터에 대해 변경을 수행하기 전에 데이터들의 변경 내용을 WAL Buffer에 미리 저장한다. 이와 같이 트랜잭션 로그를 먼저 기록해야만 작업 중 장애가 발생해도 해당 변경 작업에 대해 복구를 수행할 수 있기 때문에 PostgreSQL에서는 선 로그 기법인 Write-Ahead Logging을 사용한다. Write-Ahead Logging은 아래와 같이 2가지가 존재한다. <table><tr><th>종류</th><th>내용</th></tr><tr><td>WAL Buffer Ahead</td><td>실제 페이지 변경 전에 변경 전과 변경 후 데이터를 WAL Buffer에 먼저 기록한다.</td></tr><tr><td>WAL 파일 Ahead</td><td>BG Writer 프로세스가 변경된 페이지를 데이터 파일에 기록하기 전에 WAL Writer 프로세스가 변경 트랜잭션 로그를 WAL 파일에 먼저 기록한다.</td></tr></table> 위와 같은 2가지 방식의 구현으로 WAL Buffer와 WAL 파일에 모든 변경 사항을 먼저 기록한다. 그럼으로써 어떤 상황에서도 변경 내역이 WAL 파일에 먼저 기록되어 장애 시 복구를 수행할 수 있다.

3.3 WAL Buffer 관련 파라미터

아래에서 WAL Buffer에 대한 파라미터를 확인해 보자.

항목	내용
wal_level	WAL Buffer에 기록되는 정보의 수준을 결정한다. <table><tr><th>설정 값</th><th>내용</th></tr><tr><td>minimal</td><td>· 10 버전 이전에서 기본값인 minimal로 서버 장애 시 안전하게 서버가 재시작할 수 있도록 최소한의 정보만 저장한다. · 성능은 향상되나 단순 Crash 복구만 가능하다. · 복제를 지원하지 않는다. · WAL 크기는 가장 작다.</td></tr><tr><td>replica</td><td>archive + hot_standby 설정으로 9.6 버전 이후부터 복제에 사용되며 10 버전 이후에는 기본값이다.</td></tr><tr><td>logical</td><td>replica에 논리적 디코딩을 지원하기 위한 필요한 정보를 추가한다.</td></tr></table> minimal, replica, logical 3가지의 특장점을 확인해 보자. <table><tr><th>설정 값</th><th>주요 목적</th><th>복제 지원</th><th>시점 복구</th><th>WAL 크기</th></tr><tr><td>minimal</td><td>· 성능 최적 · 단순 Crash 복구</td><td>X</td><td>X</td><td>가장 작음</td></tr><tr><td>replica</td><td>물리적 복제</td><td>물리적 복제</td><td>O</td><td>중간</td></tr><tr><td>logical</td><td>논리적 복제</td><td>논리적 복제</td><td>O</td><td>가장 큼</td></tr></table>

wal_buffers	· Shared 메모리에서 WAL Buffer의 크기를 설정하는 파라미터이다. · 기본값은 -1로 Shared 메모리 값에 따라 자동으로 조정된다. · 일반적으로 Shared Buffer의 1/32(3%) 정도로 설정된다. · 데이터베이스 전용 서버에서 Shared Buffer의 크기가 32MB를 초과할 경우 일반적으로 16~32MB를 할당한다.

WAL Buffer의 크기를 확인하는 예제를 확인해 보자.

■ 동적 뷰를 통한 wal_buffers 파라미터 값 확인

```
testdb=# SELECT name, setting, unit
         FROM pg_settings
         WHERE name = 'wal_buffers';
    name     | setting | unit
-------------+---------+------
 wal_buffers |   512   | 8kB
```

→ pg_settings 동적 뷰에서 unit 값이 8KB이며 setting 값이 512로 표기된 경우 512 * 8KB = 4,096KB이므로 wal_buffers의 실제 크기는 4,096KB(4MB)가 된다.

04 Section CLOG Buffer

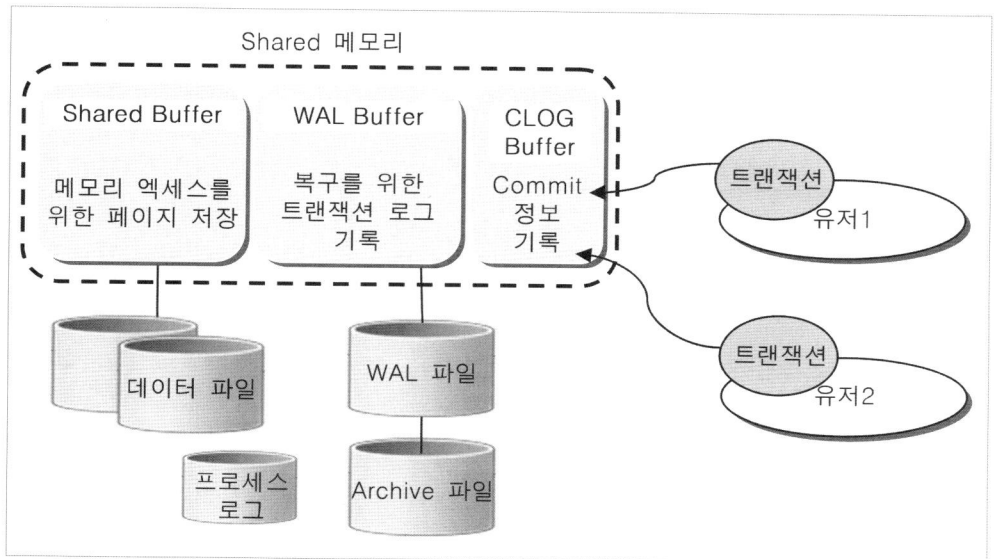

NOTE

■ **Transaction Buffer**

PostgreSQL 17버전에서는 CLOG Buffer를 Transaction Buffer라고 하지만 이 책에서는 기존 PostgreSQL 사용자의 혼동을 막기 위해 CLOG Buffer로 언급하겠다.

CLOG(Commit Log) Buffer는 트랜잭션 상태 정보를 저장하는 메모리 공간이다.

- 트랜잭션의 Commit 및 상태 정보를 저장하는 메모리 공간
- CLOG는 모든 트랜잭션의 Commit 여부 및 상태를 표시하며 트랜잭션 ID(XID)와 매핑되는 테이블 형태로 유지
- 트랜잭션 Commit 정보를 이용하여 MVCC에서 불필요한 디스크 엑세스를 방지하는 기능
- 사용자가 크기를 설정할 수 없으며 데이터베이스에 의해 자동 관리

PostgreSQL은 CLOG로 트랜잭션 상태를 유지하며 Shared 메모리 내의 CLOG Buffer에 저장되어 트랜잭션 처리 중에 사용된다. CLOG Buffer 구성은 아래와 같다.

- CLOG Buffer – Shared 메모리에 8KB 페이지 단위로 구성된 논리적 배열 형태로 각 페이지에는 트랜잭션 ID 및 트랜잭션 ID의 상태를 저장한다.

■ **MVCC 개념**

데이터베이스에서 동시성을 제어하는 기법으로 여러 사용자가 동시에 데이터에 접근할 때 일관된 읽기를 제공하는 기법이다. MVCC 및 CLOG의 자세한 내용은 '트랜잭션' 단원에서 확인하기 바란다.

■ **SLRU 캐시(Simple Least-Recently-Used)**

CLOG Buffer는 SLRU 캐시에 포함되며 SLRU 캐시는 아래와 같은 특징을 가진다.

- 테이블에 저장되는 일반 데이터 외에 트랜잭션 및 하위 트랜잭션 상태, 멀티 트랜잭션 Lock 정보 등 비사용자 데이터를 관리하는 데 사용한다.
- SLRU 캐시는 LRU 알고리즘을 간단하고 효율적으로 구현한 방식을 사용한다. 자주 사용되는 데이터는 메모리 내에서 계속 유지되며 자주 사용되지 않는 데이터는 제거된다.
- PostgreSQL 17 버전에서는 SLRU 캐시의 크기가 시스템 메모리에 맞게 동적으로 조정되며 성능 최적화 및 동시성 제어가 개선되었다.
- pg_stat_slru 동적 뷰를 통해 SLRU 캐시의 상태를 확인할 수 있다.

Other Buffer

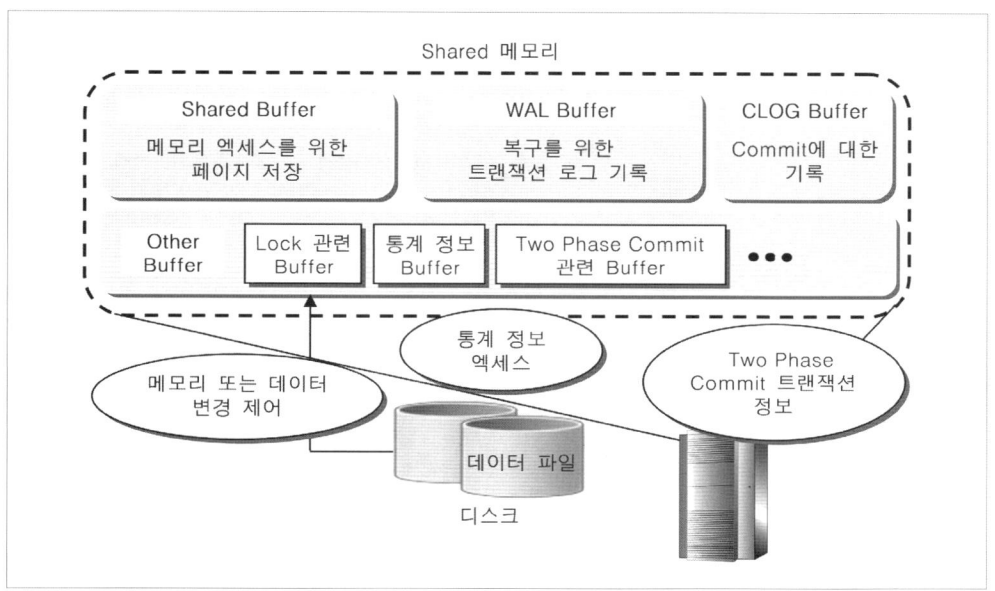

Shared 메모리에는 Shared Buffer, WAL Buffer 및 CLOG Buffer 외에도 데이터베이스를 유지 관리하기 위한 다양한 메모리 공간도 존재한다. 이러한 메모리 공간은 데이터베이스에 의해 대부분 자동으로 관리되므로 별도의 관리는 필요하지 않다.

종류	내용
Lock 관련 Buffer	· 데이터베이스는 다수의 프로세스와 사용자가 동시에 접근하기 때문에 Lock을 이용하여 메모리 또는 데이터를 변경하려는 프로세스로부터의 접근을 제어해야 한다. · Lock 관련 Buffer에서 이와 같은 Lock 정보를 관리한다. · Lock Buffer의 크기는 PostgreSQL에 의해 자동 관리된다. · Shared 메모리에 해쉬 테이블 구조로 관리된다. · 관련 파라미터는 아래와 같다. | 설정 값	내용
max_locks_per_transaction	· 하나의 트랜잭션이 사용할 수 있는 최대 Lock 수를 정의한다. · 해당 값이 초과되면 에러가 발생한다. · 기본값은 64이다.(각 테이블의 Row Lock과 인덱스 Lock 포함) · postgresql.conf 파일에서 설정하거나 세션에서 SET 명령어를 사용하여 변경한다.	
통계 정보 Buffer	· PostgreSQL의 통계 수집기에서 사용하는 영역이다. · 테이블, 인덱스 등의 오브젝트의 총 로우 수와 접근 횟수 등을 수집하며 ANALYZE 및 VACUUM 작업에 대한 정보도 수집한다.
Two Phase Commit 관련 Buffers	· 분산 트랜잭션 환경에서 트랜잭션 수행 시 전체 노드에서 성공할 경우에만 Commit 이 수행되어야 하고 한 노드에서라도 실패할 경우 연관된 모든 노드가 실패되어야 한다. 이 개념이 Two Phase Commit(Begin-End-Prepare-Commit)이다. · Two Phase Commit 관련 Buffers에서는 Two Phase Commit 트랜잭션 정보를 관리한다. · 관련 파라미터로 max_prepared_transactions 파라미터가 있으며 Two Phase Commit 트랜잭션을 사용하지 않을 경우 해당 파라미터의 값을 0으로 유지할 것을 권장한다.

PART 02

PostgreSQL 프로세스

PostgreSQL은 데이터를 효율적으로 관리하고
복잡한 작업을 처리하기 위해 다양한 프로세스를 이용한다.
PostgreSQL이 사용하는 프로세스 중에는 반드시 필요한 프로세스가 존재하는가 하면
구축 환경 및 설정에 따라서 수행 여부가 정해지는 프로세스도 존재한다.
이 단원에서는 PostgreSQL 프로세스의 종류 및 각각의 특징에 대해 자세히 확인해 보자.

Section 01 PostgreSQL 프로세스의 역할 및 종류

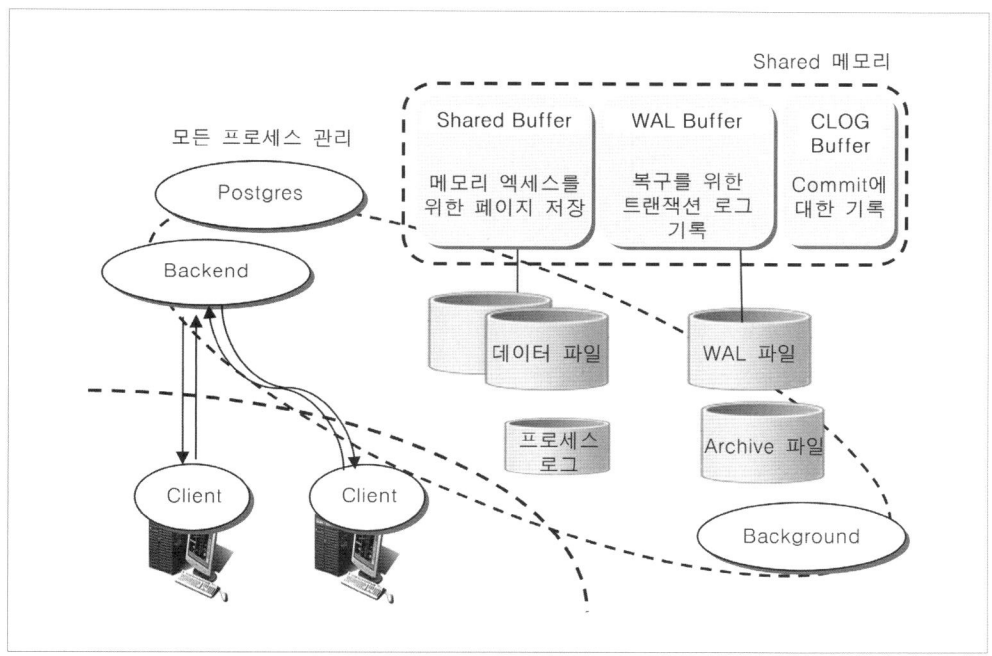

1.1 프로세스의 역할

PostgreSQL은 다중 프로세스 기반의 데이터베이스이다. PostgreSQL은 기본적으로 아래와 같이 구성된다.

항목	내용
Client	데이터베이스에 작업을 요청하는 유저 또는 프로그램
Shared 메모리	사용자 또는 프로그램의 요청을 효율적으로 처리하기 위한 데이터베이스 전용 메모리 영역
디스크	PostgreSQL이 관리하는 모든 데이터를 저장하는 공간

위와 같이 Client에서 작업을 요청하고 Shared 메모리에서는 작업을 수행하기 위한 데이터 엑세스 및 여러 작업을 수행한다. 물론 작업을 수행하기 위해서는 실제 디스크에 존재하는 테이블의 데이터를 메모리로 로드해야 한다. 이와 같은 일련의 작업을 수행하기 위해서는 정적인 영역인 Client, Shared 메모리 및 디스크에서 Read/Write 등의 역할을 수행하는 무엇인가가 존재해야 한다. 이와 같은 역할을 수행하는 요소가 PostgreSQL의 프로세스이다. 예를 들어, Client에서 요청한 데이터가 Shared 메모리에 존재하지 않아 디스크에서 데이터를 엑세스하여 메모리에 저장하는 작업은 Backend 프로세스가 수행한다.

NOTE

■ **PostgreSQL 서버**

PostgreSQL은 복잡한 데이터 작업을 수행하고 관리하기 위해 다수의 프로세스를 생성하고 운영한다. 데이터베이스를 공동으로 관리하는 여러 프로세스의 집합을 일반적으로 'PostgreSQL 서버'라고 한다.

1.2 프로세스의 종류

앞의 그림에서 프로세스의 종류는 Postgres 프로세스/Background 프로세스/Backend 프로세스/Client 프로세스로 구분된다. 각각의 프로세스에 대해 확인해 보자.

종류	내용
Postgres 프로세스	· 시작과 동시에 수행되는 Daemon 프로세스이다. · 시작 시 복구(인스턴스 복구)/Background 프로세스 시작/Client 프로세스의 접속 요청을 받아 Backend 프로세스 생성 등의 역할을 수행한다.
Background 프로세스	· 데이터베이스 운영을 위한 필수 프로세스이다. · Background 프로세스는 여러 개가 존재하며 각각의 Background 프로세스는 각자의 역할에 맞는 작업을 계속적으로 수행한다. · Shared 메모리 관리 등과 같은 내부적인 작업을 수행하기 위해 필요한 프로세스이다. · BG writer, checkpointer, autovacuum launcher, WAL writer, WAL summarizer, logger, archiver 프로세스 등이 Background 프로세스에 해당한다.
Backend 프로세스	· Client 프로세스의 SQL 요청에 대해서 결과를 전송하는 역할을 수행한다. · 연결을 요청받으면 Postgres 프로세스에 의해 생성되며 생성된 Backend 프로세스는 Client 프로세스와 통신을 유지하며 SQL 수행 요청을 처리한다. · 필요한 경우 디스크에 존재하는 페이지를 메모리로 로드한다. · 최대 Backend 프로세스의 개수는 max_connections 파라미터로 설정(기본값 100)한다.

Client 프로세스	· 실제 사용자가 사용하는 프로그램에서 기동하는 프로세스이다. · Client 프로세스는 Postgres 프로세스에게 접속을 요청한다. · Postgres 프로세스는 Client 프로세스로부터 접속을 요청받으면 해당 Client의 요청을 처리할 전담 프로세스인 Backend 프로세스를 생성하고 해당 프로세스의 정보를 Client 프로세스에게 전달한다. · Client 프로세스는 해당 세션 정보와 수행하고자 하는 SQL 정보를 Backend 프로세스에 전달한다. · 일반 PC 등에서 psql을 사용하여 데이터베이스에 접속하였다면 psql 프로세스가 시작되고 해당 프로세스가 Client 프로세스이다.

NOTE

데이터베이스에 접근하여 업무를 수행하는 미들웨어(WAS 등)도 데이터베이스 측면에서 보면 Client 프로세스에 해당한다.

아래에서 실제 PostgreSQL에서 수행되는 프로세스를 확인해 보자.

```
$ ps -ef | grep 10038
postgres 10038     1  0 17:25 pts/4    00:00:00 /data1/postgres/pgsql/bin/postgres
postgres 10039 10038  0 17:25 ?        00:00:00 postgres: logger
postgres 10040 10038  0 17:25 ?        00:00:00 postgres: checkpointer
postgres 10041 10038  0 17:25 ?        00:00:00 postgres: background writer process
postgres 10042 10038  0 17:25 ?        00:00:00 postgres: walwriter process
postgres 10043 10038  0 17:25 ?        00:00:00 postgres: autovacuum launcher
postgres 18364 10038  0 18:28 ?        00:00:00 postgres: postgres axiom_db [local] idle
```

위와 같이 PostgreSQL에서 프로세스를 확인해 보면 여러 Background 프로세스가 시작되어 있는 것을 확인할 수 있다.

Postgres 프로세스

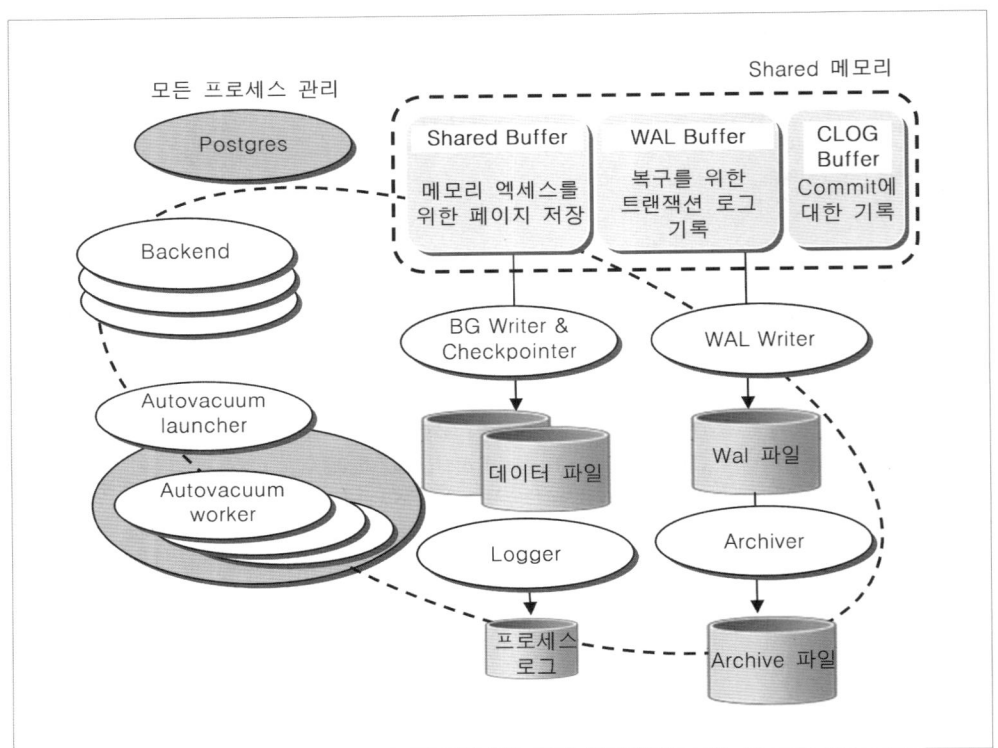

2.1 Postgres 프로세스의 개념

pg_ctl 명령어를 start 옵션으로 실행하면 postgres 서버 프로세스를 기동한다. Postgres 프로세스는 다음과 같은 역할을 수행한다.

항목	내용
Shared 메모리 구성	파라미터 파일을 엑세스하여 데이터베이스에 필요한 Shared 메모리를 획득한다.
세마포어 확보	· 세션에서 사용할 세마포어 공간을 확보한다. · 세마포어는 일반적으로 공유 자원의(메모리) Lock을 구현하기 위해 사용한다.
Shared 메모리에 필요 파일 적재	디스크에서 필요한 데이터를 엑세스하여 Shared 메모리에 저장한다.(페이지는 Backend 프로세스가 Shared 메모리에 저장) · 데이터베이스를 사용하기 위한 Global 컨트롤 파일들 · 시스템 카탈로그 정보 · 통계 정보
Unix Socket 파일 생성	Unix Socket 파일 생성을 통한 내부 접속을 허용한다.
TCP Socket 생성	· 설정에 따라 TCP Socket 하나를 특정 포트로 생성하여 Listen 상태를 준비한다. · 기본값으로 5432 포트를 사용한다.
전체 Background 프로세스 실행/관리	· 데이터베이스 운영에 필요한 여러 하위 Background 프로세스들을 실행한다. · 해당 프로세스들이 비정상적으로 종료되면 다시 프로세스를 실행한다.
Backend 프로세스 실행	· Postgres 프로세스는 주기적으로 해당 Socket 파일을 조회하다가 Socket 연결 요청(Client 접속 시도)이 감지되면 postgres라는 Backend 프로세스를 생성한다. · 접속이 허용되는 호스트 여부를 판단하고 허용되면 유저 인증 작업을 수행한다. · Client 프로세스는 Backend 프로세스를 통해 작업을 요청하고 응답 결과를 해당 Backend 프로세스를 통해 Client 프로세스로 전송한다. · 최대 개수는 max_connection 파라미터로 설정(기본값 100)한다.

환경 설정에 따라 Postgres 프로세스의 하위 Background 프로세스들은 실행이 안 되는 경우도 있고 어떤 경우는 필요할 때만 잠시 실행되고 중지되는 경우도 있다.

pstree 명령어를 이용하여 프로세스 관계를 확인할 수 있으며 위에서 설명한 것처럼 Postgres 프로세스가 최상위 프로세스이며 Postgres 프로세스에 의해서 생성(Fork)된 다른 하위 프로세스들을 확인할 수 있다.

```
$ pstree -ap 6052
postgres,6052 -D /var/lib/pgsql/17/data → 최상위 프로세스
|-postgres,6053 postgres: logger
|-postgres,6055 postgres: checkpointer
|-postgres,6056 postgres: background writer
|-postgres,6057 postgres: walwriter
|-postgres,6058 postgres: autovacuum launcher
|-postgres,6059 postgres: logical replication launcher
```

■ **Postgres 프로세스의 기동**

bin/postgres로도 실행 가능하지만 종료 명령 등 별도의 관리 기능이 없어서 보통 pg_ctl로 관리한다.
· bin/postgres로 기동 - $ /postgresql/bin/postgres -D <데이터 디렉토리 경로>
· pg_ctl로 기동 - $ pg_ctl start -D <데이터 디렉토리 경로>

■ **postmaster 프로세스**

PostgreSQL 8.2부터는 postmaster 명령어로 서버를 기동하는 대신 postgres 명령어로 서버를 기동한다. postmaster.pid 등 일부 파일은 아직 존재하나 기존의 postmaster 프로세스 용어는 postgres 프로세스로 대체된다.

■ **Postgres 프로세스와 관련된 파라미터**

Postgres 프로세스와 관련된 파라미터는 없다. Postgres 프로세스가 기동되면 이후 하위 프로세스들이 기동되며 각 하위 프로세스들과 관련된 파라미터들이 존재한다.

Client 프로세스와 Backend 프로세스

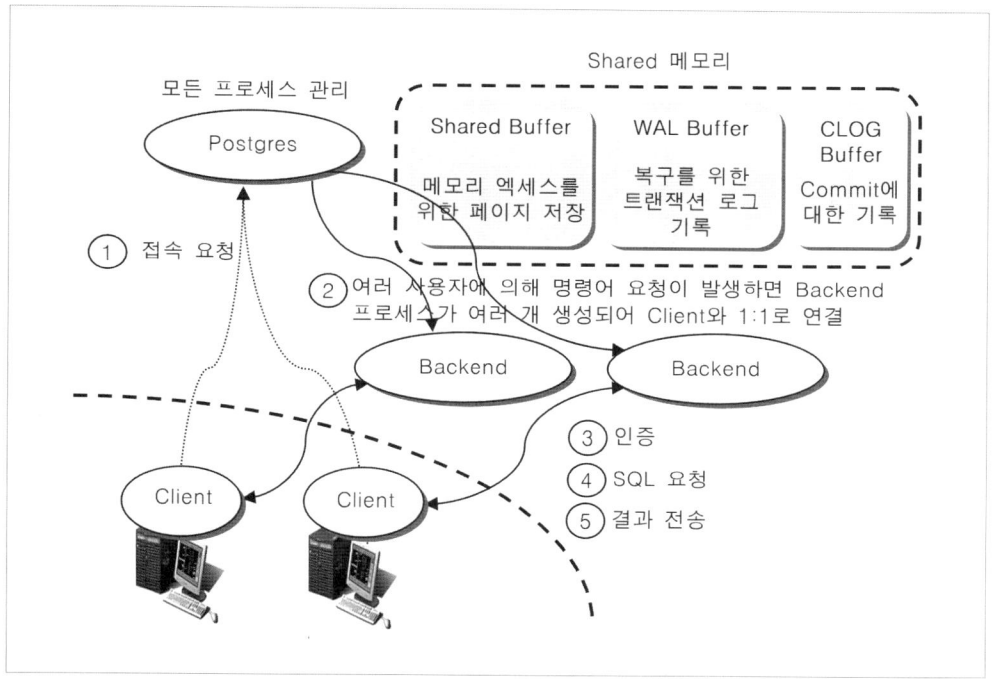

Client 프로세스가 기동되어 데이터베이스로부터 결과를 전송받는 단계에 대해서 확인해 보자.

단계	내용	요청	응답
1단계	Client 프로세스가 시작되어 데이터베이스로 접속 요청	Client 프로세스	Postgres 프로세스
2단계	데이터베이스에서 Backend 프로세스 할당	Postgres 프로세스	Backend 프로세스
3단계	인증	Client 프로세스	Backend 프로세스
4단계	SQL 요청	Client 프로세스	Backend 프로세스
5단계	결과 전송	Client 프로세스	Backend 프로세스

위와 같이 수행하여 Client 프로세스는 데이터베이스와 연결하여 요청에 대한 결과를 응답 받게 된다.

Background 프로세스

<!-- 다이어그램: Shared 메모리 (Shared Buffer - 메모리 엑세스를 위한 페이지 저장, WAL Buffer - 복구를 위한 트랜잭션 로그 기록, CLOG Buffer - Commit에 대한 기록), 모든 프로세스 관리 Postgres, Backend, BG Writer & Checkpointer → 데이터 파일, WAL Writer → Wal 파일 → Archiver → Archive 파일, Logger → 프로세스 로그, Autovacuum launcher, Autovacuum worker, Client 프로세스 -->

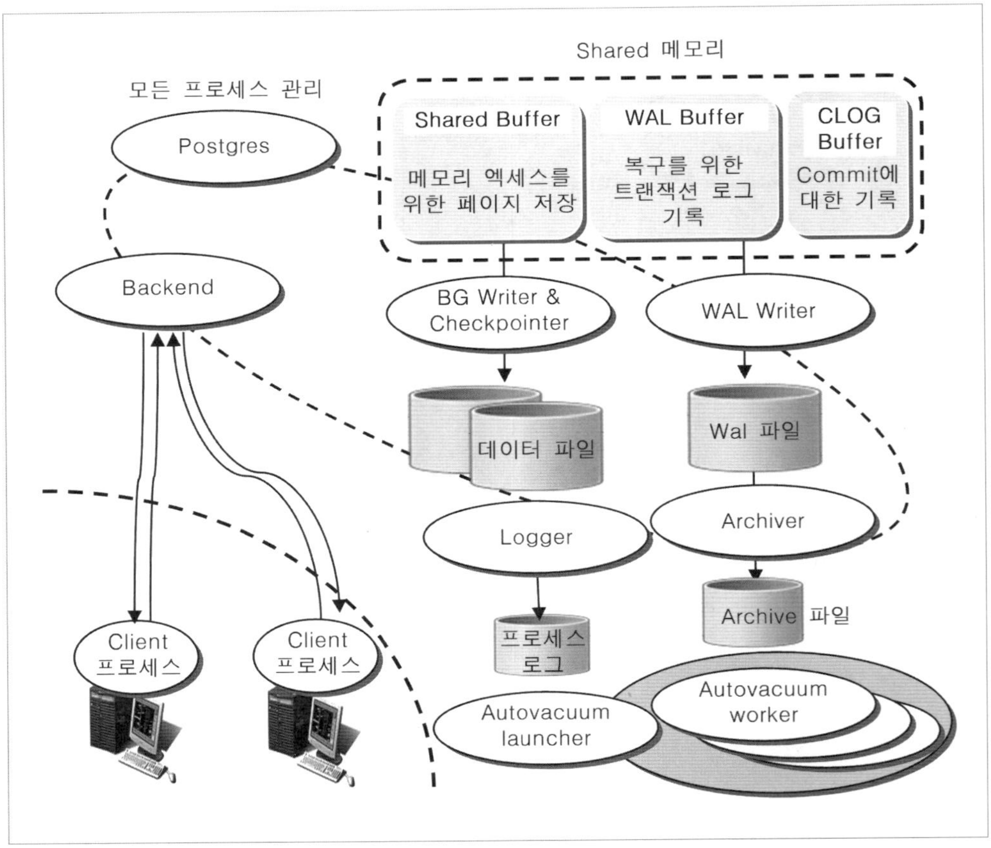

4.1 Background 프로세스의 개념

Background 프로세스는 메모리와 Client 및 데이터베이스의 요청 작업을 실제로 수행하며 데이터베이스를 운영/관리하는 역할을 한다.

✓ **Background 프로세스** – 데이터베이스를 운영/관리하는 프로세스

Background 프로세스는 다음과 같이 구분할 수 있다.

구분	내용
필수 Background 프로세스	· 데이터베이스가 운영되기 위해 반드시 필요한 데이터베이스 관리 프로세스이다. · 데이터베이스 시작과 동시에 해당 Background 프로세스는 반드시 기동되어야 한다.(postgres 프로세스에 의해 생성(Fork)) · 해당 프로세스 중 하나라도 문제가 발생하면 모든 프로세스를 종료시키고 자동 복구를 시도한다. 복구가 실패하면 데이터베이스는 종료된다. · WAL Writer, BG Writer, Checkpointer 등이 해당된다.
보조 Background 프로세스	· 특정 기능을 사용하기 위해 필요한 Background 프로세스로 데이터베이스의 구동 시 기능적 요구에 의해 선택되어 기동된다. · 해당 프로세스가 중지되면 해당 프로세스에 의한 특정 기능을 사용할 수 없다. · 보조 Background 프로세스 중에서 문제가 발생하면 데이터베이스가 중지되는 경우도 존재한다. · Archiver, Logical Replication Launcher 등이 해당된다.

4.2 Background 프로세스의 종류

위의 그림에서 표시된 Background 프로세스들에 대해 확인 보자.

종류	내용
Postgres	· 시작과 동시에 수행되는 Daemon 프로세스 · 시작 시 복구/Background 프로세스 시작/Client 프로세스의 접속 요청을 받아 Backend 프로세스 생성 등의 작업을 수행하는 프로세스
Checkpoint	· Checkpoint 발생 시 Dirty Buffer를 데이터 파일에 기록하도록 BG Writer 프로세스 호출 · WAL 파일에 복구 포인트를 지정하는 프로세스
BG Writer	Dirty Buffer를 데이터 파일에 기록하는 프로세스
WAL Writer	WAL Buffer의 내용을 WAL 파일에 기록하는 프로세스
Achiver	· Archive 모드에서 사용하는 프로세스 · WAL 파일을 다른 디스크로 백업받기 위해 복사하는 프로세스
Autovacuum Launcher	Autovacuum Worker 프로세스를 생성하는 프로세스
Autovacuum Worker	Autovacuum 작업을 수행하는 프로세스
Logger	· 프로세스 로그를 로그 파일로 기록하는 프로세스 · 해당 파일을 통해 데이터베이스 모니터링 및 에러 메시지 확인 가능

BG Writer 프로세스

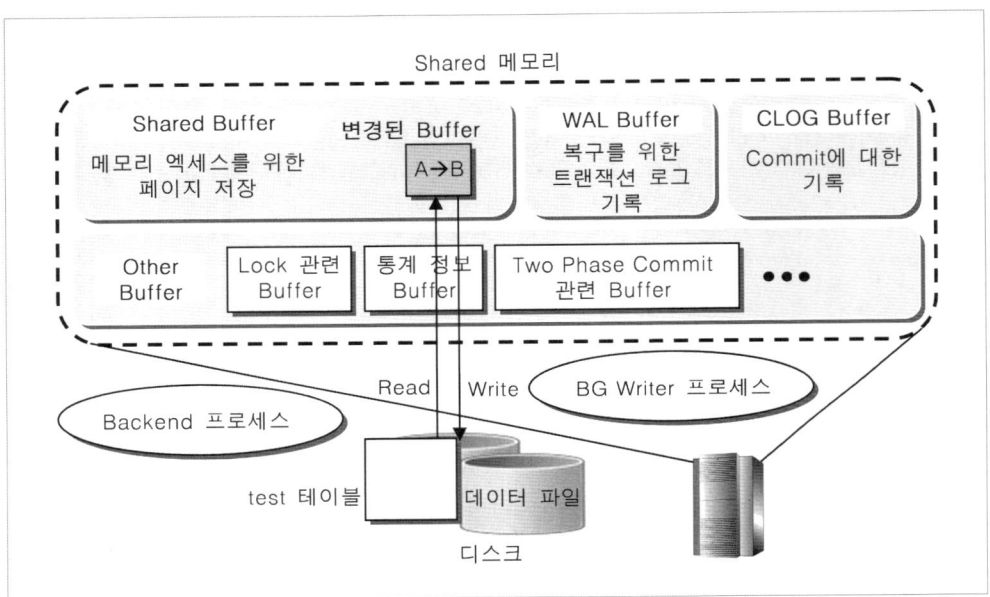

5.1 Shared Buffer의 상태에 따른 Buffer 종류

BG Writer 프로세스의 역할을 확인하기 전에 Shared Buffer의 Buffer 상태에 따른 Buffer의 종류에 대해 확인해 보자.

구 분	내 용
Free/Unused Buffer	데이터베이스 기동 후 비어있는 상태의 Buffer
Pinned Buffer	· 하나의 특정 Client 프로세스에 의해 변경 중인 Buffer · 다른 세션에서 해당 Buffer를 사용하기 위해서는 사용 중인 세션의 변경 작업이 완료될 때까지 대기
Dirty Buffer	변경은 완료되었지만 디스크에 기록되지 않은 Buffer
Clean Buffer	변경이 완료된 후 디스크에 기록된 Buffer로 재사용이 가능한 상태의 Buffer

Shared Buffer에는 상태에 따라 위 4가지 종류의 Buffer가 존재한다. 메모리에서 변경이 완료된 데이터는 디스크로 저장되어야만 데이터베이스 장애 발생 시에도 데이터 유실이 발생하지 않는다. Client의 변경 작업 요청에 의해서 Shared Buffer의 Free/Unused Buffer에 페이지를 저장하고 변경하여 Pinned Buffer 상태로 페이지가 변경된다. 이후 변경이 완료된 Buffer는 Dirty Buffer 상태로 변경되며 BG Writer 프로세스에 의해 특정 시점에 Dirty Buffer를 데이터 파일로 기록이 완료되면 Clean Buffer 상태가 된다. 아래에서 Buffer의 사용에 따른 상태 변경을 확인해 보자.

1. SQL 요청을 처리하는 과정에서 필요한 페이지를 데이터 파일에서 엑세스하여 메모리에 로드해서 저장(캐싱)한다. 다른 SQL 등에서 동일한 페이지를 요청하면 이때는 데이터 파일에서 엑세스하는 것을 배제하고 이미 Shared Buffer에 저장된 페이지를 빠르게 엑세스한다.
2. 데이터 파일에서 Shared Buffer로 페이지를 저장하기 위해 해당 공간 만큼의 Free/Unused Buffer를 찾아 해당 페이지를 Shared Buffer에 저장한다. 이때 데이터 파일의 페이지와 Shared Buffer의 페이지는 동일한 값을 갖는다.
3. DML 문에 의해 Buffer가 변경되는 과정에서 Pinned Buffer가 된다.
4. 변경이 완료된 Shared Buffer의 해당 Buffer의 상태는 데이터 파일의 페이지의 값과 동일하지 않은 상태인 Dirty Buffer 상태가 된다.
5. BG Writer 프로세스는 Shared Buffer의 변경된 최신 값을 가지고 있는 Dirty Buffer를 데이터 파일의 페이지의 원래 위치에 재기록한다. 그렇게되면 변경되었던 Buffer의 상태는 데이터 파일의 페이지와 동일한 값을 갖는 Clean Buffer가 된다.
6. Clean Buffer는 다른 페이지에 의해 재사용될 수 있는 상태이다.

5.2 BG Writer 프로세스와 Backend 프로세스

앞의 그림에서 BG Writer 프로세스와 Backend 프로세스의 역할을 확인해 보자.

구분	내용
BG Writer 프로세스	SQL 요청을 처리하는 과정에서 변경된 Dirty Buffer를 데이터 파일에 기록
Backend 프로세스	SQL 요청을 처리하는 과정에서 필요한 데이터가 저장된 데이터 파일의 페이지를 Shared Buffer로 저장

BG Writer 프로세스는 다음과 같이 정의할 수 있다.

✓ **BG Writer 프로세스** - Shared Buffer에서 변경된 Dirty Buffer를 데이터 파일에 기록하는 프로세스

앞의 그림에서 A를 저장하고 있는 test 테이블의 페이지는 Shared Buffer로 저장된 후 B 값으로 변경되었다. 이때 A 값을 저장하고 있던 페이지는 Shared Buffer에서 변경이 발생했기 때문에 Dirty Buffer가 되며 해당 페이지는 특정 시점에 BG Writer 프로세스에 의해 데이터 파일로 변경 내용이 저장된다.

아래의 그림을 확인해 보자.

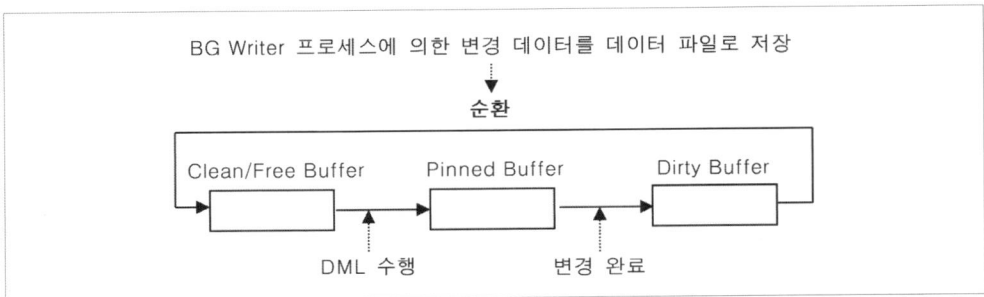

위의 그림과 같이 DML 작업에 의해 Clean/Free Buffer에 필요한 페이지를 저장하며 해당 Buffer는 Pinned Buffer로 변경된다. 해당 Buffer에 작업이 완료되면 Dirty Buffer로 변경되며 BG Writer 프로세스에 의해 특정 시점에 해당 Dirty Buffer는 데이터 파일로 저장된다. 이때 Dirty Buffer는 Clean Buffer가 되어 재사용이 가능해진다.

앞에서 설명한 Shared Buffer에 페이지를 저장하고 데이터 파일로 기록하는 작업을 Backend 프로세스와 BG Writer 프로세스가 수행한다.

5.3 BG Writer 프로세스의 특징

BG Writer 프로세스의 특징은 아래와 같다.

항목	내용
지연 쓰기 (Deferred Write)	데이터 파일의 페이지를 Shared Buffer에 저장한 후 Shared Buffer에서 읽기 및 변경 작업을 수행한다. Shared Buffer에 저장된 페이지가 변경이 완료된 경우 해당 페이지를 바로 데이터 파일에 기록하지 않고 추후 여러 개의 변경된 페이지를 모아 일괄 적용한다. 변경 작업을 모아서 한번에 데이터 파일로 기록하는 이유는 빈번한 디스크 Write I/O를 방지하기 위해서다. 예를 들어, 특정 페이지 또는 Buffer에 A부터 Z까지 총 24번의 변경이 발생하였다고 가정하자. 변경이 발생할 때마다 데이터 파일에 기록하면 24번의 디스크 I/O가 발생한다. 하지만 Shared Buffer 내에서만 변경이 24번 발생한 상태에서 추후 지연 쓰기를 수행하면 디스크 Write I/O는 단 한번만 발생한다. 이는 결과적으로 메모리보다 엑세스 속도가 느린 디스크 I/O를 최대한 감소시키기 위한 전략이다.

빠른 Commit (Fast Commit)	앞에서 언급한 지연 쓰기 방식으로 변경된 데이터를 데이터 파일로 기록하기 전에 데이터베이스에 장애가 발생할 경우 Shared Buffer에만 저장되어 있던 변경 페이지가 유실되므로 데이터 정합성에 문제가 발생하게 된다. 이와 같은 현상을 방지하기 위해 빠른 Commit을 사용한다. 빠른 Commit이란 데이터 변경을 완료하고 Commit을 수행하면 변경된 페이지를 즉시 디스크로 기록하지 않는 지연 쓰기를 사용하는 대신 변경에 대한 트랜잭션 로그 정보는 즉시 디스크로 기록하는 방법이다. 이와 같이 트랜잭션 로그 정보는 즉시 디스크로 기록하기 때문에 빠른 Commit이라고 한다. 트랜잭션 로그에 대한 기록은 WAL Writer 프로세스가 수행한다. 트랜잭션 로그 정보를 이용하여 장애 발생 시 지연 쓰기로부터 데이터 정합성을 유지하기 위해 빠른 Commit을 이용한다.

BG Writer 프로세스는 지연 쓰기와 빠른 Commit 방식을 동시에 이용한다.

5.4 BG Writer 프로세스의 활동 주기

앞에서 BG Writer 프로세스는 지연 쓰기를 지원한다고 언급했다. 지연 쓰기에 의해 변경이 완료된 Dirty Buffer가 발생할 때마다 즉시 데이터 파일로 기록되지 않는다. 그럼 어느 시점에 Dirty Buffer를 데이터 파일로 적용하는지 확인해 보자.

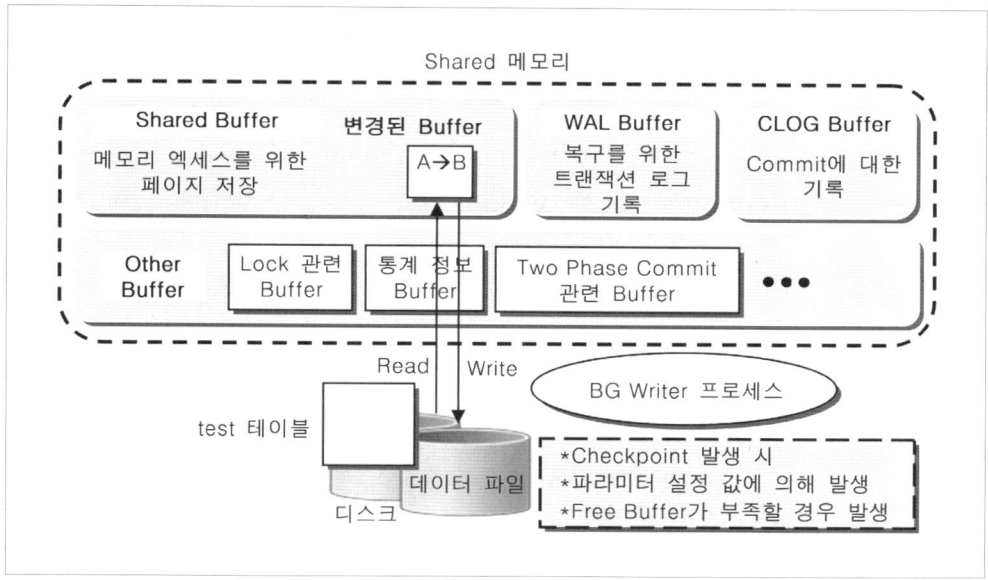

위의 그림은 BG Writer 프로세스가 작동하는 경우이며 각각의 경우에 대해 확인해 보자.

항목	내 용	
Checkpoint 발생 시	주기적으로 Checkpoint 발생 시 모든 Dirty Buffer를 디스크에 기록한다. Checkpoint 는 아래와 같은 경우 발생한다.	
	종 류	내 용
	checkpoint_timeout 파라미터	기본값은 5분이며 5분에 한번씩 모든 Dirty Buffer를 디스크에 기록
	max_wal_size 파라미터	WAL 파일의 크기가 기본값인 1GB를 초과할 때 마다 수행
	기타	Checkpoint 명령어를 수행할 경우
	이전 Checkpoint 이후로 WAL 파일에 기록이 없으면 checkpoint_timeout을 초과했 더라도 수행되지 않는다.	
파라미터의 설정 값	bgwriter_delay 파라미터와 bgwriter_lru_multiplier 파라미터 등으로 작동한다.	
Free Buffer가 부족할 경우	모든 Buffer가 Pinned Buffer 또는 Dirty Buffer 상태로 Free Buffer가 부족할 경우 BG Writer 프로세스가 작동한다.	

위와 같은 경우에 BG Writer 프로세스가 작동하여 Shared Buffer의 Dirty Buffer를 디스크에 기록하는 작업을 수행한다.

5.5 BG Writer 프로세스 관련 파라미터

아래와 같은 파라미터로 BG Writer 프로세스의 속성을 설정할 수 있다.

파라미터	내 용
bgwriter_delay	· BG Writer 프로세스의 다음 작업까지의 대기 시간을 지정 · BG Writer 프로세스는 몇 개의 Dirty Buffer를 디스크에 기록한 후 bgwriter_delay 파라미터의 값 동안 Sleep한 다음 작업을 반복 수행 · Shared Buffer에 Dirty Buffer가 존재하지 않으면 이 파라미터와 무관하게 장기 Sleep 수행 · 기본값은 200ms이며 10~10,000ms 사이에서 설정 가능
bgwriter_lru_ maxpages	· BG Writer 프로세스가 Dirty Buffer를 디스크에 기록할 때 한 번에 기록하는 최대 Buffer 개수를 설정 · BG Writer 프로세스가 디스크에 기록해야 할 Buffer 수가 파라미터에 설정된 값 보다 크다면 파라미터에 설정된 값까지만 기록하고 다음 주기에 BG Writer 프로세스가 나머지 Buffer를 계속 기록 · 기본값은 100 Buffer이며 0은 사용하지 않는다는 의미

bgwriter_lru_multiplier	· BG Writer 프로세스에서 각 주기에 필요한 Clean Buffer 수를 추정하기 위해 사용 · 최근 필요했던 평균 Buffer의 양에 해당 파라미터의 값을 곱하여 필요한 Buffer 수를 계산 · 예를 들어, 추정된 필요한 Clean Buffer의 수가 N이라고 가정하고 bgwriter_lru_multiplier=2.0이면 BG Writer 프로세스는 2*N 만큼의 사용 가능한 Buffer 수가 확보될 때까지 Dirty Buffer를 디스크에 기록 · 기본값은 2.0이며 0.0~10.0까지 설정 가능
bgwriter_flush_after	· 백그라운드 프로세스가 얼마나 자주 디스크에 데이터를 기록할지를 결정하는 설정 · 디스크에 기록되는 데이터의 양이 일정 크기에 도달할 때마다 Background에서 데이터를 디스크에 기록 · 기본값은 512KB(64개 페이지)

WAL Writer 프로세스

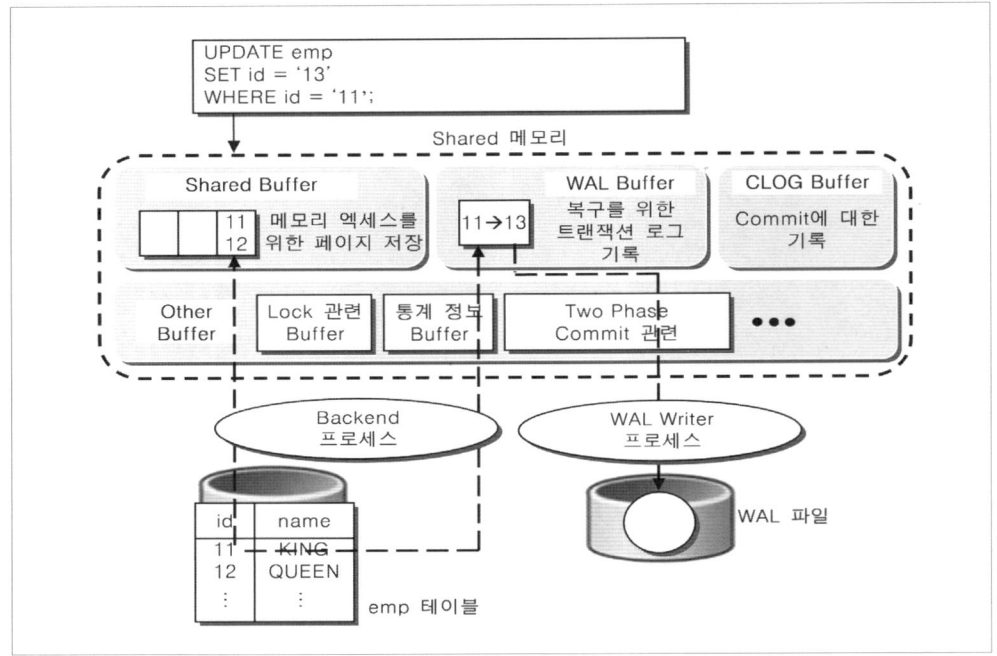

6.1 WAL Writer 프로세스의 역할

SQL 요청을 처리하는 과정에서 데이터를 변경할 경우 Shared Buffer 내의 데이터 변경 외에 아래와 같은 작업을 추가로 수행해야 한다.

- 변경 트랜잭션 로그는 Write-Ahead Logging 기법을 사용하기 때문에 WAL Buffer에 변경 작업에 대한 기록이 가장 먼저 수행된다.
- 빠른 Commit을 지원하기 때문에 Commit 시 마다 WAL Buffer에 있는 Commit 트랜잭션에 해당하는 변경 내용을 디스크로 저장해야 한다.

결국 WAL Buffer에 존재하는 변경 데이터를 디스크로 저장하는 또 다른 프로세스가 필요하다. 이와 같은 역할을 수행하는 프로세스가 WAL Writer 프로세스이다.

✅ **WAL Writer 프로세스** – WAL Buffer에 기록된 내용을 특정 주기나 조건에 의해 WAL 파일에 기록하는 프로세스

6.2 WAL Writer 프로세스의 특징

WAL Writer 프로세스의 특징을 확인해 보자.

항목	내용
Write-Ahead Logging (로그 Ahead)	· Write-Ahead Logging이란 먼저 로그를 기록한다는 의미로 데이터에 대해 DML 작업을 수행할 경우 실제 Shared Buffer를 변경하기 전 WAL Buffer에 해당 변경 정보를 저장한 후 변경 작업을 수행하는 것을 의미한다. · 위와 같이 수행이 이루어져야만 작업 중 장애가 발생 하더라도 WAL 파일을 이용하여 복구 작업이 가능하다.
빠른 Commit (Fast Commit)	· 빠른 Commit이란 유저가 특정 DML 작업 수행 후 Commit을 수행하면 즉시 데이터베이스에 저장하여 복구 및 조회할 수 있다는 의미이다. · 이는 Commit을 수행하더라도 변경된 페이지인 Dirty Buffer를 즉시 디스크로 저장하지는 않지만 변경된 페이지에 대한 조회는 메모리에서 수행하고 복구는 WAL 파일에 기록된 변경 내용을 이용하기 때문에 마치 데이터베이스에 즉시 적용된 것과 같다는 의미이다.

빠른 Commit에 대해 아래 그림을 확인해 보자.

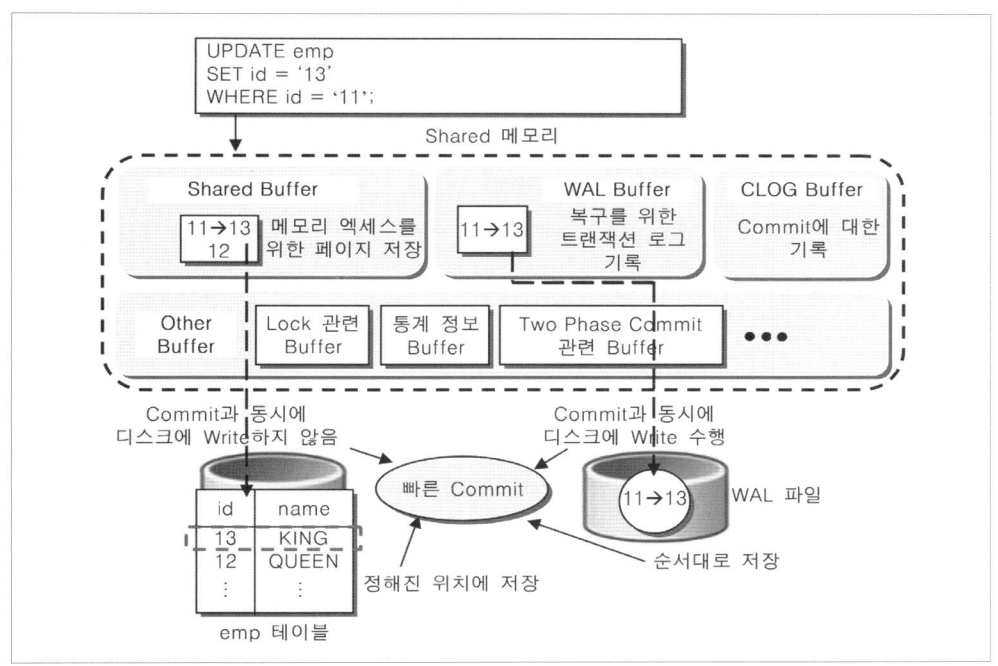

위의 그림에서 Commit이 발생하는 경우 실제 Dirty Buffer를 데이터 파일에 기록하지 않고 Commit과 동시에 WAL Buffer의 트랜잭션 로그를 WAL 파일에 기록한다. 이와 같이 수행하는 이유는 아래와 같다.

항목	내용		
변경 페이지를 디스크의 데이터 파일에 즉시 기록하지 않는 이유	Shared Buffer에 실제적인 변경 작업이 발생한 후 Commit을 수행하면 Shared Buffer에 존재하는 Dirty Buffer를 데이터 파일에 존재하는 emp 테이블에 저장해야 한다. 하지만 변경 작업 이후 변경된 페이지인 Dirty Buffer를 즉시 데이터 파일에 기록하지 않는다. 그 이유는 아래와 같다.		
	구분	**내용**	
	위치 검색	각각의 변경된 페이지는 데이터 파일에 적용될 위치가 정해져 있으므로 모든 변경된 페이지를 실시간으로 정해진 위치에 기록하면 해당 데이터 파일 내의 페이지 위치를 검색하는 부분에 대한 극심한 성능 저하가 발생한다.	
	I/O 단위	한 건의 데이터가 변경되어도 페이지 단위로 I/O가 발생하므로 많은 디스크 I/O가 발생한다.	
변경된 페이지를 디스크에 기록하지 않고 데이터 정합성을 보장하고 복구하는 방법	성능 저하의 이유로 BG Writer 프로세스는 지연 쓰기를 지원한다. 그러나 변경된 내용은 Commit 수행 후 WAL Buffer에서 즉시 WAL 파일에 기록되어 조회 및 장애 발생 시 변경된 데이터로 조회 또는 복구가 수행된다.		
	구분	**내용**	
	조회	변경된 데이터에 대해 Shared Buffer의 Dirty Buffer에서 결과에서 추출한다.	
	장애 발생 시	· Write-Ahead Logging 기법에 따라 변경 사항을 WAL Buffer에 기록하고 Commit 시점에 WAL Buffer의 내용을 WAL 파일에 기록한다. · 이러한 WAL 파일을 이용하여 시스템 장애 발생 시 데이터를 일관성있게 복구한다.	

변경된 페이지를 디스크의 데이터 파일에 바로 기록하지 않기 때문에 데이터 정합성을 맞추지 않는 것처럼 보이지만 데이터 파일에 변경 내용을 즉시 데이터 파일에 기록하는 대신 WAL Buffer와 WAL 파일에 바로 기록함으로써 빠른 Commit을 유지할 수 있다.

빠른 Commit은 다음과 같은 장점을 가진다.

- BG Writer 프로세스가 Shared Buffer의 변경된 페이지를 디스크에 기록하는 속도보다 WAL Writer 프로세스가 WAL Buffer의 트랜잭션 로그를 WAL 파일에 기록하는 속도가 더 빠르며 시스템 부하도 감소된다.
- PostgreSQL은 페이지 단위 I/O를 수행하므로 Shared Buffer에 존재하는 페이지에 저장된 하나의 로우만 변경되어도 해당 페이지 전체를 디스크의 해당 페이지에 기록해야 한다. WAL Buffer에는 페이지 단위 I/O가 아닌 변경된 부분만을 기록하므로 적은 디스크 I/O를 발생시킨다.

■ Commit외에도 다른 조건에 의해 WAL Writer가 주기적으로 활동하며 Commit시 최소 단위의 내용만 기록한다. 또한, 변경 내용만 저장하여 트랜잭션 로그의 크기가 작으며 위치가 정해진게 아니라 트랜잭션 로그가 발생하면 발생 순서대로 WAL 파일에 저장한다. 그러므로 빠르게 디스크에 변경 내용을 기록할 수 있다.

NOTE

■ BG Writer 프로세스의 속도 vs WAL Writer 프로세스의 속도

BG Writer 프로세스가 Dirty Buffer를 해당 디스크의 데이터 파일에 기록하는 속도에 비해 WAL Writer 프로세스가 WAL Buffer의 트랜잭션 로그를 WAL 파일에 기록하는 속도가 더 빠른 이유는 각각의 저장 방식에 의한 차이이다.

구분	내용
WAL 파일에 기록	지정된 페이지에 변경 내용을 저장하는 것이 아니라 WAL 파일에 순차적으로 기록
Dirty Buffer 기록	기존 페이지가 저장된 데이터 파일의 해당 위치에 다시 기록

6.3 WAL Writer 프로세스의 활동 주기

WAL Writer 프로세스는 특정 조건을 만족하면 작동한다. 아래의 그림을 통해 WAL Writer 프로세스의 활동 주기를 확인해 보자.

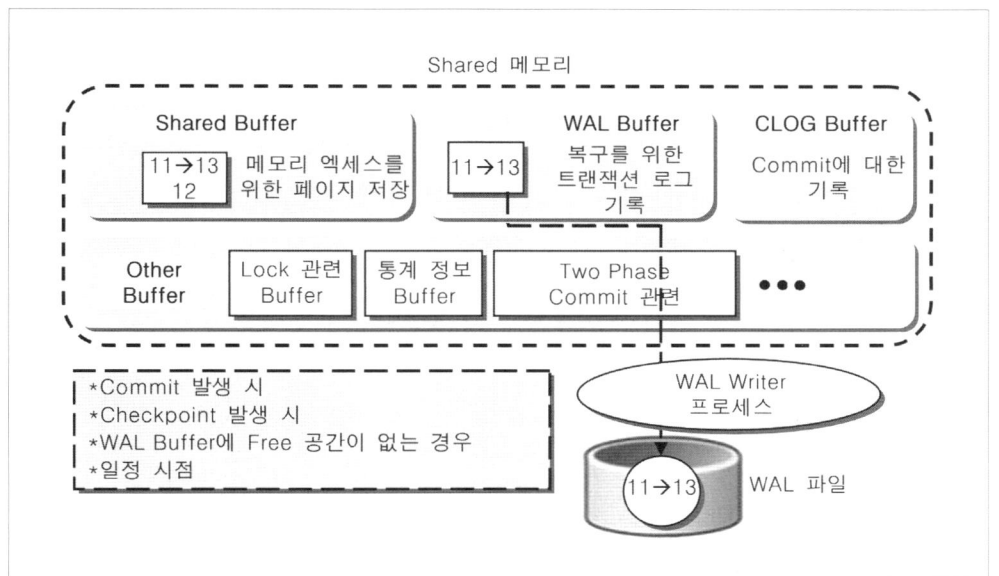

위 그림과 같이 특정 조건을 만족하면 WAL Writer 프로세스는 WAL Buffer에 존재하는 변경 트랜잭션 로그를 디스크 내의 WAL 파일에 저장한다. WAL Writer 프로세스가 작동되는 특정 조건은 아래와 같다.

- Commit을 수행할 경우(해당 트랜잭션과 연관된 변경 내용에 대해 기록)
- Checkpoint가 발생할 경우(BG Writer 프로세스가 Shared Buffer의 변경된 페이지를 디스크의 데이터 파일에 적용하기 전에 발생)
- WAL Buffer에 Free 공간이 없는 경우
- checkpoint_timeout(5분), wal_writer_delay(200ms) 파라미터 등에 설정된 값에 의해 수행

위의 조건 중 하나만 만족해도 WAL Writer 프로세스는 WAL Buffer에 존재하는 변경된 트랜잭션 로그를 디스크에 있는 WAL 파일에 기록한다.

6.4 WAL(Write-Ahead Logging) 파일의 개념

WAL 파일은 복구를 통해 데이터 무결성을 보장하기 위한 파일이다.

✓ **WAL 파일** – Write-Ahead Logging 기법에 의해 WAL Buffer에 기록된 트랜잭션 로그를 장애 시 복구 및 데이터 정합성을 위해 디스크에 저장하는 파일

변경사항을 테이블에 즉시 적용하는 것 보다 먼저 변경 사항에 대한 트랜잭션 로그를 WAL 파일로 기록하여 장애 등에 데이터 정합성을 유지한다. 이와 같이 수행함으로써 아래와 같은 장점을 가진다.

- Shared Buffer의 Dirty Buffer를 실시간으로 디스크에 기록할 필요가 없다.
- 장애 발생 시 WAL 파일을 사용하여 복구를 수행할 수 있다.

데이터 파일에 적용되지 않은 모든 변경 사항은 WAL 파일에 저장되어 있는 트랜잭션 로그를 이용하여 변경되었던 작업을 재수행할 수 있다. 이와 같은 단계를 Redo 또는 롤포워드 복구라고 한다.

NOTE

- **WAL Segment**

    WAL 파일은 WAL Segment라고도 한다. 해당 책에서는 WAL Segment 대신 WAL 파일을 사용한다.

■ 복구

WAL 파일과 Archive 파일을 사용하여 온라인 백업을 복원하여 특정 시점 복구를 지원한다.

만료된 WAL 파일을 Archive 파일로 보관함으로써 저장된 트랜잭션 로그 시점으로의 복구를 지원한다. 데이터베이스의 이전 물리적 백업을 복원하고 원하는 시간까지 WAL 파일에 저장되어 있는 트랜잭션 로그를 적용만 하면 된다.

6.5 WAL 파일의 기록 과정

WAL 파일 기록 과정을 확인해 보자.

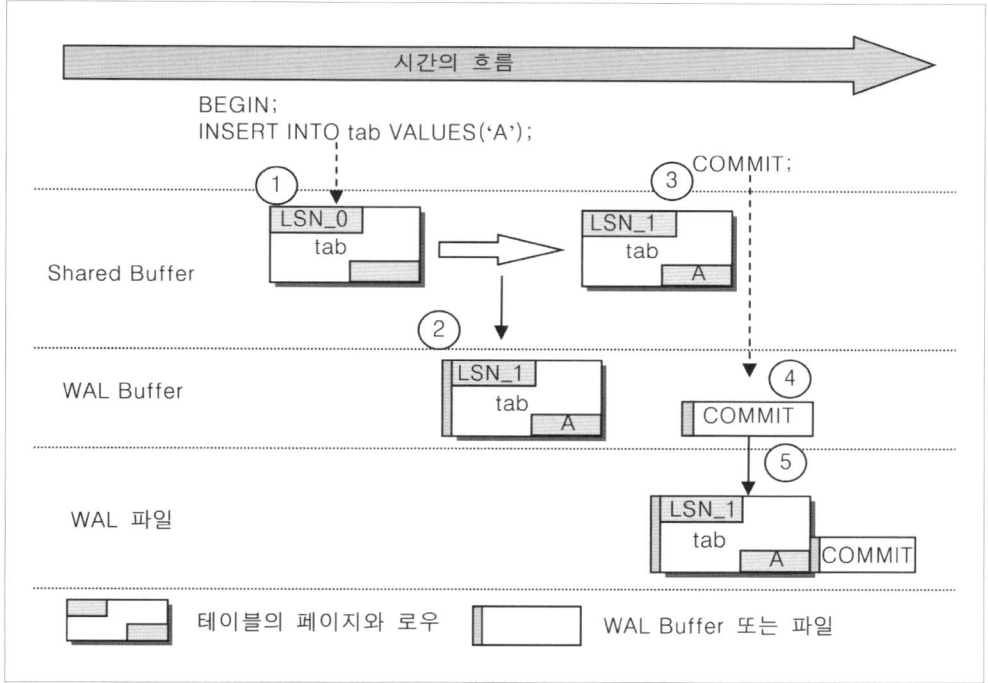

WAL 파일은 아래와 같이 기록된다.

1. ①과 같이 tab 테이블에 데이터 Insert
2. ②와 같이 Write-Ahead Logging 기법에 의해 WAL Buffer에 트랜잭션 로그 기록
3. ③와 같이 Shared Buffer에 해당 페이지를 변경하여 Dirty Buffer 발생

4. 이후 Commit이 발생하면 ④와 같이 COMMIT에 대한 트랜잭션 로그를 생성하고 WAL Buffer에 기록
5. ⑤와 같이 WAL Buffer의 해당 트랜잭션 로그를 WAL 파일에 기록

Shared Buffer의 모든 데이터가 유실되더라도 페이지의 모든 수정 사항은 WAL 파일에 기록되기 때문에 Redo Point의 트랜잭션 로그를 저장하는 WAL 파일 내의 트랜잭션 로그를 순차적으로 엑세스하여 적용하면 복구가 가능하다.

앞의 그림에서 각각의 용어는 아래와 같다.

구분	내용
LSN	· LSN은 Log Sequence Number의 약자로 PostgreSQL에서 데이터베이스 WAL 파일에 기록된 트랜잭션의 순서를 식별하는 데 사용한다. · LSN은 데이터베이스의 일관성과 복원을 보장하기 위해 필요하다.
트랜잭션 로그(WAL)	· Write-Ahead Logging을 의미하며 트랜잭션 로그는 데이터베이스 트랜잭션을 WAL 파일에 기록하여 트랜잭션의 일관성 등을 보장한다. · 트랜잭션 로그는 PostgreSQL의 기본 백업 및 복원 기능과 함께 사용되며 변경 트랜잭션이 저장되기 전에 WAL 파일(로그 파일)에 기록된다. 트랜잭션 로그는 LSN(Log Sequence Number)을 사용하여 로그 항목에 고유한 식별자를 부여하며, 이를 통해 WAL 파일의 항목을 추적하고 데이터베이스를 특정 시점으로 복원할 수 있다.
Redo Point	복구 시작 위치를 의미한다.

6.6 WAL 파일의 위치와 이름

WAL 파일은 기본적으로 PostgreSQL의 data_directory 파라미터에 설정된 경로 하위의 pg_wal 디렉토리에 생성된다.

```
testdb=# SELECT setting
         FROM pg_settings
         WHERE name = 'data_directory';
data_directory
-----------------------------
 /postgres/pgsql/data


$ cd /postgres/pgsql/data/pg_wal
$ ls -l
```

```
-rw-------  1 postgres postgres  16777216 May 15 17:37 0000000100000026D000000AA
-rw-------  1 postgres postgres  16777216 May 13 10:31 0000000100000026D000000AB
-rw-------  1 postgres postgres  16777216 May 13 10:31 0000000100000026D000000AC
-rw-------  1 postgres postgres  16777216 May 13 10:32 0000000100000026D000000AD
drwx------  2 postgres postgres            6 Sep 16  2019 archive_status
```

첫 번째 WAL 파일은 000000010000000000000001이다. 첫 번째 WAL 파일이 트랜잭션 로그로 전부 채워지면 두 번째 WAL 파일이 000000010000000000000002로 새로 생성된다. 후속 파일은 오름차순으로 사용되며 0000000100000000000000FF가 채워지면 다음 파일은 000000010000000100000000이다. 이런 식으로 마지막 2자리가 이월될 때마다 중간 8자리 숫자가 1씩 증가한다. 마찬가지로 0000000100000001000000FF가 채워지면 000000010000000200000000 파일이 생성된다.

NOTE

PostgreSQL은 트랜잭션 로그(WAL)의 위치를 8Byte(약 18경) 크기의 LSN으로 관리할 수 있을 만큼 충분한 주소 공간을 가지고 있다. 하지만 트랜잭션 로그(WAL) 자체는 시간이 지남에 따라 무제한으로 증가할 수 있기 때문에 하나의 거대한 파일로 관리하기에는 비효율적이고 관리가 어렵다.
이를 해결하기 위해 PostgreSQL은 트랜잭션 로그(WAL)를 기본적으로 16MB 단위의 파일로 나누어 저장하며 이 각각의 파일을 WAL 파일이라고 부른다.

내장 함수 pg_walfile_name을 사용하면 지정된 LSN이 포함된 WAL 파일의 이름을 찾을 수 있다. 해당 함수는 LSN을 이용한 시점 복구(Point-In-Time Recovery: PITR)를 수행할 때, 복구 대상 시점을 포함하는 기준 WAL 파일을 찾는데 이용 가능하다.

```
testdb=# SELECT pg_walfile_name('1/00002D3E'); → LSN 번호 설정
      pg_xlogfile_name
------------------------
 000000010000000100000000
```

6.7 WAL 파일 스위치(Switch)

WAL 파일 스위치에 대해 확인해 보자.

✓ **WAL 파일 스위치** - 하나의 WAL 파일에서 다음 WAL 파일에 트랜잭션 로그를 기록하는 동작

WAL 파일 스위치(Switch)는 다음 중 하나에 의해 발생한다.

- 기존 WAL 파일이 채워졌을 때
- pg_switch_wal 함수가 수행될 때
- archive_mode가 활성화되어 있고 archive_timeout 파라미터의 설정 시간 값이 초과될 때

스위치된 WAL 파일은 일반적으로 재사용(WAL 파일 이름 변경)되지만 필요하지 않은 경우 나중에 제거될 수도 있다.

Checkpoint가 시작될 때마다 PostgreSQL은 다음 Checkpoint 수행 시에 필요한 WAL 파일 수를 추정하고 준비한다. 이러한 추정은 이전 Checkpoint 주기에서 사용된 파일 수를 고려하여 산정한다.

- 이전 Redo Point 지점을 포함하는 파일에서 계산되며 값은 min_wal_size(기본적으로 80MB, 즉 5개 파일)와 max_wal_size(1GB, 즉 64개 파일) 사이이다.

Checkpoint가 시작되면 필요한 파일은 보관되거나 재활용되고 불필요한 파일은 제거된다. 아래의 그림을 통해 확인해 보자.

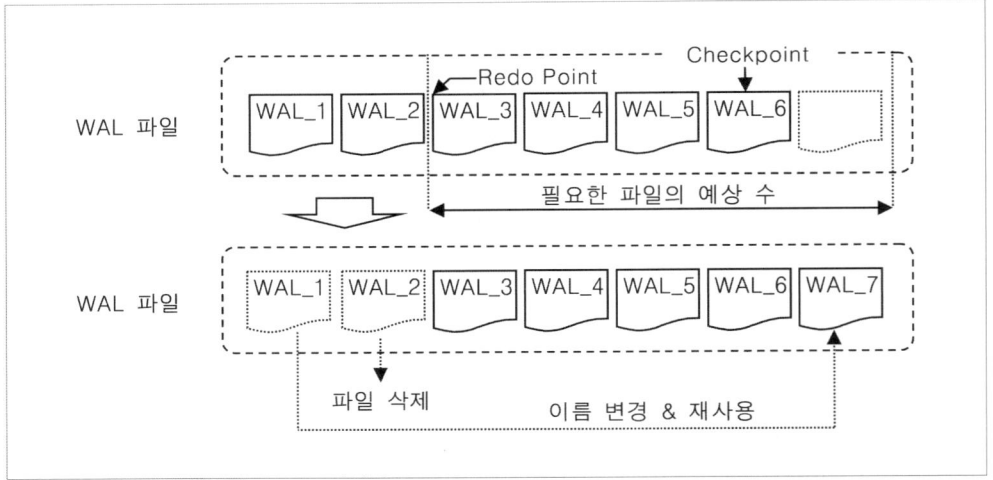

위 그림을 설명하기 위해 아래와 같이 가정하자.

- Checkpoint가 시작되기 전에 6개의 파일(WAL_1부터 WAL_6)이 존재
- WAL_3 파일에는 이전 Redo Point가 포함
- PostgreSQL은 5개의 파일이 필요하다고 추정

위와 같다면 Checkpoint가 발생하고 아래와 같이 WAL 파일을 사용하게 된다.

- WAL_1 파일은 WAL_7 파일로 이름이 변경되어 재활용
- 불필요한 WAL_2 파일은 제거

많은 트랜잭션이 발생하여 WAL Buffer에서 WAL 파일로 기록할때 WAL 파일의 공간이 부족한 경우 신규 WAL 파일을 생성하여 WAL Buffer의 내용을 기록한다. 예를 들어, 아래 그림에서 WAL_7 파일이 전부 채워지면 WAL_8 파일이 새로 생성된다.

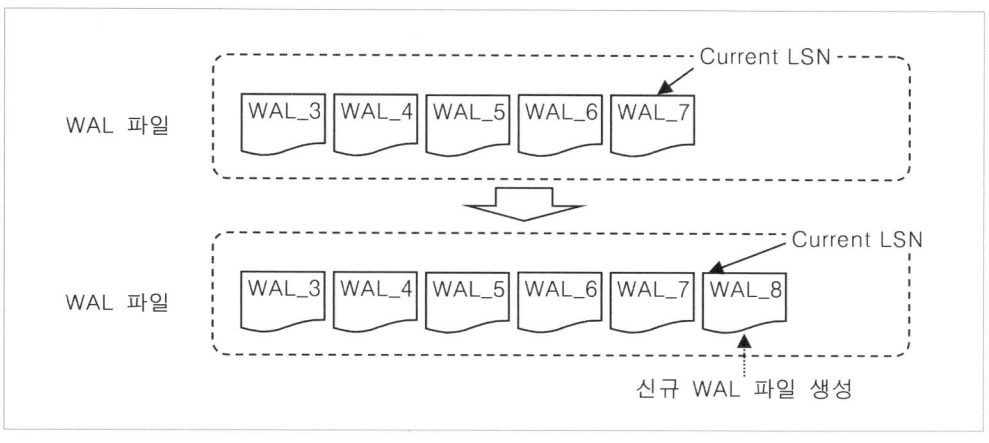

Checkpointer 프로세스

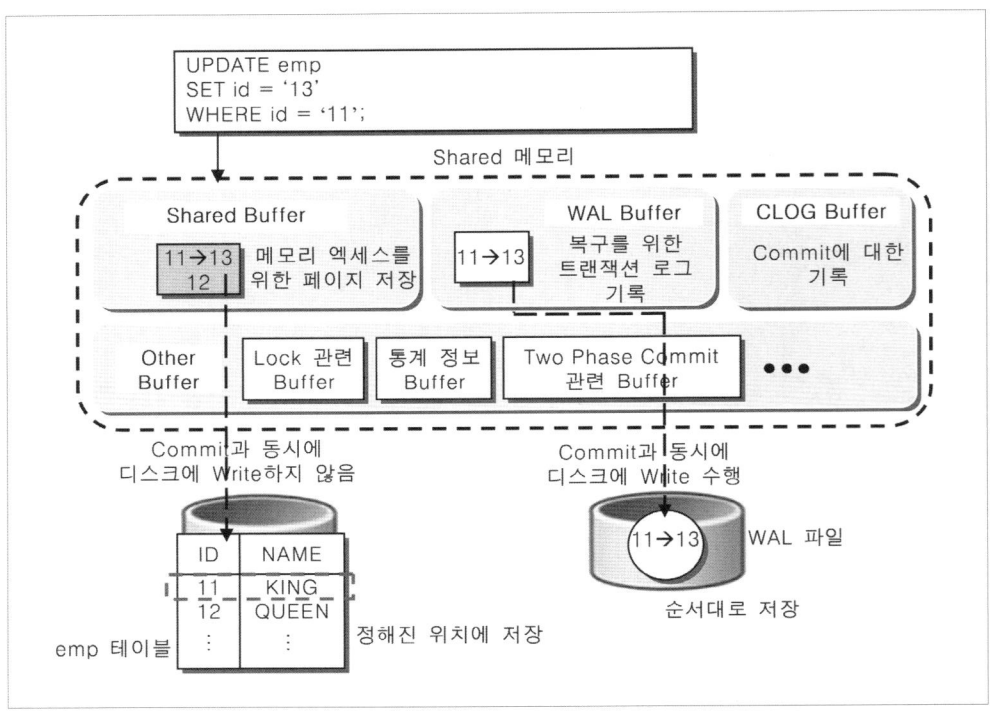

7.1 Checkpointer 프로세스의 개념

Checkpointer 프로세스는 BG Writer 프로세스를 동작시켜 Shared Buffer의 Dirty Buffer를 디스크에 기록하는 프로세스이다. 위의 그림에서 데이터 변경 작업이 발생하면 WAL Buffer에 변경 트랜잭션 로그를 기록하고 Shared Buffer에는 Dirty Buffer가 생성된다. 해당 트랜잭션에 Commit이 수행되면 Shared Buffer의 Dirty Buffer는 BG Writer 프로세스의 지연쓰기로 인해 그대로 Shared Buffer에 존재하며 WAL Buffer의 변경 트랜잭션 로그는 WAL Writer 프로세스에 의해 디스크의 WAL 파일에 기록된다.

이처럼 변경이 계속적으로 발생하면 Shared Buffer에는 Dirty Buffer가 증가하고 단지 WAL 파일에만 Commit된 변경 트랜잭션 로그가 저장된다. 결국 아래와 같은 상황이 발생한다.

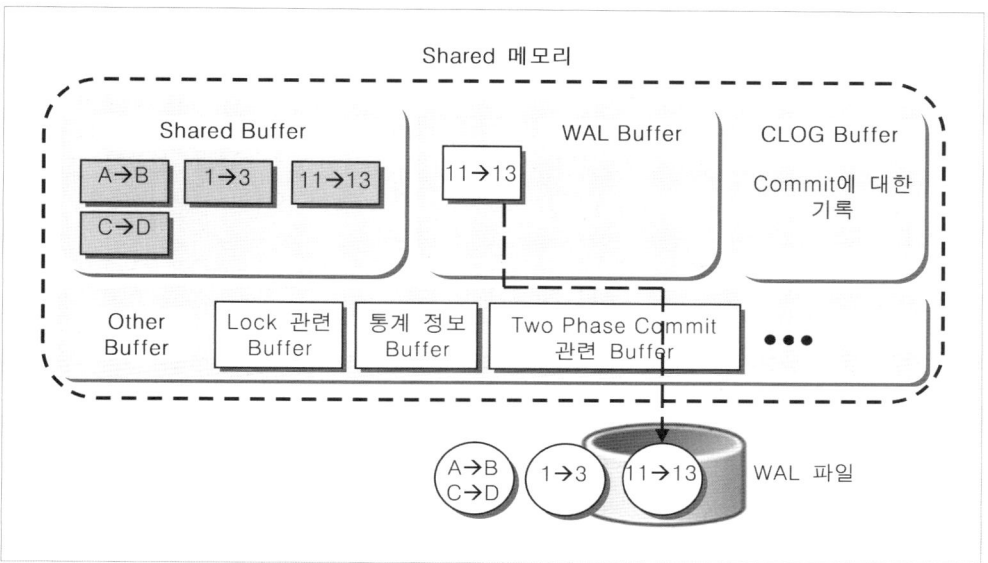

위의 그림과 같이 WAL Buffer에는 Commit된 트랜잭션 로그가 남아 있지 않지만 Shared Buffer에는 변경된 Dirty Buffer가 계속 남아 있을 수 있다. DML이 계속 수행되면 각 영역별 발생하는 현상은 아래와 같다.

항목	내 용
Shared Buffer	변경 작업으로 Dirty Buffer 대량 발생
WAL Buffer	· Commit된 변경 트랜잭션 로그는 WAL Buffer에 존재하지 않음 · Commit되지 않은 변경 트랜잭션 로그 중 WAL Writer 프로세스에 의해 WAL 파일에 기록되지 않은 트랜잭션 로그만 존재
데이터 파일	변경된 Dirty Buffer는 BG Writer 프로세스 작업 전까지 데이터 파일에 기록되지 않음
WAL 파일	Commit된 변경 트랜잭션 로그는 모두 WAL 파일에 저장

이와 같은 상태에서 시스템 정지 등의 문제가 발생하여 데이터베이스가 재시작될 경우 아래와 같은 상황이 될 것이다.

- 데이터 파일에 기록되지 않은 Shared Buffer의 Dirty Buffer에 대한 복구 작업 필요

모든 트랜잭션 로그를 저장하고 있는 WAL 파일을 이용하여 장애 상황이 발생하기 전의 Dirty Buffer에 대한 복구를 수행한다. Dirty Buffer에 대한 복구는 가능하지만 Ditry Buffer를 데이터 파일에 기록하지 않고 WAL 파일에만 저장할 경우 아래와 같은 문제가 발생할 수 있다.

- 복구 시 사용해야 하는 WAL 파일의 개수가 증가하여 많은 디스크 공간 필요
- 복구 시 엑세스해야 하는 WAL 파일 개수의 증가로 인해 복구 시간 증가
- Shared Buffer의 공간 부족으로 지속적으로 Dirty Buffer 저장 불가
- Shared Buffer에서 대량의 Dirty Buffer를 데이터 파일에 기록하는 경우 엄청난 성능 저하 발생 가능

이와 같은 이유로 아래와 같이 어느 시점에는 Shared Buffer와 데이터 파일의 데이터 정합성을 맞추는 작업이 필요하다.

- 특정 시점에서는 Shared Buffer의 Dirty Buffer를 데이터 파일에 저장하여 Shared Buffer와 데이터 파일의 내용을 일치시키는 작업이 주기적으로 필요
- Dirty Buffer가 데이터 파일에 저장이 완료되어 필요하지 않은 WAL 파일을 삭제하는 작업이 필요
- WAL 파일 적용 지점을 설정하여 데이터베이스 복구 시 필요한 최소한의 WAL 파일만 적용할 수 있도록 보장

이와 같은 역할을 수행하는 프로세스가 Checkpointer 프로세스이다.

✓ **Checkpointer 프로세스** – 일정 시점 또는 조건에 의해 Shared Buffer의 Dirty Buffer를 데이터 파일에 기록하도록 BG Writer 프로세스의 작업을 기동시키는 프로세스

7.2 Checkpointer 프로세스의 활동 주기

다음 그림을 통해 Checkpointer 프로세스의 활동 주기를 확인해 보자.

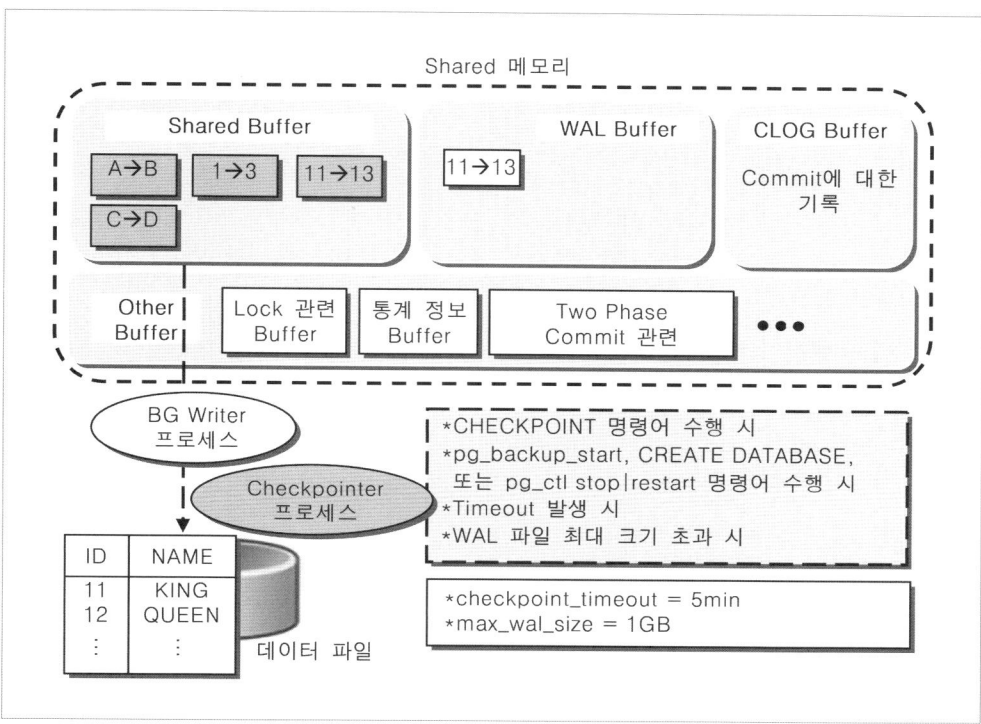

Checkpointer 프로세스는 아래와 같은 상황에서 동작한다.

항목	내용
명시적인 명령어	· CHECKPOINT 명령어 사용 시(CHECKPOINT 명령어) · 백업 명령어 시작 시(pg_backup_start(PostgreSQL 15 버전부터 사용)) · 데이터베이스 생성 시(CREATE DATABASE) · 데이터베이스 정상 종료 시(pg_ctl stop | restart 등 데이터베이스 정상 종료 시 작동)
Timeout 발생 시	checkpoint_timeout = 5min에 의해 기본적으로 5분에 한번씩 동작
WAL 최대 크기 초과 시	max_wal_size = 1GB에 의해 WAL 파일이 1GB 초과 시 동작

7.3 Checkpoint 예제

아래 예제를 통해 Checkpoint를 확인해 보자.

1. pg_buffercache EXTENSION 설치
```
testdb=# CREATE EXTENSION pg_buffercache;
```

2. 테스트 테이블 생성
```
testdb=# CREATE TABLE mytable
        (ID     INT              PRIMARY KEY,
         NAME   VARCHAR(10)      NOT NULL);
```

3. Insert 작업
```
testdb=# INSERT INTO mytable VALUES(1,'a');
```

4. 테이블의 Relation File Node 확인
```
testdb=# SELECT pg_relation_filepath('mytest');
pg_relation_filepath
----------------------
 base/16412/16416
```
→ 내장 함수 pg_relation_filepath( )를 사용해서 테이블의 위치(16416)를 조회한다.

5. 테이블 공유 메모리 확인(새로운 세션)
```
testdb =# SELECT bufferid, relfilenode, relblocknumber, isdirty
          FROM pg_buffercache
          WHERE relfilenode = 16416;
 buffered | relfilenode | relblocknumber | isdirty | usagecount
----------+-------------+----------------+---------+------------
      569 |       16416 |              0 | t       |          1
```
→ Shared Buffer에 mytable의 변경된 1개의 Ditry Buffer가 조회된다.

컬럼명	내용
relblocknumber	페이지가 어느 테이블 또는 어느 인덱스에 속하는지 식별하는 용도
isdirty	페이지가 수정되었는지 여부를 표시(t : Dirty Buffer)
usagecount	해당 Buffer를 엑세스(사용)한 횟수(최대 5)

6. 명시적 Checkpoint 작업
```
testdb=# CHECKPOINT;
```

7. 테이블 공유 메모리 확인
```
testdb=# SELECT bufferid, relfilenode, relblocknumber, isdirty, usagecount
         FROM pg_buffercache
         WHERE relfilenode = 16416;
 buffered | relfilenode | relblocknumber | isdirty | usagecount
----------+-------------+----------------+---------+------------
      569 |       16416 |              0 | f       |          1
```
→ 공유 메모리에 존재하던 Ditry Buffer가 명시적 Checkpoint 수행으로 데이터 파일에 기록되어 isdirty 컬럼이 f로 변경된 것을 확인할 수 있다.

위와 같이 Checkpoint 명령어를 명시적으로 수행하여 Shared Buffer의 Dirty Buffer를 디스크의 데이터 파일에 기록할 수 있다.

7.4 Checkpoint 관련 파라미터

Checkpoint 관련 파라미터를 확인해 보자.

파라미터 종류	내용
checkpoint_timeout	해당 파라미터에 설정된 시간 만큼 Checkpoint가 발생하지 않았다면 강제로 Checkpoint를 실행한다.(기본값은 5분)
max_wal_size(MB)	· WAL 파일의 최대 크기를 설정한다.(기본값은 1GB) · Archive 디렉토리가 Full인 경우 해당 값과 관계없이 WAL 파일의 크기가 설정 값보다 초과할 수 있다. · WAL 파일의 최대 크기에 도달하여 다음 WAL 파일로 트랜잭션 로그를 기록하게 되는 경우 Checkpoint가 발생하게 된다.
min_wal_size(MB)	· WAL 파일의 최소 크기를 설정한다.(기본값은 80MB)

7.5 Checkpoint와 성능

Checkpoint는 Shared Buffer에 존재하는 Dirty Buffer를 디스크로 기록하는 작업이므로 자주 수행되거나 양이 많다면 전체적인 성능 저하가 발생한다. 따라서 성능을 고려하여 Checkpoint가 발생할 수 있게 최적화를 수행해야 한다.

항목	내용
명시적인 명령어	명령어에 의한 Checkpoint는 일반적으로 제어가 가능하다.
Timeout 발생 시	· checkpoint_timeout = 5min은 5분마다 Checkpoint가 발생하므로 자주 발생하게 된다. · 배치 또는 ETL 작업 등의 변경이 많은 시스템에서는 20분에서 60분으로 설정하는 것도 고려할 수 있다.
WAL 최대 크기 초과 시	max_wal_size 파라미터의 기본값은 1GB이므로 해당 시스템의 WAL 파일 크기를 모니터링하여 좀 더 크게 설정하여 Checkpoint가 자주 발생하지 않게 해야 한다.
파라미터를 이용한 I/O 분산	Checkpoint가 발생하면 I/O 분산을 위해 Dirty Buffer 기록을 일정 시간에 걸쳐 분산한다. · checkpoint_completion_target 파라미터는 다음 Checkpoint가 시작되기 전까지 현재 checkpoint 작업을 얼마나 분산시킬지를 비율로 지정한다.

	· checkpoint_timeout * checkpoint_completion_target 시간(분 단위) 동안 I/O를 분산하여 Checkpoint를 완료한다. 예를 들어, checkpoint_timeout이 5분이고 checkpoint_completion_target이 0.9라면 약 4.5분(=5*0.9) 동안 Checkpoint I/O를 분산한다. · checkpoint_completion_target 파라미터의 값이 0.1(10%)의 경우 짧은 시간 내에 I/O 작업을 집중시킨다. 즉, 값이 0에 가까워 질수록 짧은 시간에 I/O가 집중되고 1에 가까워 질수록 I/O는 분산되는 경향을 보인다.(기본값 0.9) · checkpoint_completion_target 파라미터 값이 1이면 정해진 시간내에 Checkpoint를 완료하지 못할 수 있기 때문에 1보다는 작게 설정한다. · checkpoint_completion_target 파라미터는 PostgreSQL 14 버전부터 0.9를 기본값으로 하고 있으며 해당 수치를 권고한다.
WAL Buffer Flush시 비동기화	synchronous_commit(기본값은 on) 파라미터를 이용하여 WAL Writer 프로세스의 기록을 비동기식으로 처리할 수 있다. | 구분	내용
on	· WAL Buffer의 트랜잭션 로그가 WAL 파일에 전부 기록된 다음 Client에 트랜잭션 Commit을 보낸다.(기본값은 on) · 데이터 정합성은 유지되지만 성능은 저하될 수 있다.
off	· WAL Buffer의 트랜잭션 로그가 WAL 파일에 전부 기록되는 것과 상관 없이 Commit 수행 후 Client에 바로 트랜잭션 Commit을 보낸다. · 실제로 트랜잭션이 WAL 파일에 기록되기까지 Delay가 존재하여 서버 Crash 발생 시 트랜잭션 손실이 발생할 수 있다. · 데이터의 정합성은 위험하지만 성능은 향상된다.	

위와 같은 방법으로 Checkpoint 발생 횟수 감소 및 WAL Buffer의 동기, 비동기 Write 방식을 통해 성능을 향상시킬 수 있다. 하지만 Checkpoint 발생 횟수를 감소시키는 경우 시스템의 문제 또는 데이터베이스의 비정상 중지 후 재시작할 때 복구 시간이 더 많이 소요될 수 있다. 또한, WAL Buffer 비동기 Write 방식을 사용하면 성능은 향상될 수 있으나 데이터 정합성에 문제가 발생할 수 있어 기본 값인 WAL Buffer 동기 Write 방식을 추천한다.

Logger 프로세스

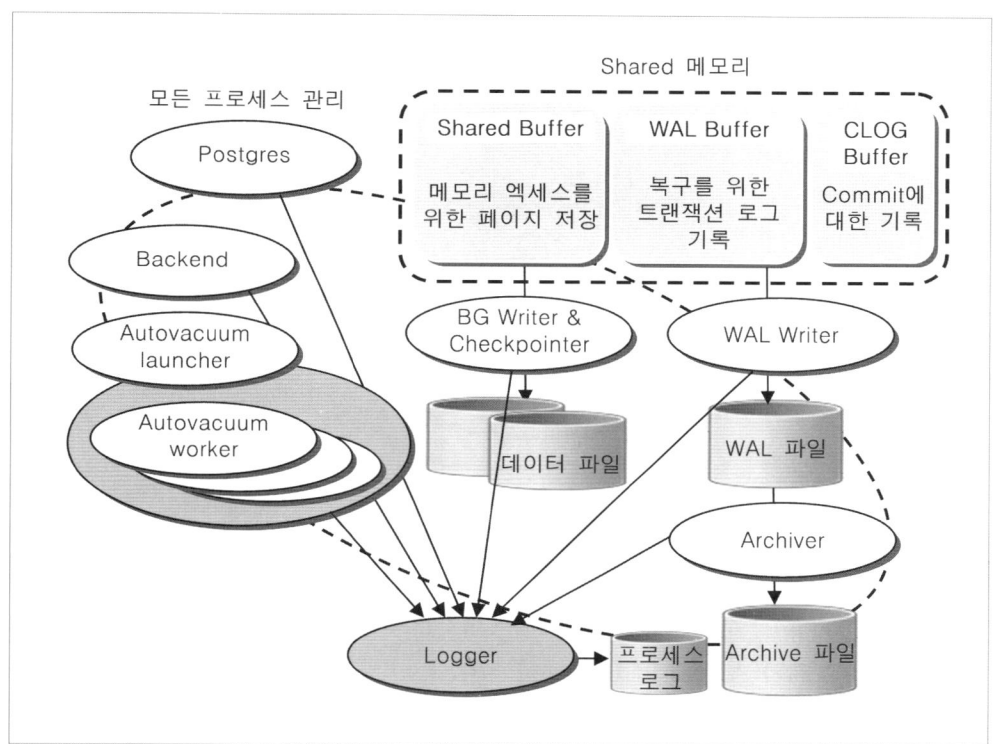

위의 그림과 같이 Logger 프로세스는 데이터베이스에서 프로세스들을 감시하고 프로세스에서 생성되는 로그를 지정한 위치에 기록하는 프로세스이다. 따라서 Logger 프로세스는 아래와 같이 정의할 수 있다.

✓ **Logger 프로세스** – 데이터베이스의 모든 프로세스에서 생성되는 로그를 파일에 기록하는 프로세스

> **NOTE**
>
> ■ **Logger 프로세스 파라미터**
> 로그 파일에 기록하는 부분에 대한 파라미터는 'PostgreSQL 주요 파일' 단원의 로그 파일에서 자세히 설명한다.

Autovacuum Launcher 프로세스와 Autovacuum Worker 프로세스

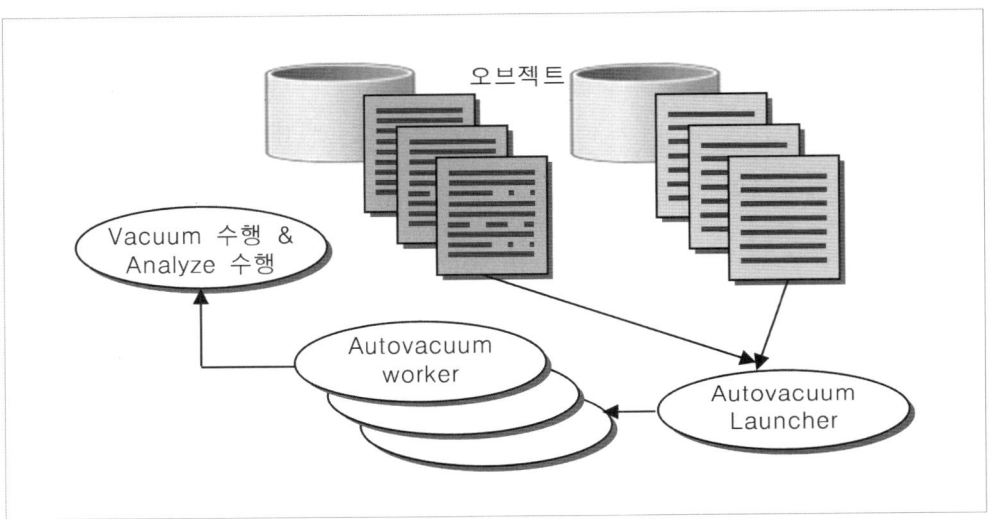

필수 Background 프로세스인 Autovacuum Launcher 프로세스가 Vacuum 작업이 필요하다고 판단되는 오브젝트에 대해서 Autovacuum 작업을 수행하는 Autovacuum Worker 프로세스를 기동시켜 Vacuum 작업을 수행한다.

- **Autovacuum Launcher 프로세스** – Autovacuum Worker 프로세스를 기동하는 프로세스

- **Autovacuum Worker 프로세스** – Autovacuum Launcher 프로세스에 의해 기동되며 Vacuum 작업이 필요한 오브젝트들을 대상으로 Autovacuum 작업을 수행하는 프로세스

Autovacuum Worker 프로세스는 Vacuum 작업을 수행하는 프로세스이다. Vacuum 작업은 어떤 것인지를 확인해 보자.

항목	내 용
트랜잭션 ID Freeze	· 32Bit 정수를 사용하여 XID를 관리하기 때문에 21억개의 XID가 순환하며 순환 시 오래된 트랜잭션이 새로운 트랜잭션보다 최신으로 인식될 수 있는 문제가 발생할 수 있다. · 이를 방지하기 위해 오래된 XID를 Frozen 상태로 변환하고 이를 무조건 과거 트랜잭션으로 간주하게 만든다. · 이와 같은 트랜잭션 ID(XID)의 오버플로우 문제를 방지하기 위해 사용된다.
불필요한 공간 재사용	· PostgreSQL은 Delete 또는 Update를 수행하는 경우에 실제 작업 대상 로우를 삭제하거나 변경하지 않고 표시만 한다. · 이와 같이 표시된 데이터에 대해 정리하는 작업을 수행해야 한다면 Vacuum으로 작업을 수행할 수 있다.
ANALYZE	테이블 통계를 갱신하여 SQL 성능 개선 등에 기여한다.

Autovacuum Worker 프로세스는 아래와 같은 특징를 가진다.

- Autovacuum 작업을 수행하는 세션은 작업이 종료하면 세션도 자동 종료
- Autovacuum 작업 세션의 최대 개수는 autovacuum_max_workers 파라미터로 지정

Autovacuum 관련 파라미터 및 상세 내역은 'Vacuum' 단원을 확인바란다.

Archiver 프로세스

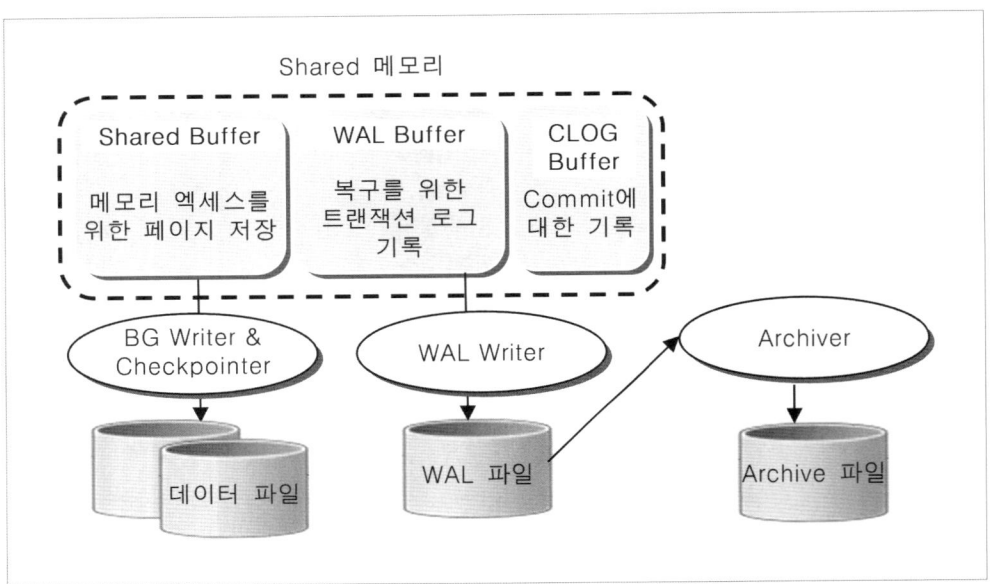

10.1 Archiver 프로세스의 개념

Archiver 프로세스는 WAL 파일에 저장된 트랜잭션 로그를 설정된 별도의 저장 영역에 복사하는 기능을 가진다.

✓ **Archiver 프로세스** – 트랜잭션 로그를 저장하는 WAL 파일을 별도의 디스크에 저장하는 프로세스

Archiver 프로세스가 WAL 파일을 별도의 디스크로 복사하여 Archive 파일을 생성하는 목적과 이용 방법은 아래와 같다.

항목	내용
Archive 파일 목적	· WAL 파일은 운영 중 다양한 이유로 삭제될 수 있으므로 백업을 수행할 필요가 있다. · 데이터베이스를 특정 시점으로 복구하려면 백업본과 함께 해당 백업 시점 이후의 변경 내용을 저장하고 있는 WAL 파일이 필요하다. 따라서 WAL 파일이 삭제되기 전에 이를 백업함으로써 복구에 사용할 수 있도록 준비해야 한다.
Archive 파일 이용	특정 시점에 백업된 데이터 파일을 이용하여 현재 시점까지 복구가 필요할 경우 변경 트랜잭션 로그를 저장하는 Archive 파일을 순차 적용하여 복구한다.

Archver 프로세스는 운영에서 필수는 아니지만 백업과 복구를 수행하기 위해서는 반드시 필요한 프로세스이다.

■ **Archive와 성능**

Archive를 수행하면 백업과 복구에는 유리하지만 운영 중 추가적인 디스크 I/O의 발생으로 성능이 저하될 수 있다. 하지만 장애 시 데이터베이스 복구라는 역할을 수행하기 때문에 중요 시스템에서는 필수로 수행해야 한다.

10.2 Archiver 프로세스 관련 파라미터

Archiver 프로세스 관련 파라미터를 확인해 보자.

항목	내용
archive_mode	· Archive 모드를 설정하는 파라미터로 기본값은 off이다 · 해당 값이 on으로 설정되어 있다면 archive_command 파라미터에 설정된 명령어를 수행하여 WAL 파일이 별도로 저장된다. · wal_level 파라미터의 값이 minimal로 설정되어 있으면 Archive 모드를 사용할 수 없다.
archive_command	· 완료된 WAL 파일을 Archive하기 위한 명령어를 설정하는 파라미터이다. · 설정 값은 'cp %p /저장경로명/%f'와 같은 형태로 사용한다. · archive_mode 파라미터가 off일 경우에는 해당 파라미터는 무시된다. | 설정 값	내용 | |---|---| | %p | WAL 파일의 전체 경로를 대체 | | %f | WAL 파일 명을 대체 |
archive_timeout	· WAL 파일이 Archive되지 않은 채로 방치되지 않게 하기 위해 신규 WAL 파일로 주기적으로 전환되도록 시간을 설정한다. · 해당 파라미터로 강제 수행된 Archive 파일 크기는 기본 동작 시의 Archive 파일과 크기가 동일하지 않을 수 있다. · archive_timeout 파라미터를 매우 짧게 설정하는 것은 불필요한 Archive 파일이 많이 생성되어 저장 공간이 낭비될 수 있다. · 약 1~2분 정도로 설정하는 것이 권고 값이다. 기본값은 0이다.

■ **WAL 파일의 크기 변경**

WAL 파일의 크기와 Archive 파일의 크기가 16MB인 이유는 wal_segment_size 파라미터가 기본적으로 16MB로 설정되어 있기 때문이다. 이 설정은 최초 PostgreSQL 설치 시에만 변경 가능하다. initdb 명령어로 데이터베이스 클러스터 생성 시 --wal-segsize 옵션을 통하여 값을 변경할 수 있다.

예제) initdb --wal-segsize=32 -D /pgdata

■ **archive_mode 파라미터와 archive_command 파라미터의 관계**

2개의 파라미터의 지정에 따른 WAL 파일이 어떻게 동작하는지 아래 표로 확인해 보자.

항목	archive mode=on	archive mode=off
Command 사용	정해진 경로로 복사	command가 무시됨
Command 미사용	Archive되지 않은 WAL 파일은 삭제되지 않고 디스크에 계속 보존	max_wal_size를 초과하면 자동으로 삭제

10.3 Archive 파일의 특징

WAL 파일을 영구 보관하기 위해서는 Archive 파일로 복사해야 한다. 아래 그림을 확인해 보자.

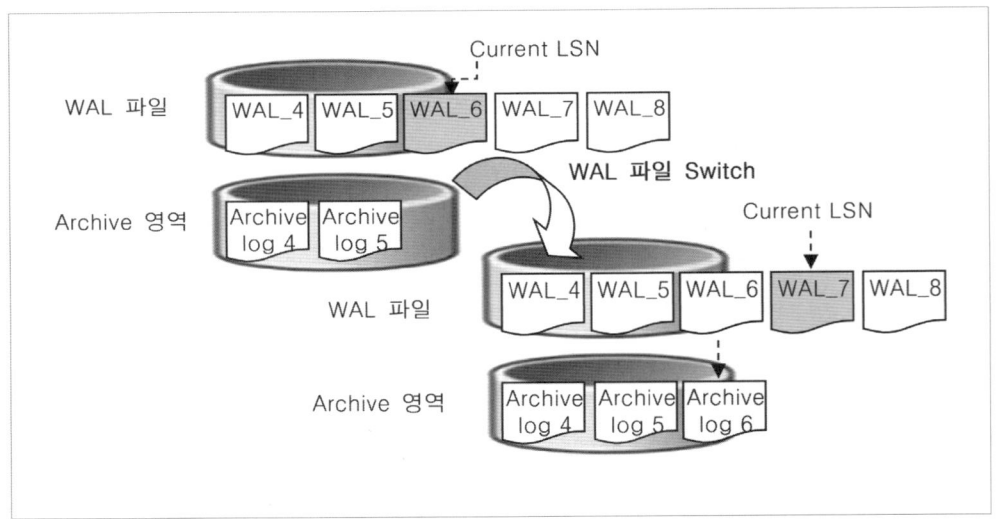

Archive 파일의 개념은 아래와 같다.

✓ **Archive 파일** - WAL 파일이 재사용되기 전에 추후 복구에 사용하기 위해 다른 위치로 WAL 파일을 복사한 파일

Archive 파일은 아래와 같이 생성된다.

- Archive 파일은 WAL 파일이 Switch될 때 이전 WAL 파일을 archive_command 파라미터에 설정한 Archive 영역에 복사한다.
- Archiver 프로세스에 의해 수행된다.

위와 같이 WAL 파일을 복사한 파일을 Archive 파일이라고 하며 해당 파일은 물리적 백업 및 일정 시점까지의 복구(Point-in-Time Recovery)에 사용된다.

10.4 Archive 모드 설정

아래에서 Archive 모드를 설정하는 방법을 확인해 보자.

```
1. 파라미터 설정
$ vi postgresql.conf
wal_level = replica
archive_mode = on
archive_command = 'cp %p /data1/postgres/pgsql/archive/arch%f.arc'

2. 데이터베이스 재시작
$ pg_ctl stop
$ pg_ctl start

3. 파라미터 적용 확인
testdb=# SELECT setting
         FROM pg_settings
         WHERE name in ('wal_level', 'archive_mode');
 setting
---------
 replica    → wal_level
 on         → archive_mode
```

4. Archive 파일 위치 확인

```
testdb=# SELECT setting AS archive_command
          FROM pg_settings
          WHERE name = 'archive_command';
              archive_command
--------------------------------------------------------
 cp %p /data1/postgres/pgsql/archive/arch%f.arc      → Archive 파일 위치
```

10.5 Archiver 프로세스 에러 예제

Archiver 프로세스 관련 에러는 일반적으로 해당 Archive 파일을 저장하는 파일시스템 Full이 발생하여 발생하는 경우가 대부분이다. 아래의 예제를 확인해 보자.

■ 발생 현상
/archive 파일시스템 사용률이 100%가 되면 Archiver 프로세스 에러가 발생한다.

■ 프로세스 확인

```
$ ps -ef | grep postgres
……
postgres  8161  8155  0 16:12 ?    00:00:00 postgres: autovacuum launcher
postgres  8162  8155  0 16:12 ?    00:00:00 postgres: archiver failed on 000000010000000000000099   → 에러
postgres  8164  8155  0 16:12 ?    00:00:00 postgres: logical replication launcher
```

■ Archiver 프로세스 로그 확인

```
$ vi $PGDATA/log/postgresql-2025-01-11_120537.log
cp: error writing archive/000000010000000000000004 No space left on device
cp: failed to extend archive/000000010000000000000004 No space left on device
2021-05-11 15:48:00.075 KST [1473] LOG:  archive command failed with exit code 1
2021-05-11 15:48:00.075 KST [1473] DETAIL:  The failed archive command was: cp pg_wal/000000010000000000000004 /archive/000000010000000000000004
2021-05-11 15:48:00.075 KST [1473] WARNING:  archiving write-ahead log file "000000010000000000000004" failed too many times, will try again later
```

→ log_directory 파라미터와 log_filename 파라미터를 수정하지 않았을 경우 데이터베이스 로그는 $PGDATA/log에 저장된다.(사용자가 설치 시 지정하는 data_directory 파라미터 설정 값의 하위 log 디렉토리)

→ 로그 파일은 postgresql-%Y-%m-%d_%H%M%S.log와 같이 생성 시간이 접미사로 추가되어 생성된다.

→ pg_stat_archiver 동적 뷰를 통해서도 관련 내용을 확인할 수 있다.

위와 같은 Archiver 프로세스의 문제에 대해 해결하는 방법을 확인해 보자.

```
1. 파일시스템 확인
$ df -h
Filesystem                         Size    Used   Avail   Use%    Mounted on
devtmpfs                           906M    0      906M    0%      /dev
......
tmpfs                              184M    0      184M    0%      /run/user/0
/dev/mapper/vgarchive-lvarchive    2.0G    2.0G   20K     100%    /archive

2. /archive 파일시스템의 Archive 파일을 임시 공간으로 이동하여 /archive 공간 확보
$ ll
......
-rw-------  1 postgres postgres 16777216 May 11 16:17 000000010000000000000001C
-rw-------  1 postgres postgres 16777216 May 11 16:17 000000010000000000000001D
-rw-------  1 postgres postgres 16777216 May 11 16:17 000000010000000000000001E
......

$ mv * /temp/   → 필요 없다면 삭제도 가능
$ ll
total 0

3. 파일시스템 공간 확인
$ df -h
Filesystem                         Size   Used  Avail  Use%  Mounted on
tmpfs                              184M   0     184M   0%    /run/user/0
/dev/mapper/vgarchive-lvarchive    2.0G   241M  1.8G   12%   /archive

4. Archiver 프로세스 정상 작동 확인
$ ps -ef | grep postgres
postgres  8155     1  0 16:12 ?    00:00:00 /usr/pgsql-12/bin/postgres -D /var/lib/pgsql/12/data
postgres  8156  8155  0 16:12 ?    00:00:00 postgres: logger
postgres  8158  8155  0 16:12 ?    00:00:01 postgres: checkpointer
postgres  8159  8155  0 16:12 ?    00:00:07 postgres: background writer
postgres  8160  8155  0 16:12 ?    00:00:05 postgres: walwriter
postgres  8161  8155  0 16:12 ?    00:00:00 postgres: autovacuum launcher
postgres  8162  8155  0 16:12 ?    00:00:00 postgres: archiver last was 0000000100000000000000A5
postgres  8164  8155  0 16:12 ?    00:00:00 postgres: logical replication launcher
```

PART 03

트랜잭션

PostgreSQL은 모든 트랜잭션에 대해 유일한 트랜잭션 ID를 할당한다.
트랜잭션 ID는 4byte (2^32) 약 42억 건을 부여할 수 있다.
이러한 트랜잭션 ID의 구조와 제한을 이해하는 것이
PostgreSQL의 MVCC와 Vacuum의 작동 원리를 이해하는 데 중요하다.
이 단원에서는 PostgreSQL이 할당하는
트랜잭션 ID의 구조에 대해 자세히 확인해 보자.

01 트랜잭션 ID

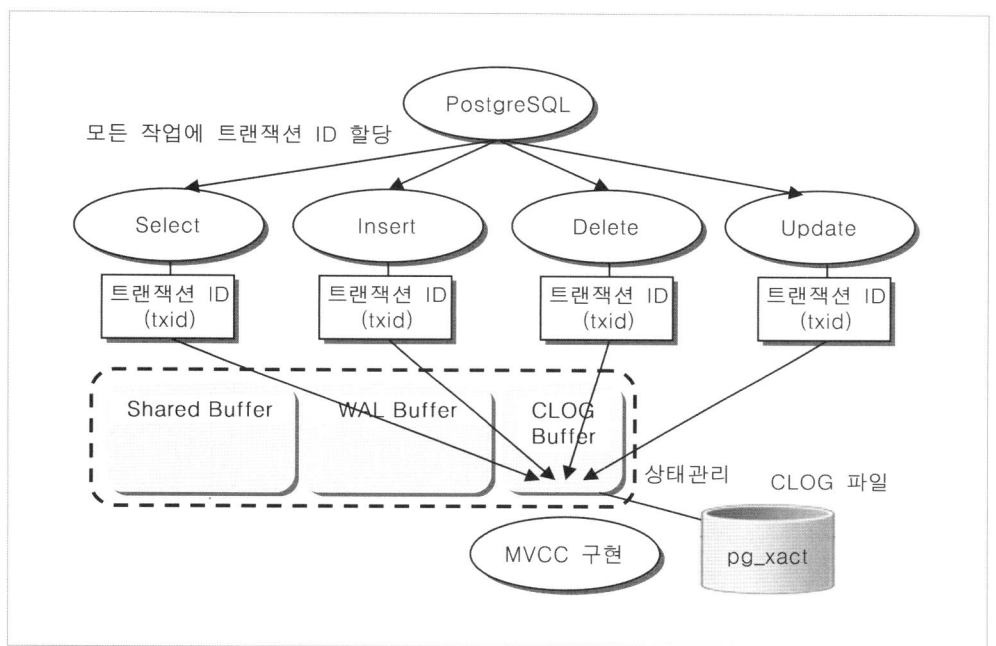

1.1 트랜잭션의 개념

트랜잭션이 시작될 때마다 트랜잭션 ID(txid)라고 하는 고유 식별자가 트랜잭션 관리자에 의해 할당된다. 이는 DML은 물론이고 조회 Query에도 트랜잭션 ID가 할당된다. PostgreSQL의 트랜잭션 ID는 아래와 같은 특징을 가진다.

- 32 Bit 부호 없는 정수
- 약 42억 개 할당 가능

트랜잭션이 시작된 후 pg_current_xact_id( ) 함수를 실행하면 다음과 같이 현재 트랜잭션 ID가 반환된다.

```
testdb=# BEGIN;
testdb=# SELECT pg_current_xact_id();
 txid_current
--------------
 100
```

이와 같이 트랜잭션 ID를 할당하고 사용하는 것은 MVCC를 구현하여 데이터 정합성을 유지하기 위한 것이다.

1.2 트랜잭션 ID의 특징

트랜잭션 ID(txid) 값으로 과거와 미래를 서로 비교할 수 있다. 예를 들어, 트랜잭션 ID 값이 100이라고 하면 100보다 큰 트랜잭션 ID는 '미래'이며 트랜잭션 ID 값이 100에서는 조회가 되지 않는 데이터이다. 100보다 작은 트랜잭션 ID는 '과거'를 의미한다. 트랜잭션 ID 값이 100에서는 조회가 된다.

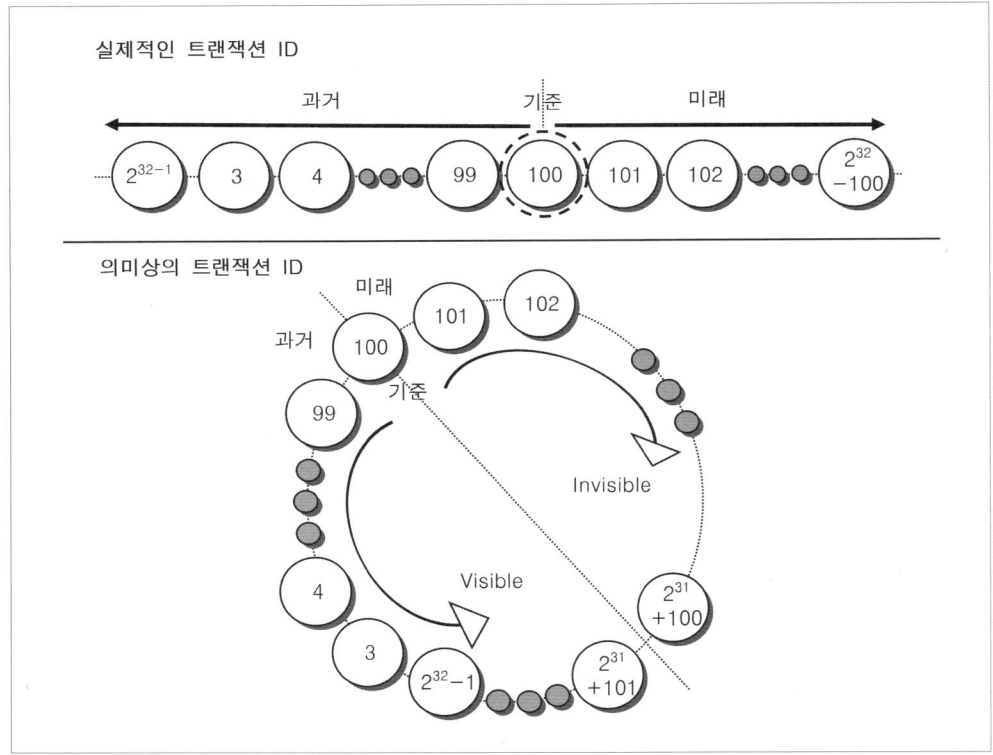

PostgreSQL에서는 트랜잭션 ID의 값이 유한하고 재사용하기 때문에 트랜잭션 ID를 원으로 표현한다.

항목	내용
실제적인 트랜잭션 ID	약 42억 개가 할당 가능하다.
의미 상의 트랜잭션 ID	트랜잭션 ID 100을 기준으로 이전의 21억개(=2^{31})의 트랜잭션 ID는 '과거'이고 다음 21억개의 트랜잭션 ID는 '미래'이다.

NOTE

■ 64 Bit 트랜잭션 ID 지원

기존의 32 Bit 트랜잭션 ID를 지원하면서 발생하는 문제는 아래와 같다.

· 기본적으로 42억 건의 트랜잭션 ID에 대해서만 지원이 가능하다.
· 이로 인한 트랜잭션 ID Wraparound 문제가 발생할 수 있다.

PostgreSQL은 해당 문제에 대한 해결을 위해 13버전부터 64 Bit 트랜잭션 ID를 도입하였다. 64 Bit 트랜잭션 ID는 약 18경의 트랜잭션 ID 지원이 가능하다. 내부적으로 트랜잭션 ID는 여전히 32 Bit를 사용하고 있지만 일부에 대해서는 64 Bit 유형인 xid8이 사용되기도 한다. 아직 64 Bit 트랜잭션 ID의 사용은 공간 증가 등의 문제로 인해 완벽히 사용되지 못하고 있으나 xid_base 필드 도입 등을 통해 개선을 검토 중이다.

테이블 로우와 DML

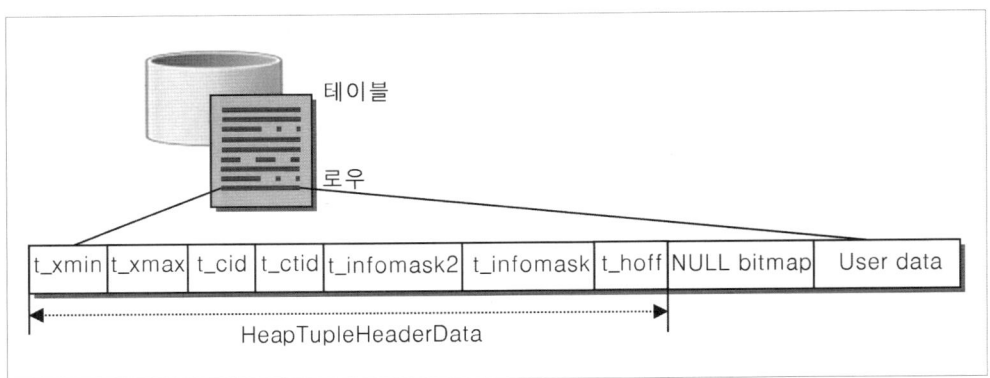

2.1 로우 구조

로우는 다음과 같이 3부분으로 구성된다.

- HeapTupleHeaderData 구조
- NULL Bitmap
- 사용자 데이터

HeapTupleHeaderData 구조에서 7개의 필드 중 아래에서 4개의 필드를 확인해 보자.

항목	내용
t_xmin	해당 로우를 Insert하거나 Update한 트랜잭션의 트랜잭션 ID를 의미한다.
t_xmax	· 해당 로우를 Delete하거나 Update한 트랜잭션의 트랜잭션 ID를 의미한다. · 해당 로우가 Delete 또는 Update되지 않은 경우 t_xmax는 0으로 설정된다.
t_cid	· 0부터 시작하는 현재 트랜잭션 내에서 해당 명령이 실행되기 전에 실행된 SQL 명령어 개수를 의미한다. · 예를 들어, 단일 트랜잭션 내에서 'BEGIN; INSERT; INSERT; INSERT; COMMIT;' 세 개의 Insert 명령을 실행한다고 가정하자. 첫 번째 명령어가 로우를 Insert하면 t_cid는 0으로 설정된다. 두 번째 명령어로 로우가 Insert되면 t_cid가 1로 설정된다.

구분	내용
Page Number	데이터가 저장된 페이지의 번호를 의미한다.
Offset Number	해당 페이지 내에서 로우의 위치(오프셋)를 의미한다.

t_ctid: 현재 로우가 저장된 위치를 가르킨다. 각각의 값은 다음을 의미한다.

예를 들어, t_ctid 값이 (0,1)이면 해당 테이블의 0번째 페이지 첫번째 로우를 의미한다.

위와 같은 구조에서 로우의 Insert/Delete/Update에 대해 확인해 보자.

> **NOTE**
>
> ■ **로우 vs 튜플**
>
> PostgreSQL에서는 테이블 로우(Row)에 대해 내부적인 저장 구조를 포함하는 단위인 튜플(Tuple)로 표현한다. 하지만 이 책에서는 편의상 로우로 통일하겠다.

2.2 로우의 Insert

Insert 작업을 통해 신규 로우가 대상 테이블의 페이지에 직접 저장되는 경우를 확인해보자.

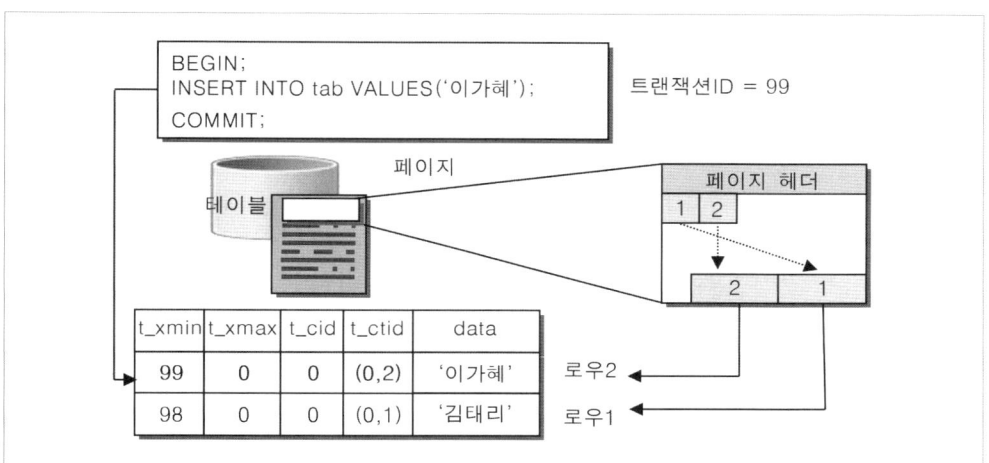

위의 그림에서 트랜잭션 ID의 값인 t_xmin 값이 99인 데이터를 Insert하는 경우를 확인해 보자.

```
BEGIN;
INSERT INTO tab VALUES('이가혜');
COMMIT;
```

위와 같은 SQL을 수행하면 위의 그림과 같이 트랜잭션 ID 값이 99인 데이터가 직접 저장된다. 트랜잭션 ID가 99인 트랜잭션에 의해 페이지에 로우가 Insert되었고 해당 Insert된 로우의 헤더 필드는 다음과 같이 설정된다.

항목	내용
t_xmin=99	트랜잭션 ID(txid) 99에 의해 Insert된 로우를 의미
t_xmax=0	해당 로우는 Delete 또는 Update되지 않은 로우를 의미
t_cid=0	트랜잭션 ID의 값이 99인 트랜잭션의 첫번째 SQL에 의해 Insert된 로우를 의미
t_ctid=(0,2)	첫번째 페이지의 두번째 로우를 의미

2.3 로우의 Delete

Delete 작업에서 대상 로우는 논리적으로 삭제된다. Delete 명령을 실행하는 트랜잭션 ID(txid)의 값은 로우의 t_xmax로 설정된다.

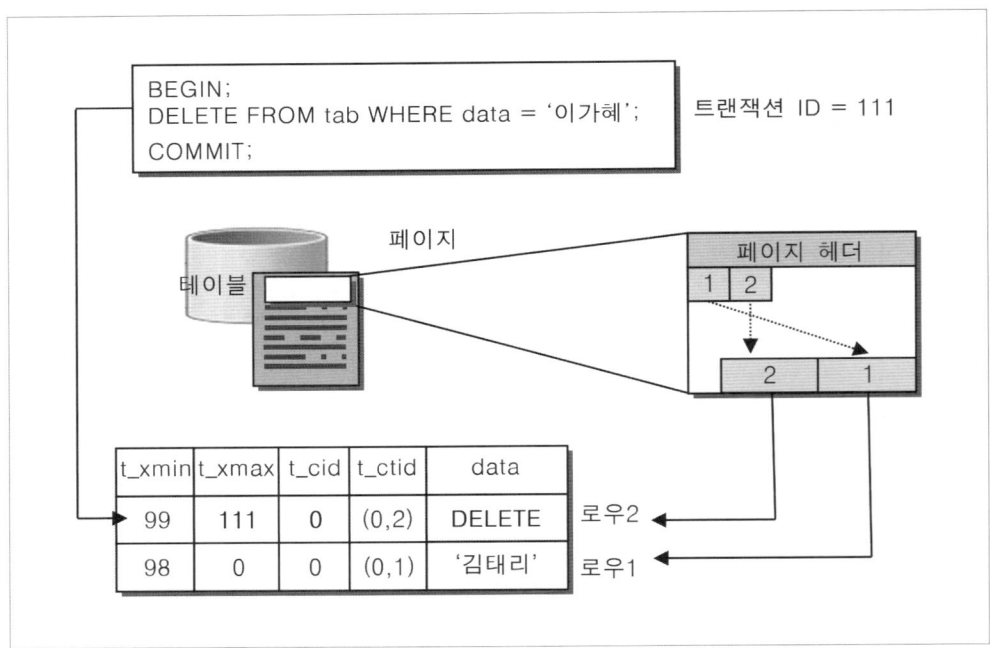

로우2가 트랜잭션 ID(txid) 111에 의해 Delete된다고 가정하자. 이 경우 로우2의 헤더 필드는 다음과 같이 설정된다.

항목	내용
t_xmax=111	트랜잭션 ID(txid) 111에 의해 Delete된 로우를 의미

트랜잭션 ID(txid) 111이 Commit되면 로우2는 더 이상 필요하지 않게 된다. PostgreSQL에서는 불필요한 로우를 Dead 로우라고 한다.

2.4 로우의 Update

Update 작업에서 PostgreSQL은 논리적으로 로우를 Delete하고 신규 로우를 Insert한다.

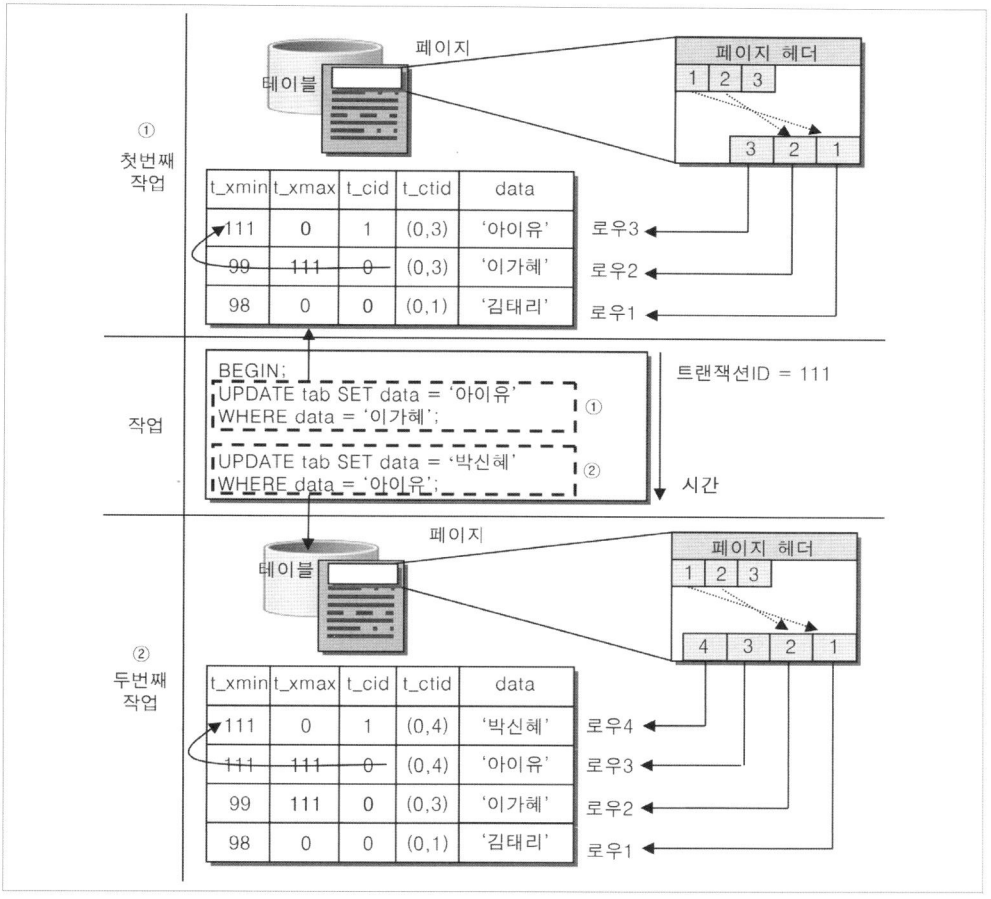

트랜잭션 ID(txid) 99에 의해 Insert된 로우인 '이가혜' 데이터는 트랜잭션 ID(txid) 111에 의해 두 번 Update된다고 가정하자.

첫 번째 Update 명령이 실행될 때 로우2는 트랜잭션 ID(txid) 111을 t_xmax로 설정하여 논리적으로 Delete되고 로우3이 Insert된다. 그런 다음 로우2의 t_ctid가 로우3을 가리키도록 다시 작성된다. 로우2와 로우3의 헤더 필드는 다음과 같다.

항목	로우2(Delete 로우)	로우3(Insert 로우)
t_xmin	99	111
t_xmax	111	0
t_cid	0	0
t_ctid	(0, 2)에서 (0, 3)으로 변경	(0, 3)

두 번째 Update 명령이 실행되면 로우3이 논리적으로 Delete되고 로우4가 Insert된다. 로우2, 로우3과 로우4의 헤더 필드는 다음과 같다.

항목	로우2(Delete 로우)	로우3(Delete 로우)	로우4(insert 로우)
t_xmin	99	111	111
t_xmax	111	111	0
t_cid	0	0	1
t_ctid	(0, 3)	(0,3)에서 (0,4)로 변경	(0, 4)

Update 작업인 트랜잭션 ID(txid) 111이 Commit되는 경우와 Commit 없이 중단되는 경우를 확인해 보자.

항목	내용
Commit 수행	로우2와 로우3은 Dead 로우가 된다.
Commit되지 않고 중단	로우3과 로우4는 Dead 로우가 된다.

NOTE

■ pageinspect EXTENSION

pageinspect EXTENSION은 페이지의 내용을 세부적으로 조사하거나 분석하는 다양한 함수를 제공한다.
이 중에 Heap Functions의 heap_page_items(get_raw_page('테이블명',페이지번호))를 통해 로우의 구성 정보에 대해 확인할 수 있다.

```
testdb=# CREATE EXTENSION pageinspect;
testdb=# SELECT t_xmin, t_xmax, t_field3 cid, t_ctid
         FROM heap_page_items (get_raw_page('test', 0));
 t_xmin | t_xmax | t_cid | t_ctid
--------+--------+-------+--------
    700 |      0 |     0 | (0,1)
    700 |      0 |     0 | (0,2)
```

03 FSM(Free Space Map)과 CLOG

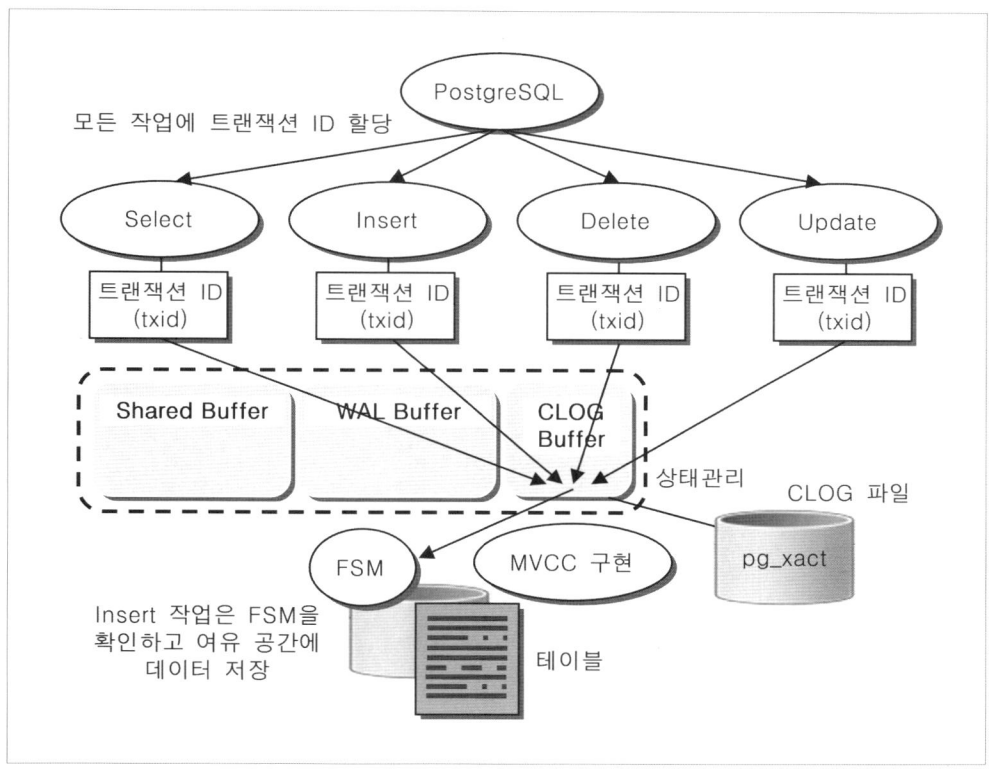

3.1 FSM(Free Space Map)

FSM은 테이블 또는 인덱스에서 사용 중인 페이지의 여유 공간을 관리하는 보조 데이터이다. 테이블 또는 인덱스 로우를 Insert하는 경우에 PostgreSQL은 해당 테이블 또는 인덱스의 FSM을 사용하여 Insert를 수행할 수 있는 페이지를 선택한다. 이와 같은 FSM은 아래와 같은 특징을 가진다.

- 모든 테이블과 인덱스는 각각의 FSM을 가진다.
- 각 FSM은 해당 테이블 또는 인덱스 파일 내에 각 페이지의 여유 공간 용량에 대한 정보를 저장한다.
- 모든 FSM은 파일노드번호_fsm으로 저장된다.
- 필요한 경우 Shared 메모리에 로드된다.

pg_freespacemap Extension은 테이블 또는 인덱스의 Free Space 정보를 제공한다. 아래는 employees 테이블에서 각 페이지별 Free Space의 비율을 추출하는 쿼리이다.

```
postgres=# CREATE EXTENSION pg_freespacemap;
postgres=# SELECT *, round(100 * avail/8192 ,2) AS "freespace ratio"
           FROM pg_freespace('employees');
→ pg_greespacemap Extension의 pg_freespace 함수
 blkno | avail | freespace ratio
-------+-------+-----------------
   0   | 7904  | 96.00
   1   | 7520  | 91.00
   2   | 7136  | 87.00
  ...
```

위의 결과는 해당 테이블을 구성하는 페이지별 여유 공간에 대한 비율을 결과로 추출한다. 0번 페이지는 96%의 여유 공간이 있다는 의미가 된다.

NOTE

■ **FSM의 여유 공간 추정**

FSM의 여유 공간은 블록 크기의 1/256 단위(기본 블록 크기 값이 8192 Byte라면 1/256은 32 Byte로 산정)로 반올림되기 때문에 정확한 값은 아니다. 이유는 아래와 같다.

- 페이지 내에 1 Byte의 여유 공간이 있다면 FSM에서 32 Byte로 간주된다. 여유 공간이 30 Byte로 감소하더라도 FSM에서는 이를 32 Byte로 기록한다.
- 실시간으로 여유 공간이 갱신되는 것이 아니라 Vacuum 등을 통해 갱신되기 때문에 FSM에 기록된 여유 공간은 정확하지 않을 수 있다.

3.2 CLOG(Commit 로그)

PostgreSQL은 CLOG를 통해 트랜잭션 상태를 관리한다. CLOG는 Shared 메모리에 할당되며 트랜잭션 처리를 담당한다. PostgreSQL에서의 트랜잭션 상태는 아래와 같이 4가지로 구분된다.

종류	내용
IN_PROGRESS	트랜잭션이 수행 중인 상태
COMMITTED	트랜잭션이 Commit으로 종료된 상태
ABORTED	트랜잭션이 비정상 종료된 상태
SUB_COMMITTED	하위 트랜잭션에 대한 상태

CLOG는 Shared 메모리에 있는 하나 이상의 8KB 페이지로 구성된다.

- CLOG는 논리적으로 배열을 이루고 있다.
- 배열의 값들은 각 트랜잭션 ID에 해당한다.
- 배열의 각 항목은 해당 트랜잭션 ID의 상태를 저장한다.

아래의 그림처럼 CLOG는 배열의 형태이며 각 배열은 트랜잭션 ID로 구성되고 각 트랜잭션 ID는 트랜잭션의 상태를 저장한다.

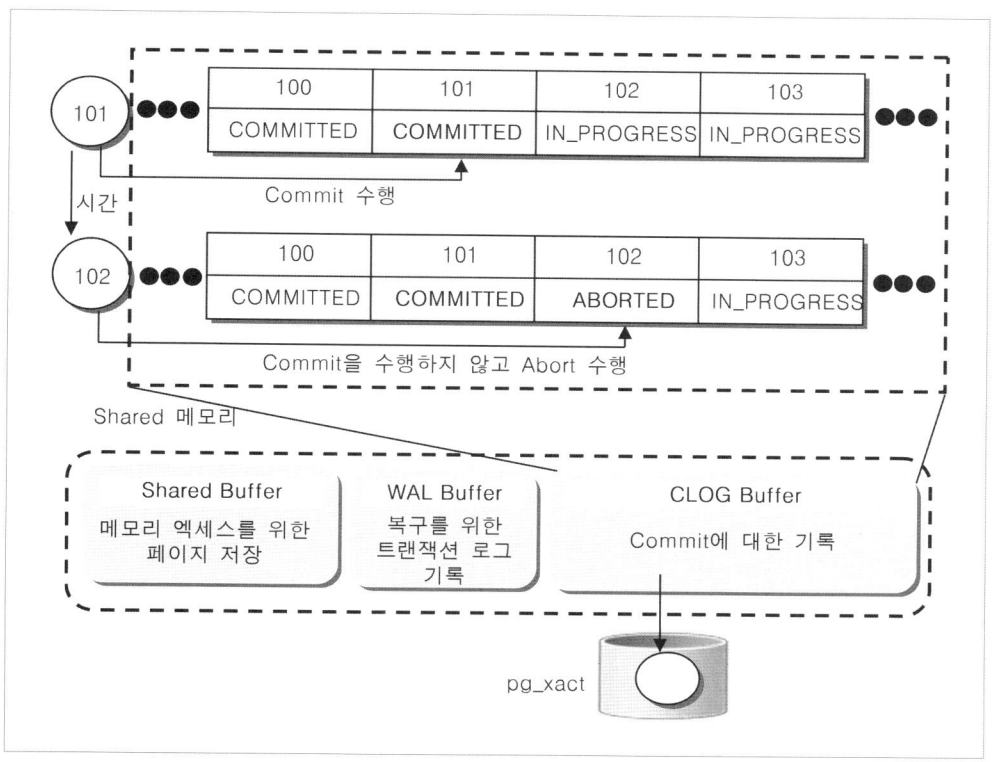

위의 그림에서 CLOG에는 100, 101, 102, 103 등의 트랜잭션 ID가 존재하고 101 트랜잭션 ID가 COMMIT을 수행하면 101 트랜잭션 ID의 상태는 COMMITED로 변경된다. 그 후 102 트랜잭션 ID가 ABORT되면 상태가 ABORTED로 기록된다. 이처럼 계속되는 트랜잭션 ID의 상태 변경을 CLOG Buffer에 기록한다.

CLOG는 아래와 같은 특징을 가진다.

- 현재 트랜잭션 ID(txid)가 증가하여 기존 CLOG 페이지에 더 이상 저장할 수 없을 때 CLOG를 저장할 새로운 페이지가 할당된다.
- MVCC를 구현하는 과정에서 트랜잭션의 상태 정보가 필요한 경우 내부 기능이 호출되며 CLOG를 액세스하여 요청된 트랜잭션의 상태를 반환한다.
- 트랜잭션이 증가하면 계속적으로 새로운 페이지가 필요하다. 그러나 과거의 페이지는 실제로 필요하지 않게 되며 Vacuum 작업에 의해 과거의 CLOG 페이지는 제거된다.
- PostgreSQL이 종료되거나 Checkpoint가 발생하는 경우 CLOG Buffer의 CLOG는 pg_xact 하위 디렉토리에 파일로 저장된다.
- PostgreSQL이 기동될 때 pg_xact의 CLOG 파일들은 CLOG Buffer에 로드된다.

위에서 Checkpoint가 발생하는 경우에 pg_xact 하위 디렉토리에 파일로 생성되며 파일은 아래와 같은 특징을 가진다.

- 파일의 이름은 0000, 0001, 0002 등으로 순차적인 번호로 만들어진다.
- 파일의 최대 크기는 256KB이다.

예를 들어, 하나의 파일은 최대 크기가 256KB이므로 32개의 페이지가 기록될 수 있다. 하나의 페이지는 8KB이므로 만약 CLOG의 전체 크기가 37개 페이지로 296KB라면 실제 파일은 0000 파일에 256KB를 기록하고 0001 파일에 40KB를 기록하게 된다.

■ **CLOG 관리**

트랜잭션 Commit 정보는 2 Bit를 사용하므로 autovacuum_freeze_max_age 파라미터 설정 값을 최대치인 20억으로 지정했다면 해당 디렉토리는 0.5GB의 공간이 필요하다.

이 정도의 크기가 공간 관리에 영향이 없다면 autovacuum_freeze_max_age 파라미터 값을 최대 값으로 지정하는 것이 좋다. 그렇지 않은 경우라면 이 값을 적당히 조절해서 pg_xact 디렉토리의 저장 공간을 조절할 필요가 있다. Default 값인 2억 트랜잭션이라면 pg_xact 디렉토리는 최대 50MB 공간을 사용한다.

Section 04 트랜잭션 ID Wraparound

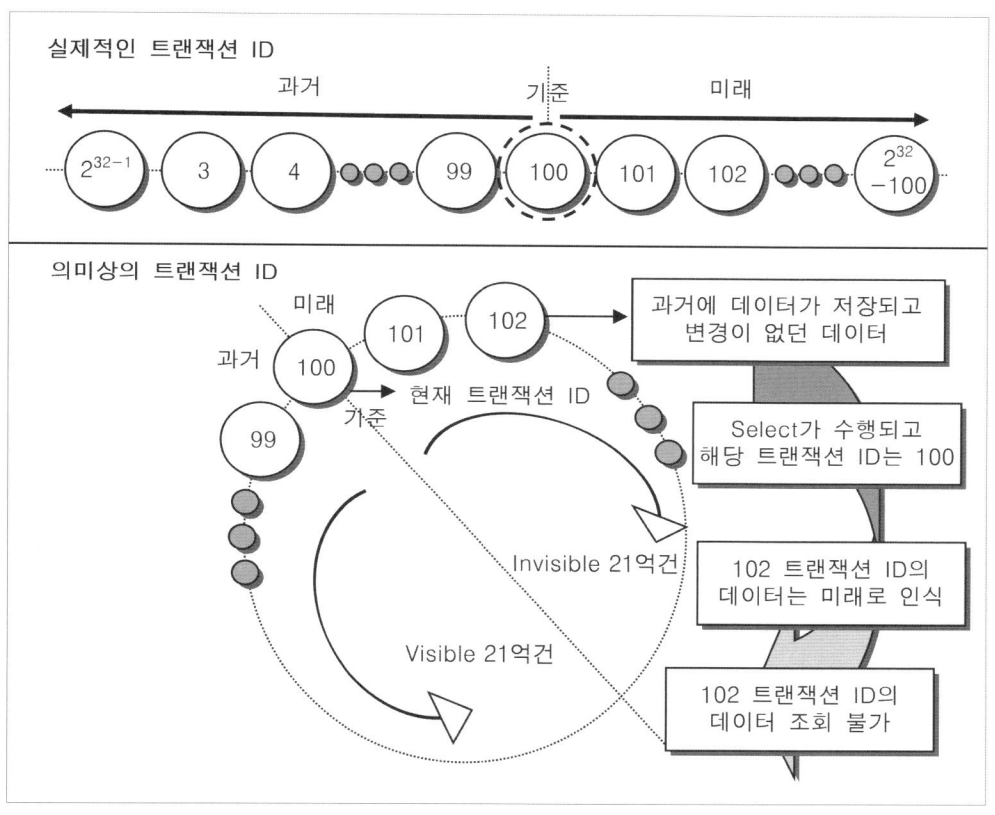

4.1 트랜잭션 ID Wraparound의 개념

위의 그림에서 실제적인 트랜잭션 ID는 순차적으로 증가하는 값이다. 하지만 아래와 같은 제약 사항이 발생한다.

- 42억 건 할당 가능
- 대상 트랜잭션 ID에서 앞으로 2^{31}(약 21억) 건을 미래로 간주하고 이전 2^{31}(약 21억) 건은 과거로 간주

- 조회 SQL의 트랜잭션 ID에서 앞으로 2^{31}(약 21억) 건은 미래이므로 조회 안됨
- 조회 SQL의 트랜잭션 ID에서 뒤로 2^{31}(약 21억)은 과거이므로 조회 가능
- 트랜잭션 A와 B의 차이가 2^{31}(약 21억) 보다 작으면 큰 숫자의 트랜잭션 ID(txid)를 더 최신의 트랜잭션으로 간주
- 트랜잭션 A와 B의 차이가 2^{31}(약 21억) 이상이면 작은 숫자의 트랜잭션 ID(txid)를 더 최신의 트랜잭션으로 간주

이와 같은 상황에서 과거 데이터이지만 트랜잭션 ID가 증가하여 미래 데이터처럼 인식될수 있다. 이와 같은 현상을 트랜잭션 ID Wraparound라고 한다.

✓ **트랜잭션 ID Wraparound** - 과거에 저장된 데이터라고 해도 트랜잭션 ID는 순환 구조로 관리되기 때문에 현재 기준으로 21억개 이후의 트랜잭션 ID는 미래의 데이터로 인식된다. 이런 이유에서 과거에 데이터가 저장되고 변경이 없던 데이터는 조회가 안되는 현상이 발생할 수 있다. 결국, 트랜잭션 ID의 제약으로 과거 데이터가 미래 데이터로 인식되어 데이터 정합성이 어긋나는 현상이다.

4.2 트랜잭션 ID Wraparound의 문제

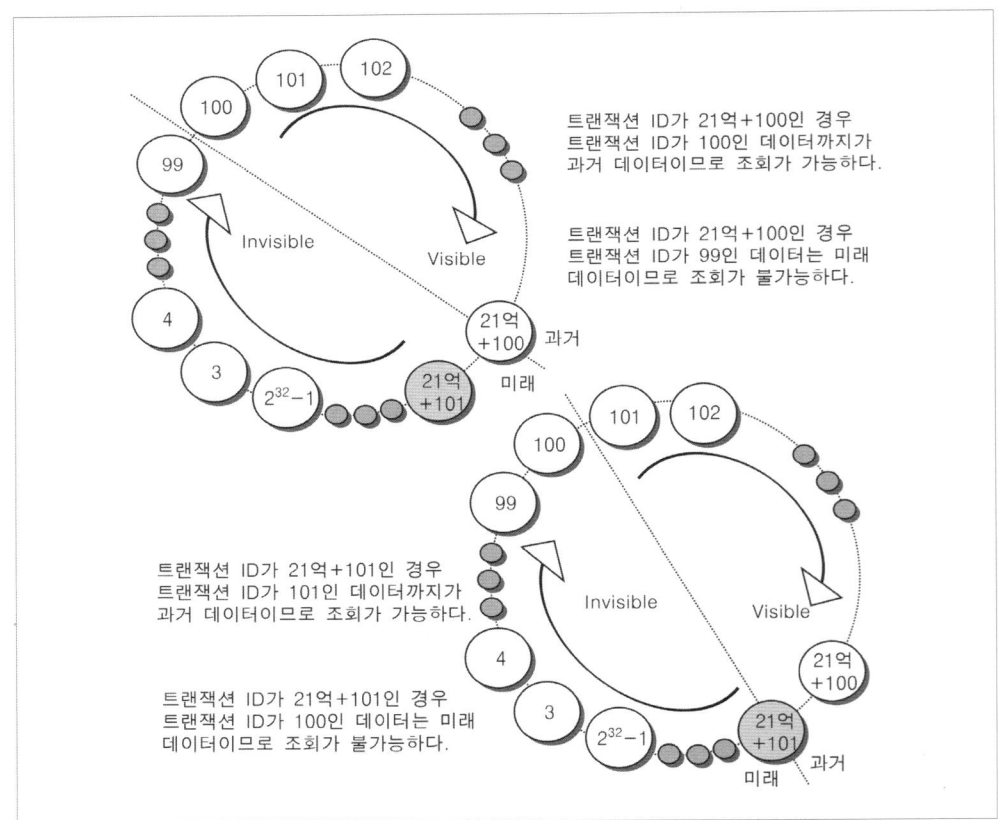

아래와 같이 가정하자.

- 로우1의 트랜잭션 ID(txid)는 100이라고 가정하자. 즉, 로우1의 t_xmin은 100이다.
- 데이터베이스가 매우 오랫동안 실행되었으며 로우1은 수정되지 않았다.
- 현재 트랜잭션 ID(txid)는 21억+99이다.

위와 같은 상황에서 Select 명령이 실행되면 트랜잭션 ID는 21억+100을 할당받는다. 그 다음에 동일한 Select 명령어가 수행되면 21억+101을 트랜잭션 ID로 할당받는다.

명령어	트랜잭션 ID	내용
첫번째 Select	21억+100	트랜잭션 ID(txid) 100이 과거이므로 트랜잭션 ID 100을 가지는 로우까지 결과로 추출된다.
두번째 Select	21억+101	· 트랜잭션 ID(txid) 100이 미래이기 때문에 트랜잭션 ID 100인 로우는 더 이상 보이지 않는다. · 결국 트랜잭션 ID 100은 과거의 데이터이지만 미래로 인식하여 조회가 불가능하다.

트랜잭션 ID 100은 과거 데이터이지만 트랜잭션 ID의 값이 21억 건이기 때문에 트랜잭션 ID Wraparound가 발생하여 과거 데이터를 미래 데이터로 인식하고 결과로 추출하지 못하게 된다.

4.3 트랜잭션 ID Wraparound의 문제 해결

트랜잭션 ID Wraparound 문제를 해결하기 위해 PostgreSQL은 Frozen 트랜잭션 ID(txid)라는 개념을 도입했다.

- 각 로우의 t_infomask 필드의 XMIN_Frozen Bit로 트랜잭션 ID Wraparound 문제 해결

XMIN_Frozen Bit의 경우 Frozen 트랜잭션 ID(txid)이며 다음과 같은 특징을 가진다.

- XMIN_Frozen Bit는 다른 모든 트랜잭션 ID(txid)보다 항상 오래된 과거 데이터로 인식된다.
- XMIN_Frozen Bit로 변경하는 작업을 Frozen 트랜잭션이라고 한다.
- Frozen 트랜잭션으로 표시된 로우는 더 이상 변경되지 않으며 모든 트랜잭션에서 조회 가능한 안정된 데이터이다.

Frozen 트랜잭션은 Vacuum 또는 Autovacuum 프로세스에 의해 실행된다. 작업은 아래와 같이 수행된다.

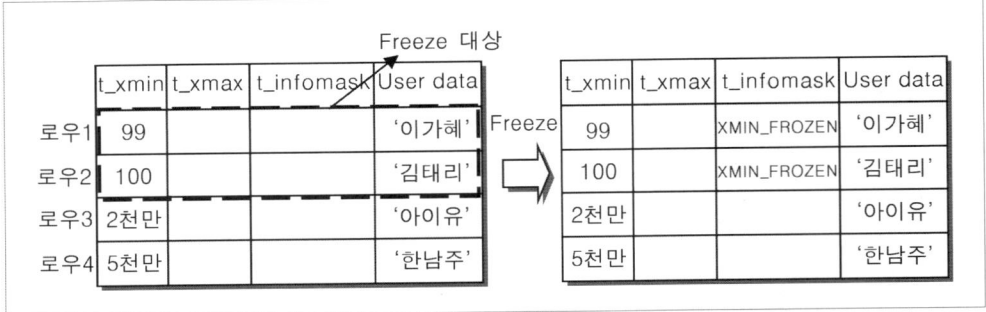

현재 트랙잭션 ID는 6천만이라고 가정하고 위의 그림에 대해 확인해 보자.

- 로우의 t_xmin을 Frozen 트랜잭션 ID(txid)로 변경하는 대신, t_infomask 필드에 XMIN_FROZEN Bit를 설정한다.

위와 같이 t_infomask 필드에 XMIN_Frozen Bit를 설정함으로써 Frozen시킨다.

트랜잭션 Snapshot

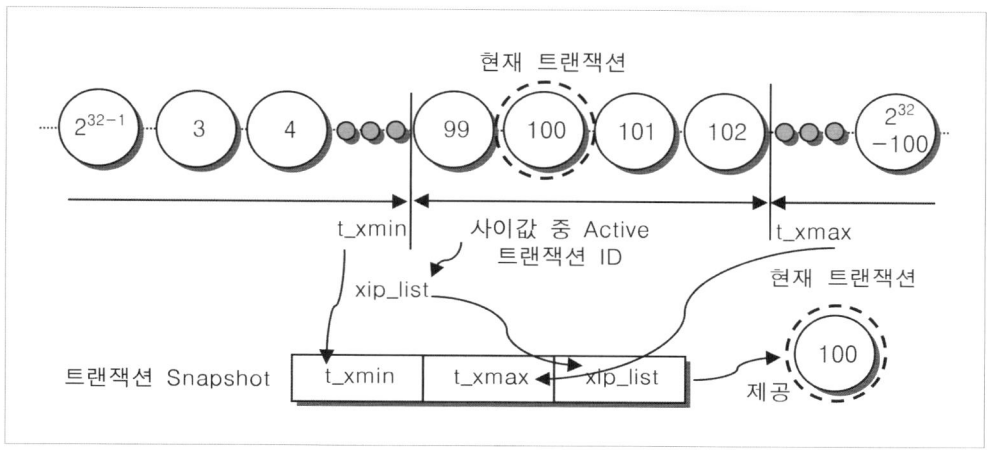

PostgreSQL은 트랜잭션 Snapshot을 이용하여 MVCC를 구현한다.

✅ **트랜잭션 Snapshot** – 개별 트랜잭션의 특정 시점에 어떤 트랜잭션이 Active인지 아닌지 여부에 대한 정보를 저장한 데이터 집합

여기서 Active 트랜잭션은 현재 Commit 또는 Rollback되지 않은 트랜잭션이다. 즉 실행 중인 트랜잭션을 의미한다. 이러한 Active 트랜잭션의 작업 내용은 다른 트랜잭션의 SQL 조회의 결과로써 추출되지 않는다.

```
testdb=# SELECT pg_current_snapshot();
 pg_current_snapshot
----------------------
  100:104:100,102
```

위의 예제는 현재 트랜잭션 Snapshot을 추출하는 예제이다. 위의 결과는 3개의 요소로 구성된다.

✅ **트랜잭션 Snapshot의 구성 요소** – 'xmin:xmax:xip_list'

각각의 구성 요소에 대해 확인해 보자.

항목	내용
xmin	· Active되어 있는 트랜잭션 ID(txid)중 최소 값 · xmin 이전의 모든 트랜잭션은 Commit되었거나 Rollback된 것으로 간주
xmax	· 가장 최근 트랜잭션 ID의 최대값 + 1 로 아직 할당되지 않은 트랜잭션 ID · xmax 값보다 크거나 같은 트랜잭션 ID는 트랜잭션 Snapshot 시점에 아직 시작되지 않은 트랜잭션을 의미
xip_list	· 트랜잭션 Snapshot 시점의 Active 트랜잭션 ID(txid) · xmin 이상, xmax 미만 사이의 Active 트랜잭션 ID(txid)만 추출

아래 예제를 확인해 보자.

txid_current_snapshot	내용		
100:104:100,102	· xmin = 100, xmax=104, xip_list=100,102		
	값	내용	
	xmin = 100, xmax=104	· 트랜잭션 ID 99 이하 트랜잭션 ID(txid)는 Inactive 상태(Visible) · 104 포함하여 이상의 트랜잭션 ID는 할당되지 않은 상태(Invisible)	
	xip_list=100, 102	트랜잭션 ID가 100 이상, 104 미만인 트랜잭션 ID 중 트랜잭션 ID가 100과 102는 Active 상태	
	· pg_current_snapshot 함수의 값이 이와 같다면 트랜잭션 ID의 값이 104인 세션에서는 트랜잭션 ID 값이 99 미만이거나 Inactive인 트랜잭션 ID 101과 103은 과거 데이터이므로 결과로 추출된다.		
200:200	· xmin = 200, xmax=200		
	값	내용	
	xmin = 200, xmax=200	· 트랜잭션 ID(txid)가 199 이하는 Inactive 상태(Visible) · 트랜잭션 ID(txid)가 200 이상의 txid는 할당되지 않은 상태(Invisible)	
	· pg_current_snapshot 함수의 값이 이와 같다면 트랜잭션 ID의 값이 200인 세션에서는 트랜잭션 ID 값이 200 미만의 트랜잭션 ID는 Inactive이고 과거 데이터이므로 결과로 추출된다.		

위와 같이 Snapshot을 이용하는 방법은 Isolation 레벨에 따라 다르다. PostgreSQL에서 지원하는 Isolation 레벨에서의 트랜잭션 Snapshot 호출은 아래와 같다.

Isolation 레벨	내용
Read Committed	트랜잭션은 SQL 명령이 실행될 때마다 트랜잭션 Snapshot을 호출
Repeatable Read 또는 Serializable	트랜잭션이 시작할 때 트랜잭션 Snapshot을 호출

Isolation 레벨에 따른 MVCC
(Multi-version Concurrency Control)

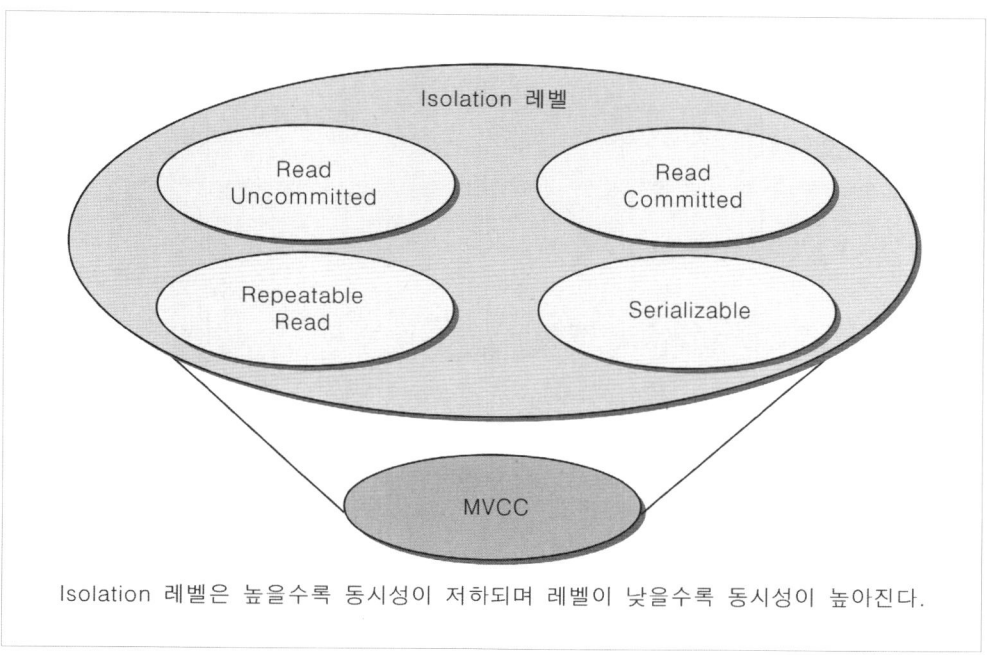

Isolation 레벨은 높을수록 동시성이 저하되며 레벨이 낮을수록 동시성이 높아진다.

6.1 Isolation 레벨의 개념 및 종류

Isolation 레벨의 개념은 아래와 같다.

- Isolation 레벨 – 다수의 트랜잭션이 동시에 수행될 경우 특정 트랜잭션이 다른 트랜잭션에서 변경하거나 조회 중인 데이터에 접근할 수 있는지를 결정하는 레벨이다.
- MVCC – 데이터베이스에서 동시성을 제어하는 기법으로 여러 사용자가 동시에 데이터에 접근할 때 Isolation 레벨에 따라 일관된 읽기를 가능하게 한다.

MVCC는 위와 같은 Isolation 레벨에 따라 조회 데이터 값이 달라질 수 있으며 Isolation 레벨은 아래와 같다.

항목	내용
Read Uncommitted	Commit되지 않은 데이터도 결과로 추출
Read Committed	Commit된 데이터만 결과로 추출
Repeatable Read	트랜잭션 종료 시까지 동일 Select를 다시 수행했을 때 같은 값이 추출되는 것을 보장
Serializable	순차적으로 데이터 추출

NOTE

PostgreSQL에서 Read Uncommitted 레벨로 설정은 가능하지만 내부적으로는 Read Committed 레벨로 작동한다.

6.2 Read Committed 레벨

Read Committed 레벨은 아래와 같은 특징을 가진다.

항목	내용
트랜잭션 Snapshot 조회	동일한 트랜잭션 내에서도 SQL 수행 시마다 트랜잭션 Snapshot를 조회하여 적용한다.
Commit되지 않은 데이터	다른 트랜잭션에서 조회가 불가능하다.
다른 트랜잭션에서 Commit 수행	· 앞서 수행한 트랜잭션에서 중간에 원치 않는 데이터가 조회될 수 있다. · Non-Repeatable Read 현상이 발생할 수 있다.
성능	높은 동시성을 제공하며 트랜잭션 관리 비용이 낮다.
기타	PostgreSQL의 기본 Isolation 레벨이다.

Read Committed에 대해 아래의 그림을 확인해 보자.

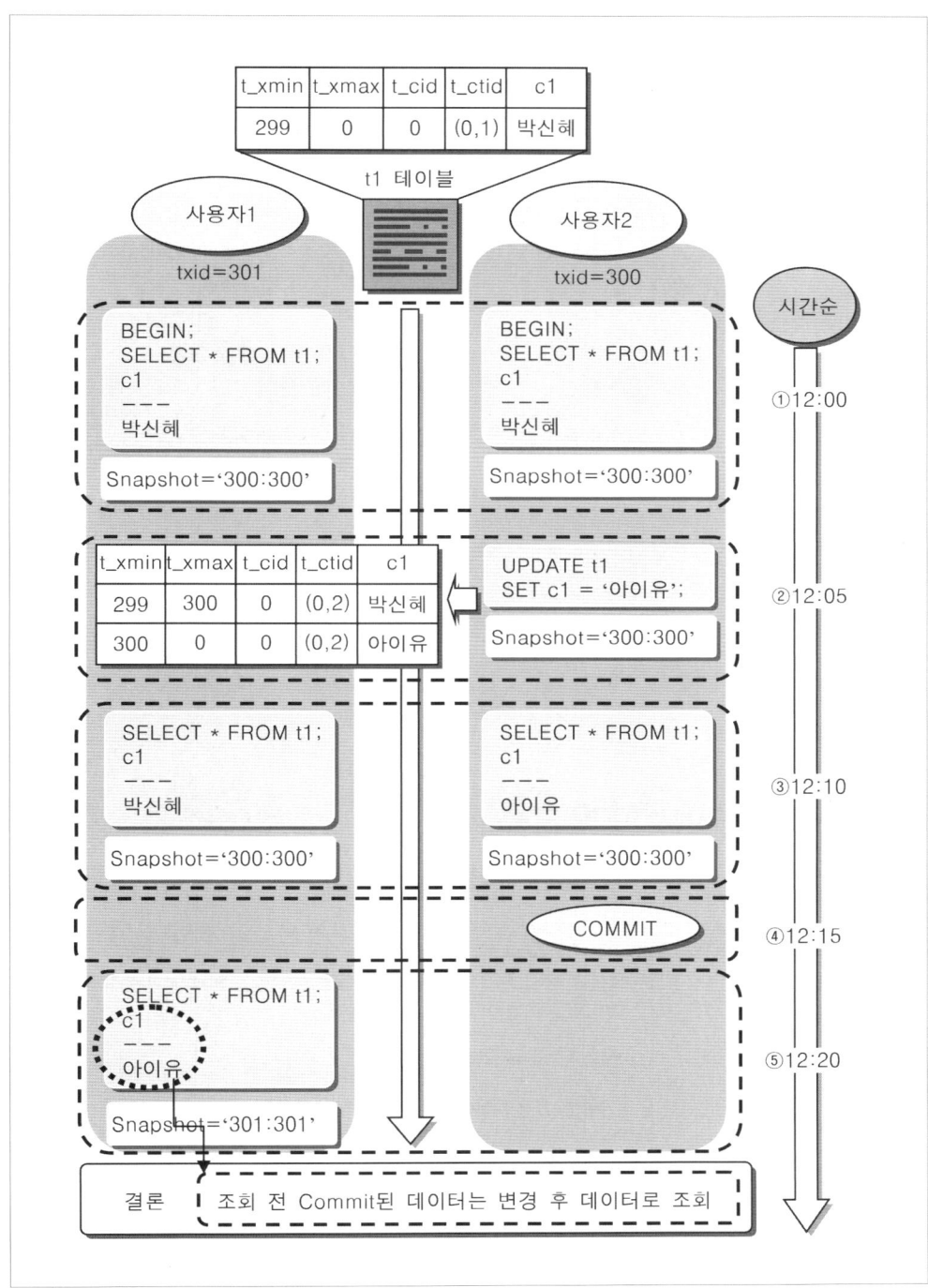

위와 같이 사용자1의 트랜잭션 중간 지점에서 사용자2에 의해 데이터가 변경되고 Commit이 완료되었다면 이후 사용자1이 데이터 조회 시 데이터는 변경 후의 값으로 엑세스된다. 물론, 위의 그림에서 Commit이 수행되지 않았다면 사용자1의 마지막 Select의 결과로 '박신혜'가 추출될 것이다. 단계별로 확인해 보자.

시간	트랜잭션 ID = 301		트랜잭션 ID = 300	
	Snapshot	내용	Snapshot	내용
① 12:00	'300:300'	트랜잭션 ID 299까지 결과 추출	'300:300'	트랜잭션 ID 299까지 결과 추출
② 12:05			'300:300'	Update 발생
③ 12:10	'300:300'	트랜잭션 ID 299까지 결과 추출	'300:300'	트랜잭션 ID 299까지 결과로 추출하지만 현재 트랜잭션 ID의 작업 결과도 추출(트랜잭션 ID 300까지 결과 추출)
④ 12:15				Commit 수행
⑤ 12:20	'301:301'	트랜잭션 ID 300까지 결과 추출		

6.3 Repeatable Read 레벨

Repeatable Read 레벨은 아래와 같은 특징을 가진다.

항목	내용
트랜잭션 Snapshot 조회	트랜잭션 시작 시 현재 버전의 Snapshot을 생성하고 해당 Snapshot으로부터 모든 데이터를 조회한다.
Commit되지 않은 데이터	다른 트랜잭션에서 조회가 불가능하다.
다른 트랜잭션에서 Commit 수행	· 먼저 수행한 트랜잭션에서 조회되지 않는다. · 동일 트랜잭션 내에서 데이터를 두 번 Query했을 경우 동일한 결과를 추출하여 데이터 일관성을 유지한다.

아래의 그림을 통해 Repeatable Read를 확인해 보자.

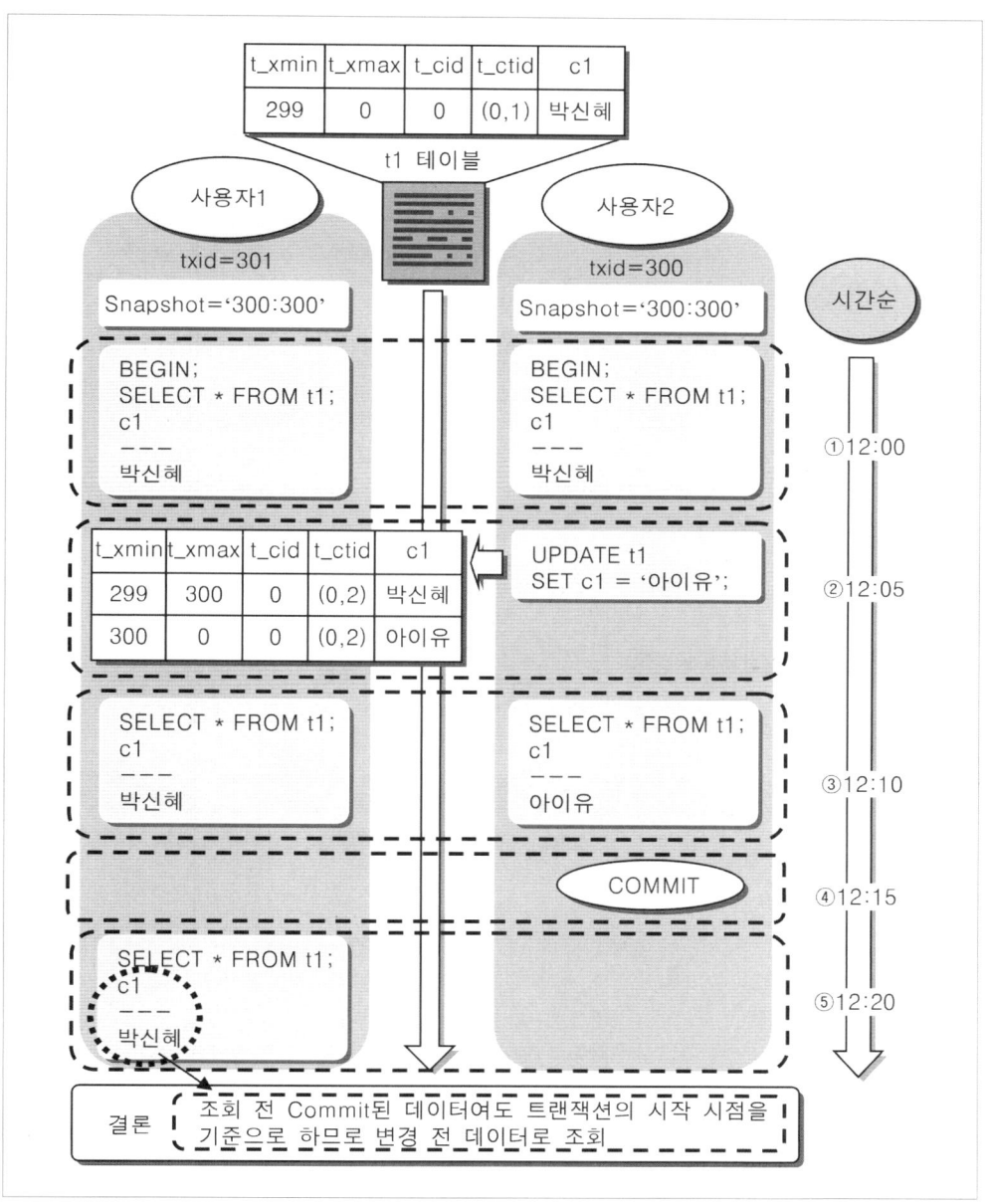

위와 같이 사용자1의 트랜잭션이 수행된 이후 사용자2에 의해 데이터가 변경되고 Commit 이 완료되었다 하더라도 사용자1의 트랜잭션 내에서 일관된 데이터가 추출된다. 단계별로 확인해 보자.

시간	트랜잭션 ID = 301		트랜잭션 ID = 300	
	Snapshot	내용	Snapshot	내용
① 12:00	'300:300'	트랜잭션 ID 299까지 결과 추출	'300:300'	트랜잭션 ID 299까지 결과 추출
② 12:05				Update 발생
③ 12:10		트랜잭션 ID 299까지 결과 추출		트랜잭션 ID 299까지 결과로 추출하지만 현재 트랜잭션 ID 의 작업 결과도 추출(트랜잭션 ID 300까지 결과 추출)
④ 12:15				Commit 수행
⑤ 12:20		트랜잭션 ID 299까지 결과 추출		

6.4 Serializable 레벨

Serializable 레벨은 아래와 같은 특징을 가진다.

항목	내용
트랜잭션 Snapshot 조회	트랜잭션 Snapshot 조회없이 트랜잭션이 종료할 때 까지 조회 시 엑세스하는 모든 데이터에 Shared Lock을 설정한다.
Commit되지 않은 데이터	선행 트랜잭션이 엑세스하는 데이터를 후행 트랜잭션이 변경하거나 삭제하지 못할 뿐만 아니라 중간에 새로운 데이터의 저장도 불가능하다.
다른 트랜잭션에서 Commit 수행	
기타	가장 높은 레벨의 Isolation 레벨이다.

아래의 그림을 통해 Serializable 레벨을 확인해 보자.

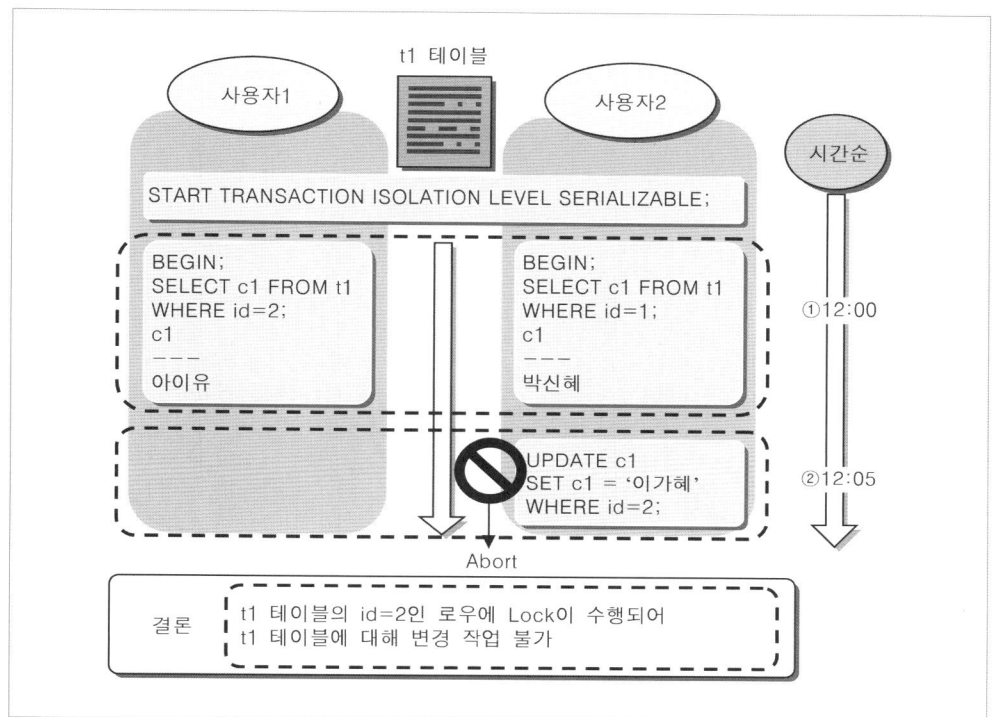

위의 그림과 같이 Serializable Isolation 레벨일 경우 트랜잭션이 수행되면 추출된 데이터에 대해 Lock을 설정하여 조회된 데이터의 변경이 불가하다.

 Serializable Isolation 레벨은 조회한 데이터에 대해 Shared Lock을 설정하여 동시성이 매우 낮아지므로 실무에서는 거의 사용하지는 않는 Isolation 레벨이다.

시간	사용자1	사용자2
-	· Isolation 레벨을 Serializable로 변경 · START TRANSACTION ISOLATION LEVEL SERIALIZABLE;	
① 12:00	ID=2인 로우에 대해 Lock 수행	ID=1인 로우에 대해 Lock 수행
② 12:05		ID=2인 로우에 Update 실패

Isolation 레벨에 따른 현상

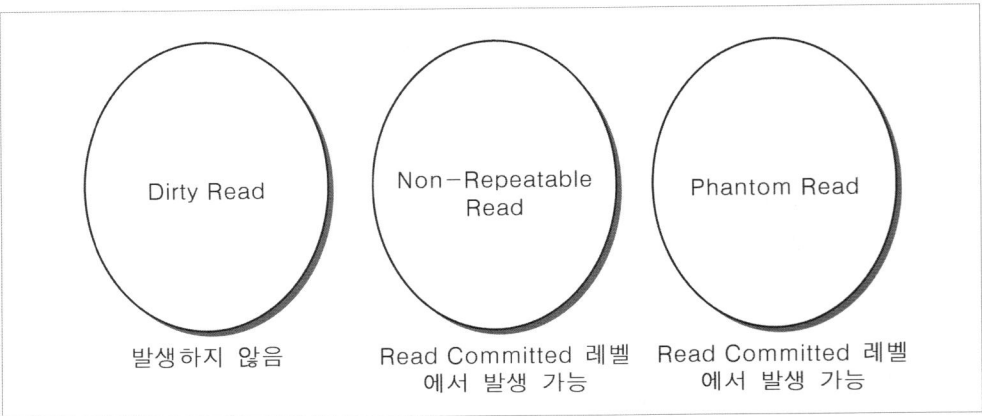

Isolation 레벨에 따라 트랜잭션에서 데이터 추출 시 발생할 수 있는 이상 현상은 아래와 같다.

구분	내용
Dirty Read	Read Uncommitted를 지원하지 않으므로 발생하지 않음
Non-Repeatable Read	Read Committed 레벨에서 발생할 수 있음
Phantom Read	· Read Committed 레벨에서는 발생 · Repeatable Read 레벨에서는 발생하지 않음 (Snapshot Isolation Rule에 의해 발생 안됨)

위의 3가지 현상은 트랜잭션의 데이터 정합성에 문제를 발생시킬 수 있다. 각각에 대해 확인해 보자.

> **NOTE**
>
> ■ Snapshot Isolation Rule
>
> 트랜잭션이 시작되면 시작 시점 이후 다른 트랜잭션이 변경한 데이터는 추출되지 않고 자신의 트랜잭션이 시작할 때의 데이터 상태만을 "고정된 시점"으로 보고 작업하는 규칙을 의미한다.

7.1 Dirty Read

Commit되지 않은 변경 중인 데이터를 결과로 추출하는 Dirty Read를 확인해 보자.

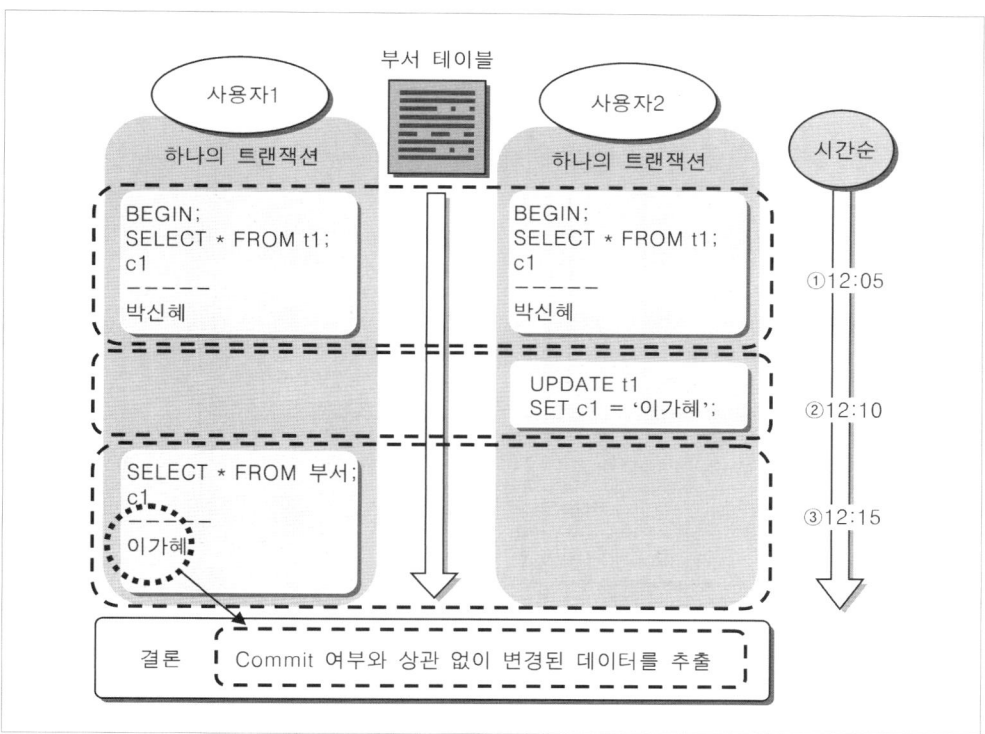

Dirty Read는 위의 그림과 같이 사용자2의 Commit되지 않은 변경 중인 데이터를 사용자 1이 엑세스하는 현상이다.

✓ **Dirty Read** - Commit되지 않은 변경 중인 데이터를 결과로 추출하는 현상

PostgreSQL에서는 Read Uncommitted Isolation 레벨을 지원하지 않기 때문에 어떤 Isolation 레벨을 사용해도 Dirty Read 현상은 발생하지 않는다.

7.2 Non-Repeatable Read

하나의 트랜잭션에서 동일한 SQL이 다른 값을 결과로 추출하는 Non-Repeatable Read 를 확인해 보자.

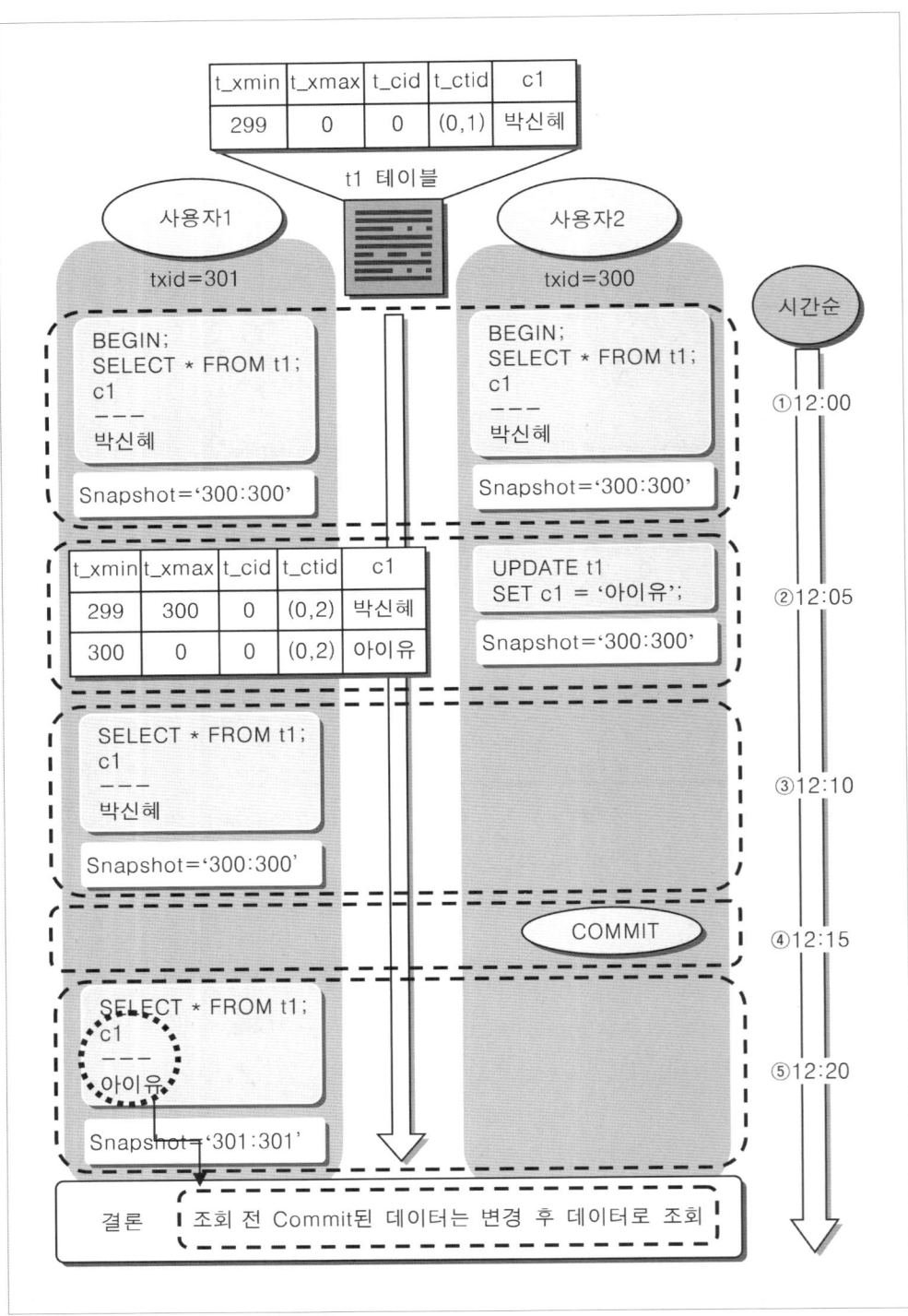

위와 같이 사용자1의 트랜잭션 중간에 사용자2에 의해 데이터가 변경되고 Commit이 완료되었다면 이후 사용자1이 데이터 조회 시 데이터는 변경 후의 값으로 결과가 추출된다.

물론, 위의 그림에서 Commit이 수행되지 않았다면 사용자1의 마지막 Select의 결과로 '박신혜'가 추출될 것이다. 이와 같이 하나의 트랜잭션에서 동일한 SQL이 다른 값을 결과로 추출하는 것을 Non-Repeatable Read라고 한다.

✓ **Non-Repeatable Read** – 하나의 트랜잭션에서 동일한 SQL이 다른 값을 결과로 추출

단계별로 확인해 보자.

시간	트랜잭션 ID = 301		트랜잭션 ID = 300	
	Snapshot	내용	Snapshot	내용
① 12:00	'300:300'	트랜잭션 ID 299까지 결과 추출	'300:300'	트랜잭션 ID 299까지 결과 추출
② 12:05			'300:300'	Dead 로우 발생
③ 12:10	'300:300'	트랜잭션 ID 299까지 결과 추출		
④ 12:15				Commit 수행
⑤ 12:20	'301:301'	트랜잭션 ID 300까지 결과 추출		

위와 같이 수행되므로 ③시점과 ⑤시점에 동일한 SQL이 수행되어도 서로 다른 결과가 추출될 수 있다.

 Non-Repeatable Read는 Repeatable Read Isolation 레벨과 Serializable 레벨에서는 발생하지 않는다.

7.3 Phantom Read

하나의 트랜잭션 내에서 동일 SQL을 두 번 수행하는 경우 존재하지 않던 데이터가 갑자기 추출되거나 존재하던 데이터가 추출되지 않는 Phantom Read를 확인해 보자.

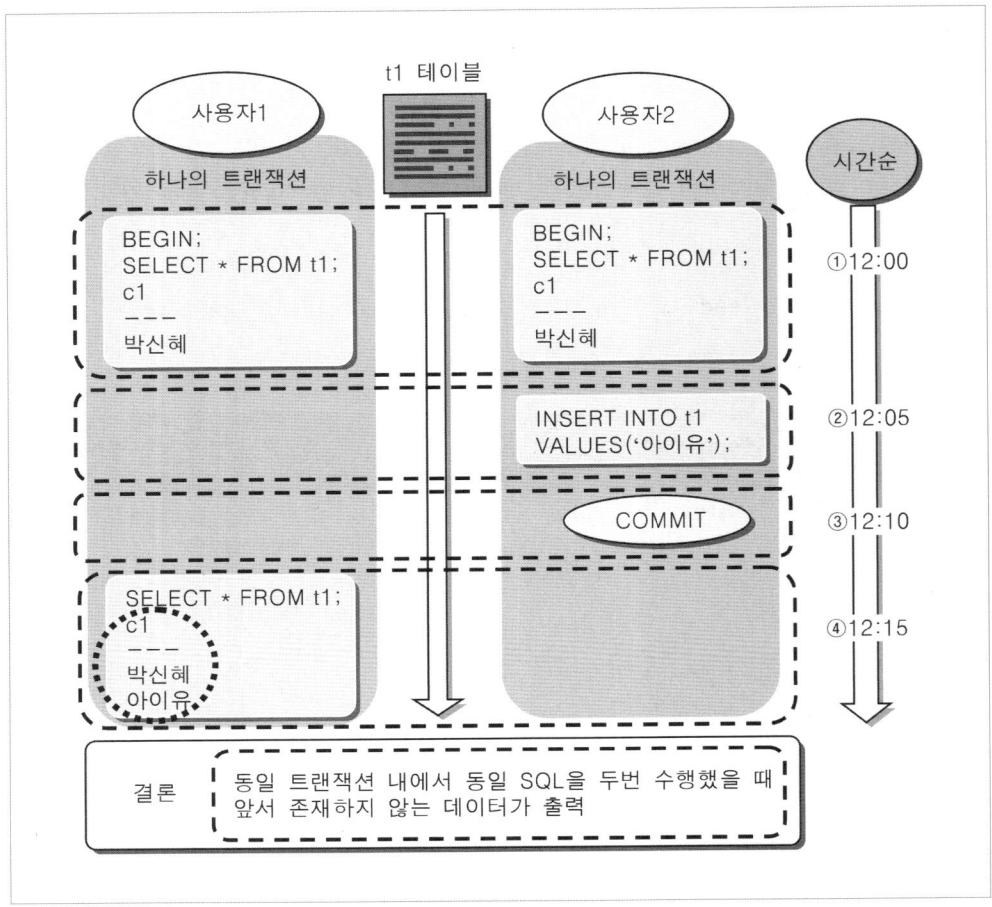

Phantom(유령) Read는 동일 트랜잭션 내에서 존재하지 않던 데이터가 갑자기 추출되고 존재하던 데이터가 추출되지 않는 경우를 의미한다. Phantom Read는 아래와 같이 정의할 수 있다.

- **Phantom Read** – 하나의 트랜잭션 내에서 동일 SQL을 두 번 수행하는 경우 존재하지 않던 데이터가 추출되거나 존재하던 데이터가 추출되지 않는 현상

사용자1이 트랜잭션을 시작한 이후 동일 SQL을 두 번 수행할 경우 그 사이 사용자2가 데이터를 추가/삭제 후 Commit을 완료하여 사용자1의 두 번째 SQL에서 존재하지 않았던 데이터가 추출되거나 또는 존재하던 데이터가 추출되지 않는 현상이다.

위의 예제에서는 사용자1이 트랜잭션을 처음 시작했을 때는 c1 컬럼의 값이 '박신혜'인 데이터만 추출되었지만 사용자2의 트랜잭션에 의해 '아이유'인 데이터가 저장되고 Commit되어 사용자1의 두 번째 SQL에서 '아이유'인 데이터가 추가로 출력되는 현상이다.

Phantom Read는 Repeatable Read 레벨에서도 발생할 수 있는 현상이지만 Snapshot Isolation Rule에 의해 발생하지 않는다.

7.4 Isolation 레벨에 따른 현상

위의 Isolation 레벨에 따라 발생할 수 있는 데이터 문제는 아래와 같이 정리할 수 있다.

Isolation 레벨	Dirty Read	Non-Repeatable Read	Phantom Read
Read Uncommitted (Dirty Read)	발생 (PostgreSQL 지원 안함)	발생 (PostgreSQL 지원 안함)	발생 (PostgreSQL 지원 안함)
Read Committed	발생 불가능	발생 가능	발생 가능
Repeatable Read	발생 불가능	발생 불가능	발생 불가능 (Snapshot Isolation Rule에 의해 발생 안됨)
Serializable	발생 불가능	발생 불가능	발생 불가능

7.5 Isolation 레벨의 변경

Isolation 레벨을 변경하고자 하면 아래와 같은 명령어로 수행한다.

구분	내용
Read Uncommitted(Dirty Read)	SET TRANSACTION ISOLATION LEVEL READ UNCOMMITTED;
Read Committed	SET TRANSACTION ISOLATION LEVEL READ COMMITTED;
Repeatable Read	SET TRANSACTION ISOLATION LEVEL REPEATABLE READ;
Serializable	SET TRANSACTION ISOLATION LEVEL SERIALIZABLE;

기본적으로 Isolation 레벨을 운영 중에 변경하는 것은 권장하지 않는다.

PART 04

Vacuum

트랜잭션 ID Wraparound와 Update, Delete로 인한
공간 낭비 및 성능 문제는 PostgreSQL을
관리하는데 있어 주요 과제 중 하나이다.
이와 같은 문제를 해결할 수 있는 방법이 Vacuum이다.
Vacuum은 반드시 필요한 작업이지만
그에 따른 동시성, 가용성 및 성능 문제가 발생할 수 있다.
이번 단원에서는 이와 같은 Vacuum을 정확히 이해하기 위해
Vacuum의 종류 및 수행 방법에 대해 자세히 확인해 보겠다.

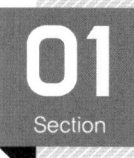

Vacuum의 필요성

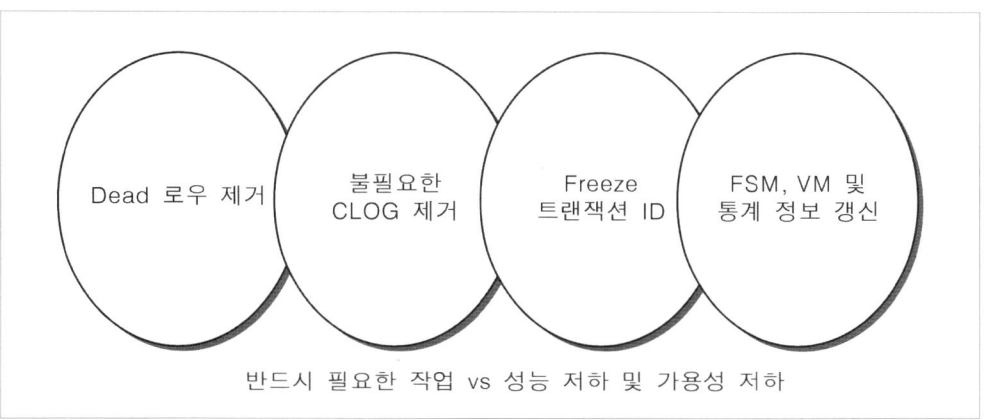

1.1 Vacuum의 역할

앞서 언급한 트랜잭션의 특징 및 CLOG 등으로 인해 PostgreSQL은 내부적으로 관리해야 할 요소들이 존재한다.

- 테이블의 Dead 로우 및 연관된 Dead 인덱스 로우 제거
- 불필요한 CLOG 제거
- Freeze 트랜잭션 ID(과거 트랜잭션 ID를 대상으로 수행)
- FSM, VM과 통계 정보(Statistics 정보) 갱신

PostgreSQL은 위와 같이 트랜잭션 처리 과정에서 반드시 필요한 작업을 Vacuum 작업을 통해 수행한다.

✓ **Vacuum** – Delete와 Update 수행으로 생성되는 Dead 로우를 제거하고 트랜잭션 ID Wraparound를 방지하는 작업

1.2 Vacuum의 필요성

PostgreSQL에서의 DML 수행을 통한 Dead 로우 발생을 확인해 보자.

구분	수행 방식	내용
Insert	Insert	일반적인 데이터베이스와 동일하게 데이터를 저장한다.
Delete	Delete	· 특정 데이터를 Delete할 경우 디스크 상의 해당 데이터를 물리적으로 Delete하지 않고 Delete에 대한 표시만하고 조회되지 않도록 한다. · 해당 영역이 자동으로 재사용되거나 또는 제거되지 않는다.
Update	Delete+Insert	· 기존 데이터는 삭제로 표시하여 조회되지 않게 하고 Update되는 데이터를 신규로 Insert한다. · 해당 영역이 자동으로 재사용되거나 또는 제거되지 않는다.

위와 같이 Update 또는 Delete를 수행한다고 해서 Delete된 영역이 재사용되거나 제거되지 않는다.

✓ **Dead 로우** – Update 작업과 Delete 작업 시 Delete되는 로우

이와 같은 Dead 로우는 다음과 같은 문제를 발생시킨다.

문제점	내용
성능 저하	테이블 또는 인덱스의 크기가 Dead 로우에 의해 증가하기 때문에 엑세스 시 성능 저하가 발생할 수 있다.
공간 낭비	Delete와 Update 후 사용하지 못하는 Dead 로우는 재사용이 되지 않으므로 공간이 낭비된다.

Vacuum이 필요한 추가적인 이유를 확인해 보자.

항목	내용
Freeze 트랜잭션 ID	트랜잭션 ID Wraparound 문제로 인해 과거 데이터가 조회되지 않아 데이터 정합성에 문제가 발생할수 있다.
불필요한 CLOG 제거	· 불필요한 CLOG를 정리하지 않으면 누적된 CLOG로 인한 공간 문제가 발생할 수 있다. · CLOG의 참조 범위가 커져 CLOG Buffer의 효율성 또한 저하되어 전반적인 성능 저하가 발생할수 있다.
FSM, VM과 통계 정보 갱신	Vacuum과 SQL의 성능 유지를 위해 주기적인 현행화가 필요하다.

이와 같은 Dead 로우 해결과 추가적인 이유 때문에 Vacuum은 반드시 필요한 작업이다.

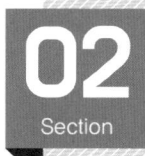

Vacuum의 종류

Dead 로우를 제거하기 위한 Vacuum의 종류는 2가지가 존재한다.

- Concurrent Vacuum - VACUUM 명령어 사용 또는 Autovacuum
- Full Vacuum - VACUUM FULL 명령어 사용

각각의 차이를 확인해 보자.

종류	내용
Concurrent Vacuum	· 테이블의 각 페이지에 대한 Dead 로우 및 연관된 Dead 인덱스 로우를 제거한다. · 다른 트랜잭션은 Concurrent Vacuum이 실행되는 동안 대상 테이블을 엑세스할 수 있다.
Full Vacuum	· 테이블의 각 페이지에 대한 Dead 로우 및 연관된 Dead 인덱스 로우의 공간을 물리적으로 제거한다. · 테이블을 재생성하고 Dead 로우를 제거한 데이터만 이행한 후 기존 테이블을 삭제한다. · 다른 트랜잭션은 Full Vacuum이 실행되는 동안 대상 테이블을 엑세스할 수 없다.

Autovacuum이나 Vacuum은 테이블 및 인덱스의 Dead 로우를 제거하여 공간을 재사용할 수 있도록 한다. 이로 인해 공간을 효율적으로 활용할 수 있지만 일부 상황에서는 이 공간이 재사용되지 않아 테이블 크기가 계속 증가하는 경우가 발생할 수 있다.

특히 Delete 또는 Update가 많은 테이블에서는 이러한 비효율이 누적될 수 있으므로 상황에 따라 VACUUM FULL 명령을 통해 디스크 공간을 회수해야 할 수도 있다. 다만 VACUUM FULL은 테이블에 Exclusive Lock을 설정하기 때문에 운영 환경에서는 사용 시 주의가 필요하다.

VM(Visibility Map)의 개념

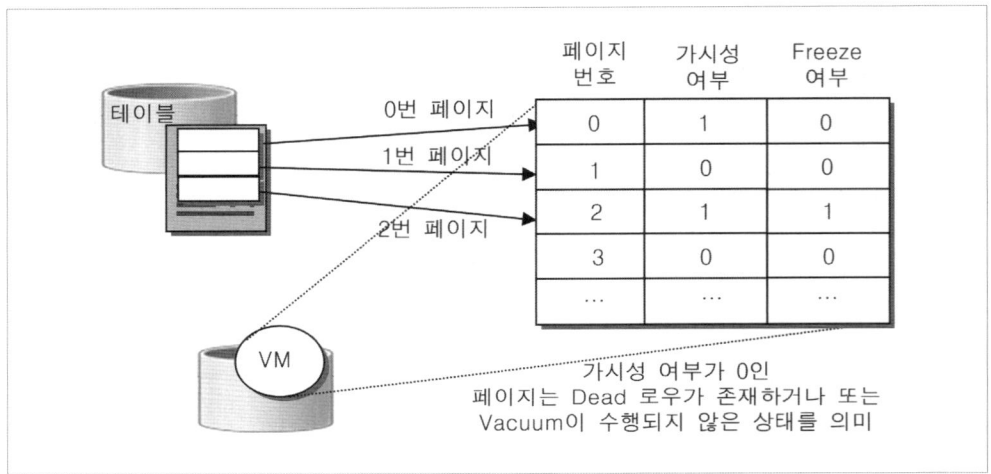

Vacuum 작업은 비용이 많이 소요되는 작업이다. 따라서 VM은 Vacuum 작업의 비용을 감소시키기 위해 버전 8.4에 도입되었다. VM의 기본 개념은 아래와 같다.

✓ **VM(Visibility Map)** – 테이블에 있는 각 페이지의 상태를 확인할 수 있는 Bitmap 파일

위와 같은 VM은 아래와 같은 용도로 사용한다.

- 실제 페이지를 엑세스하지 않아도 VM의 페이지 표시 여부에 따라 각 페이지의 가시성과 Freeze 여부를 판단하여 이를 기준으로 Vacuum 대상 여부를 결정한다.
- Vacuum 작업 시 VM을 확인하여 Dead 로우가 존재하지 않는 페이지는 Skip할 수 있다.
- SQL의 실행 계획에서 Index Only Scan은 테이블 엑세스가 필요 없는 SQL을 의미하지만 Dead 로우가 존재하면 테이블 엑세스가 필요해 진다. 이때 Dead 로우의 유무를 VM에서 확인하여 최종적으로 테이블 엑세스 여부를 결정한다.

아래의 그림을 통해 확인해 보자.

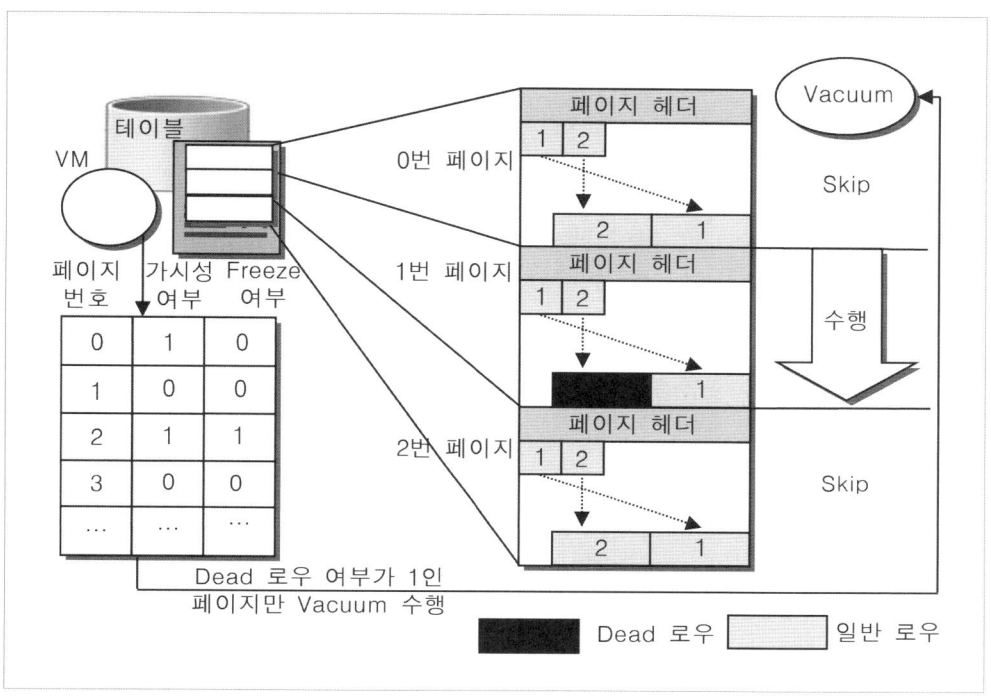

VM에서 제공하는 정보는 다음과 같다.

종류	VM 값	내 용
가시성 여부	0	페이지에 Dead 로우가 존재하거나 또는 아직 Vacuum이 수행되지 않은 상태를 의미
	1	페이지에 Dead 로우가 존재하지 않는 상태로 해당 페이지의 로우가 트랜잭션에 모두 추출되는 상태를 의미
Freeze 여부	0	페이지에 Freeze되지 않은 로우 존재
	1	페이지에 모든 로우가 Freeze 완료

위의 그림의 각각의 페이지는 가시성 여부와 Freeze 여부의 값을 통해 아래와 같다고 예측할 수 있다.

페이지 번호	가시성 여부	Freeze 여부	내 용
0번 페이지	1	0	Dead 로우가 존재하지 않으며 페이지에 Freeze되지 않은 로우 존재
1번 페이지	0	0	Dead 로우가 존재하거나 또는 Vacuum 수행 대상이며 페이지에 Freeze되지 않은 로우 존재
2번 페이지	1	1	Dead 로우가 없으며 Freeze 작업 불필요

해당 테이블의 VM에는 Dead 로우가 포함된 페이지에 대해 가시성 여부 값 0이 할당된다. 이 경우 VM의 정보를 참조하여 Dead 로우가 저장되어 있는 페이지에 대해서만 Vacuum을 수행하고 Dead 로우가 존재하지 않는 페이지는 Skip하게 된다. 또한 Index Only Scan 시 가시성 여부 값이 1이면 Dead 로우 확인을 위해 테이블을 조회할 필요가 없으며 인덱스로만 결과 조회가 가능하다. VM의 특징은 아래와 같다.

- 하나 이상의 8KB 페이지로 구성
- 파일은 'vm' 접미사와 함께 저장

예를 들어, relfilenode(테이블이나 인덱스 등의 식별자)가 18751이라면 FSM과 VM 파일명은 아래와 같다.

```
$ cd $PGDATA
$ ls -la base/16384/18751*
-rw------- 1 postgres postgres  8192 Apr 21 10:21 base/16384/18751
-rw------- 1 postgres postgres 24576 Apr 21 10:18 base/16384/18751_fsm
-rw------- 1 postgres postgres  8192 Apr 21 10:18 base/16384/18751_vm
```

NOTE

■ **VM(Visibility Map) Bit**

pg_visibility Extension을 이용하여 VM(Visibility Map) Bit를 확인할 수 있다.

testdb=# CREATE EXTENSION pg_visibility;
testdb=# SELECT blkno, all_visible, all_frozen FROM pg_visibility_map('test_table');

```
blkno | all_visible | all_frozen
------+-------------+-----------
    0 | f           | f
    1 | t           | f
    2 | t           | t
    3 | f           | f
```

→ pg_visibility_map 함수는 VM(Visibility Map)의 0(false), 1(true) Bit 값을 Boolean 값인 f(false), t(true)로 변환하여 출력한다.

Concurrent Vacuum

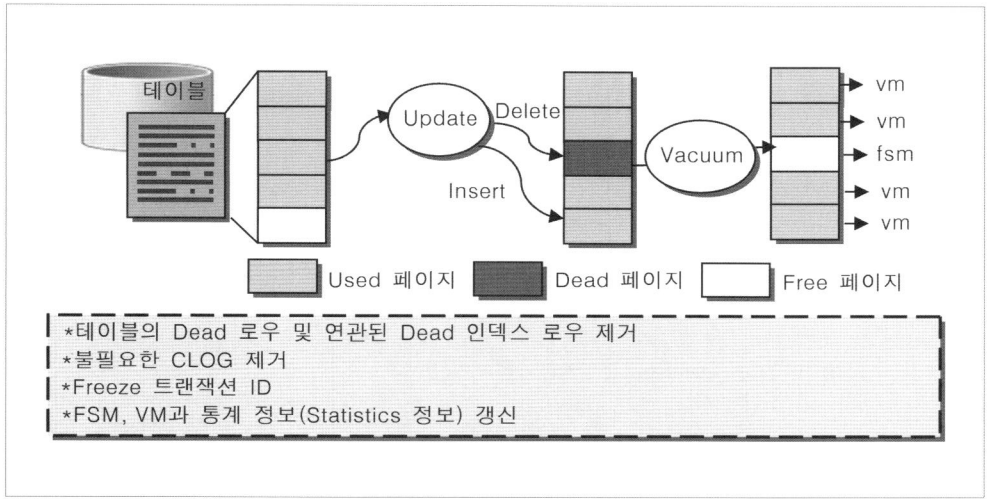

Concurrent Vacuum이 수행하는 작업에 대해 확인해 보자.

종류	내용
Dead 로우 제거	· 각 페이지에 대해 Dead 로우 제거 · Dead 로우가 가리키는 인덱스 로우 제거
Freeze 트랜잭션 ID	· 필요한 경우 오래된 로우의 트랜잭션 ID Freeze · Freeze 트랜잭션 ID(txid) 관련 시스템 카탈로그 변경 (pg_database 및 pg_class 시스템 카탈로그) · 불필요한 CLOG 제거
기타	· 엑세스되고 있는 테이블의 FSM과 VM 갱신 · 통계 정보 갱신(pg_stat_all_tables 등)

실제 Concurrent Vacuum이 수행되는 순서를 확인해 보자.

1. 특정 테이블을 선택한다.
2. 해당 테이블에 대해 ShareUpdateExclusiveLock 모드의 Lock을 획득한다. 해당 Lock은 다른 트랜잭션에서 엑세스가 가능한 Lock이다.
3. VM을 사용하여 Dead 로우를 획득하고 필요하다면 과거 로우에 대해 트랜잭션 ID Freeze를 수행한다.
4. Dead 로우와 연결된 인덱스 Dead 로우가 존재한다면 제거한다.
5. 해당 페이지에서 Dead 로우를 제거한다.
6. 해당 테이블의 FSM과 VM을 갱신한다.
7. 5단계와 6단계를 반복하여 해당 테이블의 모든 대상 페이지에 대해 수행한다.
8. index_vacuum_cleanup( )에 의해 인덱스를 정리하고 최적화한다.
9. 마지막 페이지에 로우가 없다면 해당 페이지를 Truncate한다.
10. 해당 Vacuum 프로세스와 관련된 테이블의 통계 정보(Statistics)와 시스템 카탈로그를 변경한다.
11. 해당 Vacuum 프로세스에 관련되는 통계 정보와 시스템 카탈로그를 변경한다.
12. 불필요한 CLOG 및 불필요한 파일을 제거한다.

위와 같이 수행하여 Concurrent Vacuum을 수행한다.

 pg_stat_progress_vacuum 동적 뷰를 이용해 Vacuum 진행 사항을 파악할 수 있다. 해당 동적 뷰는 '데이터베이스 정보 확인 및 모니터링' 단원을 참조하기 바란다

Freeze 프로세싱

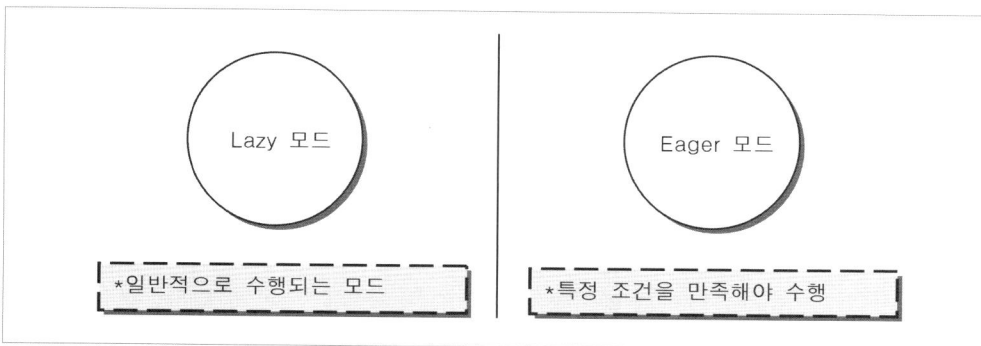

Freeze 프로세싱은 특정 조건에 따라 2가지 모드 중 하나로 수행된다. 2가지 모드는 아래와 같다.

종류	내용
Lazy 모드	· 일반적으로 수행되는 모드 · 대상 테이블의 VM에서 가시성 여부를 확인하여 대상 페이지만 스캔하여 처리
Eager 모드	· 특정 조건이 만족되면 수행되는 모드 · 대상 테이블의 VM에서 Freeze된 페이지를 제외한 모든 페이지를 스캔하여 처리

NOTE

본문에서 Lazy 모드는 Non-Aggressive Vacuum을 의미하며 Eager 모드는 Aggressive Vacuum을 의미한다. Autovacuum이 작동할 때 PostgreSQL 로그에는 Freeze 프로세싱과 관련하여 다음과 같이 기록된다.

종류	내용
Lazy 모드	LOG: automatic vacuum of table "postgres.public.table1": index scans: 0
Eager 모드	LOG: automatic aggressive vacuum to prevent wraparound of table "postgres.public.table2"

5.1 Lazy 모드

PostgreSQL은 Freeze 프로세싱이 시작되면 FreezeLimit 트랜잭션 ID(txid)를 계산하며 t_xmin이 FreezeLimit 트랜잭션 ID(txid)보다 작은 로우를 Freeze 시킨다.

- freezeLimit_txid = (OldestXmin−vacuum_freeze_min_age)

각각의 값에 대해 확인해 보자.

값	내용
OldestXmin	· 현재 실행 중인 트랜잭션 중 가장 오래된 트랜잭션 ID(txid) · Vacuum 명령이 실행될 때 세 개의 트랜잭션(txids 100, 101, 102)이 실행 중인 경우 OldestXmin의 값은 100으로 설정
vacuum_freeze_min_age	기본값 50,000,000

tab1 테이블은 3개의 페이지로 구성되며 각 페이지는 2개 또는 3개의 로우를 가지고 있다고 가정하자. Vacuum이 실행될 때의 트랜잭션 ID(txid)는 50,002,500이며 다른 트랜잭션은 없다고 가정하자. 다른 트랜잭션이 없다면 OldestXmin이 Vacuum 명령을 실행하는 트랜잭션 ID가 된다.

- freezeLimit_txid = (OldestXmin−vacuum_freeze_min_age) = 50,002,500 − 50,000,000 = 2,500

이와 같이 freezeLimit_txid는 2,500이 된다.

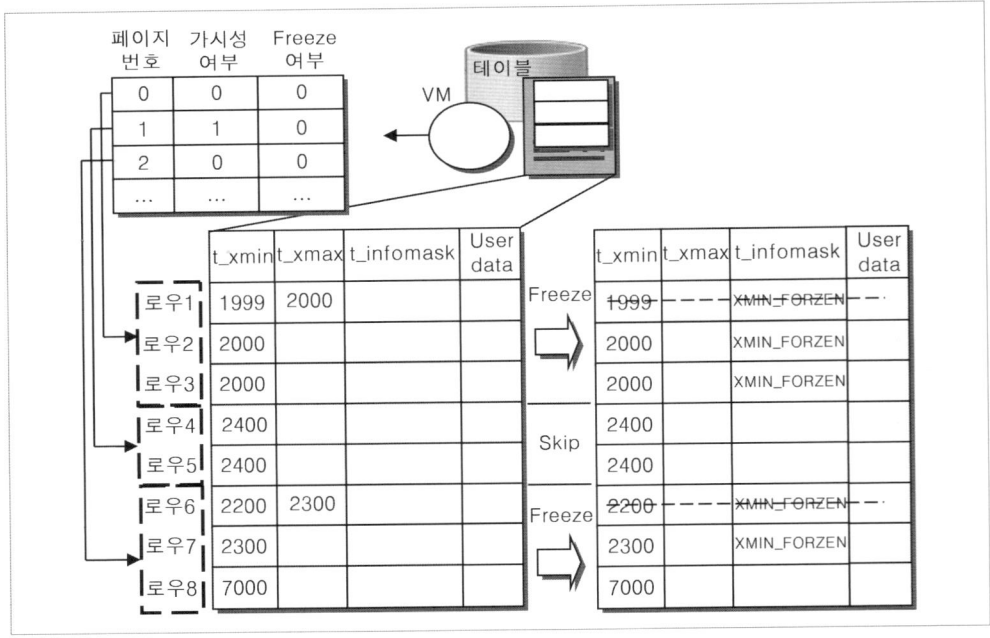

앞의 그림을 확인해 보자.

구분	로우	가시성 여부	Freeze 여부	내용
0번째 페이지	로우1	0이므로 Dead 로우 존재/ Vacuum 필요	0이므로 페이지에 Freeze 되지 않은 로우 존재	· 가시성 여부와 t_xmax 값이 존재하므로 변경된 로우로 식별하여 Vacuum 작업 시 제거 · Freeze 여부와 t_xman 값이 freezelimit_txid 값인 2,500보다 작으므로 트랜젝션 ID freeze 대상이지만 삭제 대상임으로 실제 트랜젝션 ID Freeze는 수행하지 않음
	로우2			Freeze 여부와 t_xmin 값이 freezeLimit_txid 값인 2,500보다 작으므로 트랜젝션 ID Freeze 수행
	로우3			Freeze 여부와 t_xmin 값이 freezeLimit_txid 값인 2,500보다 작으므로 트랜젝션 ID Freeze 수행
1번째 페이지	로우4	1이므로 페이지에 Dead 로우가 존재하지 않는 상태	0이므로 페이지에 Freeze 되지 않은 로우 존재	가시성 여부에서 Dead 로우가 없으며 Vacuum 대상이 아니므로 Skip 수행
	로우5			가시성 여부에서 Dead 로우가 없으며 Vacuum 대상이 아니므로 Skip 수행
2번째 페이지	로우6	0이므로 Dead 로우 존재/ Vacuum 필요	0이므로 페이지에 Freeze 되지 않은 로우 존재	· 가시성 여부와 t_xmax 값이 존재하므로 변경된 로우로 식별하여 Vacuum 작업 시 제거 · Freeze 여부와 t_xman 값이 freezelimit_txid 값인 2,500보다 작으므로 트랜젝션 ID freeze 대상이지만 삭제 대상임으로 실제 트랜젝션 ID Freeze는 수행하지 않음
	로우7			Freeze 여부와 t_xmin 값이 freezeLimit_txid 값인 2,500보다 작으므로 트랜젝션 ID Freeze 수행
	로우8			t_xmin 값이 freezeLimit_txid 값인 2,500보다 크므로 유지

이와 같이 Lazy 모드는 VM의 가시성 Bit를 확인하여 해당 값이 1인 경우 해당 페이지에 Dead 로우가 없다고 판단하여 Vacuum 작업 시 해당 페이지를 Skip하므로 모든 로우를 완전히 Freeze하지 못할 수 있다.

NOTE

■ 통계 정보 갱신

Vacuum 작업이 완료될 때 Vacuum 관련 통계 정보가 갱신된다. 예를 들어, pg_stat_all_tables 동적 뷰에 n_live_tup, n_dead_tup, last_vacuum, vacuum_count 컬럼들이 갱신된다.

5.2 Eager 모드

Eager 모드는 Lazy 모드와 다르게 VM에서 Freeze된 페이지를 제외한 모든 페이지를 스캔한다.

- VM에서 Freeze 여부가 0인 페이지 검사
- 관련 시스템 카탈로그 갱신
- 가능하면 불필요한 파일과 CLOG 페이지 제거

다음 조건이 충족되면 Eager 모드가 수행된다.

- pg_database.datfrozenxid < (OldestXmin-vacuum_freeze_table_age)

각각의 값에 대해 확인해 보자.

값	내용
OldestXmin	현재 실행 중인 트랜잭션 중 가장 오래된 트랜잭션 ID(txid)
vacuum_freeze_table_age	기본값 150,000,000
vacuum_freeze_min_age	기본값 50,000,000
pg_database.datfrozenxid	· pg_database 시스템 카탈로그의 컬럼 값 · 각 데이터베이스의 가장 오래된 frozenxid 보관

모든 pg_database.datfrozenxid의 값은 1821이라고 가정하자.

Vacuum 명령어가 수행될 때 트랜잭션 ID(txid)는 150,002,000이며 다른 트랜잭션은 없다고 가정하면 OlderXmin은 150,002,000이다. 위의 조건을 바탕으로 Eager 모드 발동 조건을 확인해 보면 아래와 같다.

- pg_database.datfrozenxid < (OldestXmin-vacuum_freeze_table_age)의 값
  - 1821 < (150002000-150000000) = 2000

결국, 위와 같이 1821보다 크므로 Eager 모드로 Vacuum이 수행되며 freezeLimitxid(OldestXmin-vacuum_freeze_min_age) 값인 100,002,000 이하의 트랜잭션은 Freeze를 수행한다. 또한 Freeze 여부 Bit가 0인 경우 Freeze를 모든 페이지에서 수행한다.

> **NOTE**
>
> Freeze 프로세스는 VACUUM 명령어에 FREEZE 옵션을 추가하여 호출할 수 있다. VACUUM FREEZE 명령어를 실행하면 vacuum_freeze_min_age, vacuum_freeze_table_age, vacuum_multixact_freeze_min_age, vacuum_multixact_freeze_table_age 파라미터를 무시하고 소스 코드에 명시적으로 구현된 로직에 따라 모든 로우를 가능한 빨리 Frozen 상태로 만들려고 시도한다.

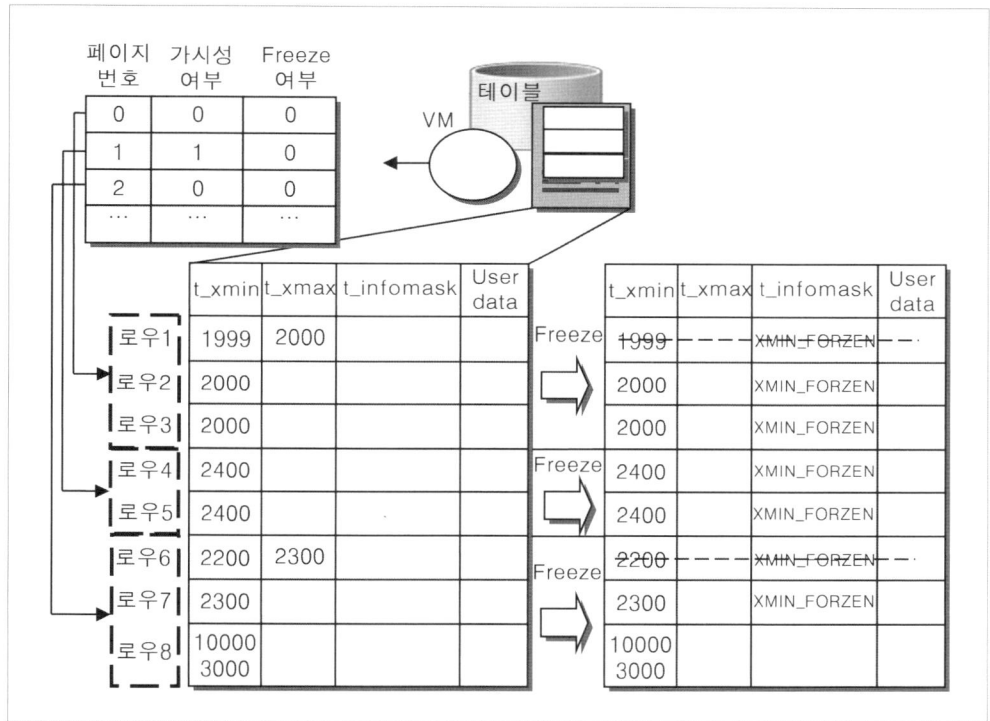

위의 그림을 확인해 보자. 앞선 예제와 동일하게 Vacuum 명령어가 수행될 때 트랜잭션 ID(txid)는 150,002,000이며 다른 트랜잭션은 없다고 가정하자. 그럴 경우, OlderXmin은 150,002,000이고 freezeLimitxid(OldestXmin-vacuum_freeze_min_age)는 100,002,000이 된다.

구분	로우	내용
0번째 페이지	로우1	Freeze 여부가 0이고 t_xmax 값이 존재하므로 변경된 로우로 Vacuum 작업 시 제거
	로우2	Freeze 여부가 0이고 t_xmin 값이 freezeLimit_txid 값인 100,002,000보다 작으므로 트랜잭션 ID Freeze 수행
	로우3	Freeze 여부가 0이고 t_xmin 값이 freezeLimit_txid 값인 100,002,000보다 작으므로 트랜잭션 ID Freeze 수행
1번째 페이지	로우4	Freeze 여부가 0이고 t_xmin 값이 freezeLimit_txid 값인 100,002,000보다 작으므로 트랜잭션 ID Freeze 수행
	로우5	Freeze 여부가 0이고 t_xmin 값이 freezeLimit_txid 값인 100,002,000보다 작으므로 트랜잭션 ID Freeze 수행
2번째 페이지	로우6	Freeze 여부가 0이고 t_xmax 값이 존재하므로 변경된 로우로 Vacuum 작업 시 제거
	로우7	Freeze 여부가 0이고 t_xmin 값이 freezeLimit_txid 값인 100,002,000보다 작으므로 트랜잭션 ID Freeze 수행
	로우8	Freeze 여부가 0이지만 t_xmin 값이 freezeLimit_txid 값인 100,002,000보다 크므로 유지

각 테이블을 Freeze한 후 Vacuum 프로세스를 완료하기 전에 아래와 같이 작업이 진행된다.

- 해당 테이블의 pg_class.relfrozenxid 갱신 – pg_class 시스템 카탈로그는 테이블 별로 relfrozenxid 값 저장
- 필요한 경우 pg_database.datfrozenxid 갱신 – pg_database 시스템 카탈로그는 데이터베이스 별로 datfrozenxid 값 저장

pg_class 시스템 카탈로그의 relfrozenxid 컬럼에는 해당 테이블의 최신 Frozen 트랜잭션 ID(xid)가 저장되어 있다. 위 예제에서 tab1 테이블은 아래와 같이 갱신된다.

- pg_class.relfrozenxid는 현재의 freezeLimit 트랜잭션 ID(즉, 100,002,000)로 갱신된다.
- tab1에서 Freeze되지 않고 t_xmin이 100,002,000 미만인 로우은 모두 Freeze된다.

pg_database.datfrozenxid 컬럼은 해당 데이터베이스의 최소 pg_class.relfrozenxid를 저장한다. pg_database.datfrozenxid 컬럼의 값에 대해 확인해 보자.

값	내용
tab1만 Eager 모드에서 Freeze	다른 테이블들은 pg_class.relfrozenxid가 변경되지 않았기 때문에 해당 데이터베이스의 pg_database.datfrozenxid가 갱신되지 않는다.
모든 테이블이 Eager 모드에서 Freeze	모든 테이블의 pg_class.relfrozenxid가 현재 freezeLimit_txid로 갱신되기 때문에 데이터베이스의 pg_database.datfrozenxid가 갱신된다.

예를 들면 아래와 같다.

<table>
<tr><th>값</th><th colspan="2">내용</th></tr>
<tr><td rowspan="6">tab1만 Eager 모드에서 Frozen</td><td>구분</td><td>값</td></tr>
<tr><td>pg_database.datfrozenxid(testdb)</td><td>1,821</td></tr>
<tr><td>pg_class.relfrozenxid(tab1)</td><td>100,002,000</td></tr>
<tr><td>pg_class.relfrozenxid(tab2)</td><td>1,846</td></tr>
<tr><td>pg_class.relfrozenxid(tab3)</td><td>1,821</td></tr>
<tr><td colspan="2">테이블 별로 값이 다를 경우에 pg_database.datfrozenxid(testdb)는 최소 값으로 저장된다.</td></tr>
<tr><td rowspan="6">모든 테이블이 Eager 모드에서 Frozen</td><td>구분</td><td>값</td></tr>
<tr><td>pg_database.datfrozenxid(testdb)</td><td>100,002,000</td></tr>
<tr><td>pg_class.relfrozenxid(tab1)</td><td>100,002,000</td></tr>
<tr><td>pg_class.relfrozenxid(tab2)</td><td>100,002,000</td></tr>
<tr><td>pg_class.relfrozenxid(tab3)</td><td>100,002,000</td></tr>
<tr><td colspan="2">모든 테이블이 동일한 값을 가지므로 pg_database.datfrozenxid(testdb)는 동일한 값으로 저장된다.</td></tr>
</table>

아래 예제를 확인해 보자.

```
postgres=# VACUUM tab1;
postgres=# SELECT n.nspname AS "schema", c.relname AS "name", c.relfrozenxid
        FROM pg_catalog.pg_class c LEFT JOIN pg_catalog.pg_namespace n
        ON n.oid = c.relnamespace
        WHERE c.relkind IN ('r','')
        AND n.nspname <> 'information_schema' AND n.nspname !~ '^pg_toast'
        AND pg_catalog.pg_table_is_visible(c.oid)
        ORDER BY c.relfrozenxid::text::bigint DESC;
  Schema   |      Name       | relfrozenxid
-----------+-----------------+--------------
 public    | tab1            | 100002000
 public    | tab2            | 1846
 pg_catalog| pg_database     | 1827
 pg_catalog| pg_user_mapping | 1821
```

```
 pg_catalog | pg_largeobject    | 1821
 ...
 pg_catalog | pg_transform      | 1821
postgres=# SELECT datname, datfrozenxid
           FROM pg_database
           WHERE datname = 'testdb';
 datname | datfrozenxid
---------+-------------
 testdb  | 1821
```
→ 모든 테이블의 relfrozenxid 값이 다르므로 최소값으로 설정된다.

5.3 불필요 CLOG 제거

pg_database.datfrozenxid가 갱신되면 메모리에서 PostgreSQL의 불필요한 CLOG를 제거하고 관련된 CLOG 파일도 제거한다.

pg_database.datfrozenxid의 최소값이 CLOG 파일 '0002'에 포함되어 있다면 '0002' 보다 오래된 CLOG 파일('0000', '0001')은 삭제할 수 있다. 해당 파일들에 저장된 모든 트랜잭션은 데이터베이스 전체에서 Frozen 트랜잭션 ID로 간주되기 때문이다. 아래 그림을 확인해 보자.

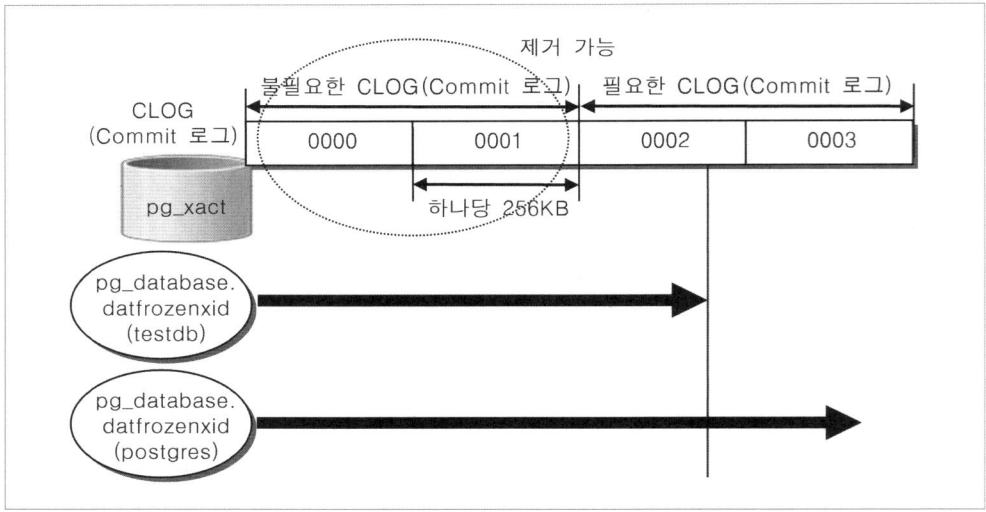

위의 그림에서 pg_database.datfrozenxid의 최소값은 '0002' 파일에 존재하므로 '0000', '0001' 파일은 제거될 수 있다.

Full Vacuum

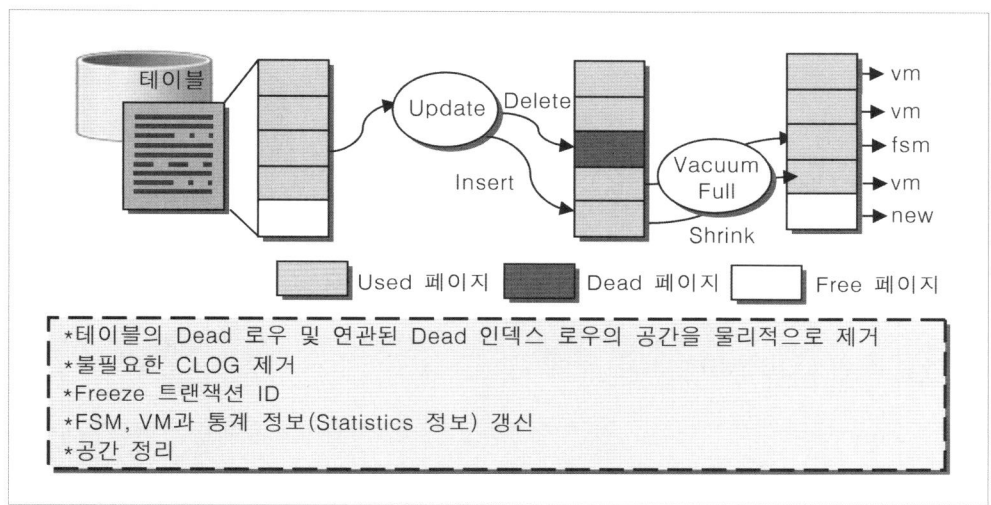

- *테이블의 Dead 로우 및 연관된 Dead 인덱스 로우의 공간을 물리적으로 제거
- *불필요한 CLOG 제거
- *Freeze 트랜잭션 ID
- *FSM, VM과 통계 정보(Statistics 정보) 갱신
- *공간 정리

6.1 Full Vacuum 수행 방식

Concurrent Vacuum은 데이터베이스 운영에 필수적이지만 상황에 따라 그것만으로는 충분하지 않을 수 있다. Concurrent Vacuum은 Dead 로우를 제거하여 재사용이 가능하게 하지만 디스크 공간을 물리적으로 회수하지 않기 때문이다.

위와 같이 Full Vacuum은 디스크 공간도 정리해주기 때문에 테이블의 크기를 감소시킬 수 있다. Full Vacuum은 아래와 같은 절차로 수행된다.

1. 새로운 테이블 파일 작성 – 테이블에 대해 VACUUM FULL 명령이 실행되면 먼저 테이블에 대한 엑세스 전용 Lock을 획득하고 크기가 8KB인 새 테이블 파일을 생성한다. 엑세스 전용 Lock(AccessExclusive)은 다른 세션에서의 엑세스를 허용하지 않는다.

2. 실제 사용하는 로우 복사 – 이전 테이블 파일 내에서 실제 사용하는 로우를 새로운 테이블로 복사한다.
3. 이전 테이블 파일 제거 – 실제 사용하는 모든 로우를 복사한 후 이전 테이블 파일을 제거한다.
4. 인덱스 재구성 – 테이블에 연결된 모든 인덱스를 재구성한다.
5. 테이블의 FSM과 VM 갱신 – 해당 테이블의 FSM과 VM을 갱신한다.
6. 통계 정보 및 시스템 카탈로그 갱신 – 관련된 통계 정보 및 시스템 카탈로그를 갱신한다.
7. 불필요한 CLOG 및 불필요한 파일을 제거한다.

위와 같은 절차로 Full Vacuum을 수행한다. Full Vacuum을 수행할 때 아래 사항을 주의해야 한다.

- Full Vacuum이 처리 중일 때는 해당 테이블에 읽기/쓰기를 수행할 수 없다.
- 최대 두 배의 디스크 공간이 일시적으로 사용되므로 대용량 테이블을 처리할 때 디스크 여유 공간을 확인해야 한다.

6.2 Full Vacuum 수행 시점

Full Vacuum을 수행해야 하는 시점을 확인해 보자. Full Vacuum은 해당 테이블들에 대해 Exclusive Lock을 설정하기 때문에 몇 가지 특수한 상황에서 진행을 검토해야 하며 그 중 한 지표로 pg_freespacemap Extension의 pg_freespace 함수를 활용할 수 있다.

```
postgres=# CREATE EXTENSION pg_freespacemap;
postgres=# SELECT count(*) AS "number of pages"
                , pg_size_pretty(cast(avg(avail) as bigint)) AS "freespace size"
                , round(100 * avg(avail)/8192 ,2) AS "freespace ratio"
           FROM pg_freespace('tab1');
 number of pages | freespace size | freespace ratio
-----------------+----------------+-----------------
      1640       |    99 bytes    |      1.21
```

위의 결과에서 freespace ratio 값을 확인해 보면 사용 가능한 공간이 99 Bytes이며 사용 가능 비율은 1.21%로 거의 없는 것을 확인할 수 있다. 실제 데이터를 삭제하고 Concurrent Vacuum을 수행하면 여유 공간은 확보되지만 실제 테이블의 크기는 감소하지 않는다.

```
postgres=# DELETE FROM tab1 WHERE aid %10 != 0 OR aid < 100;

postgres=# VACUUM tab1;
postgres=# SELECT count(*) as "number of pages"
                , pg_size_pretty(cast(avg(avail) as bigint)) AS "freespace size"
                , round(100 * avg(avail)/8192 ,2) AS "freespace ratio"
           FROM pg_freespace('tab1');
 number of pages | freespace size | freespace ratio
-----------------+----------------+-----------------
      1640       |   7124 bytes   |     86.97
```
→ 86.97의 여유 공간을 확보

위와 같은 경우에 Full Vacuum을 수행하면 아래와 같이 테이블의 크기가 감소하게 된다.

```
postgres=# VACUUM FULL tab1;
postgres=# SELECT count(*) as "number of pages"
                , pg_size_pretty(cast(avg(avail) as bigint)) as "freespace size"
                , round(100 * avg(avail)/8192 ,2) as "freespace ratio"
           FROM pg_freespace('tab1');
 number of pages | freespace size | freespace ratio
-----------------+----------------+-----------------
       240       |    0 bytes     |      0.00
```
→ 테이블의 빈공간을 제거해 number of page의 수가 감소하여 테이블의 크기가 감소하였다. 물론, 여유 공간을 전부 반납하므로 freespace size 값 및 freespace ratio 값은 0이 되었다.

이처럼 Concurrent Vacuum을 수행한 후 위의 SQL로 조회하면 테이블의 Full Vacuum 필요 여부를 확인할 수 있다.

Concurrent Vacuum vs Full Vacuum

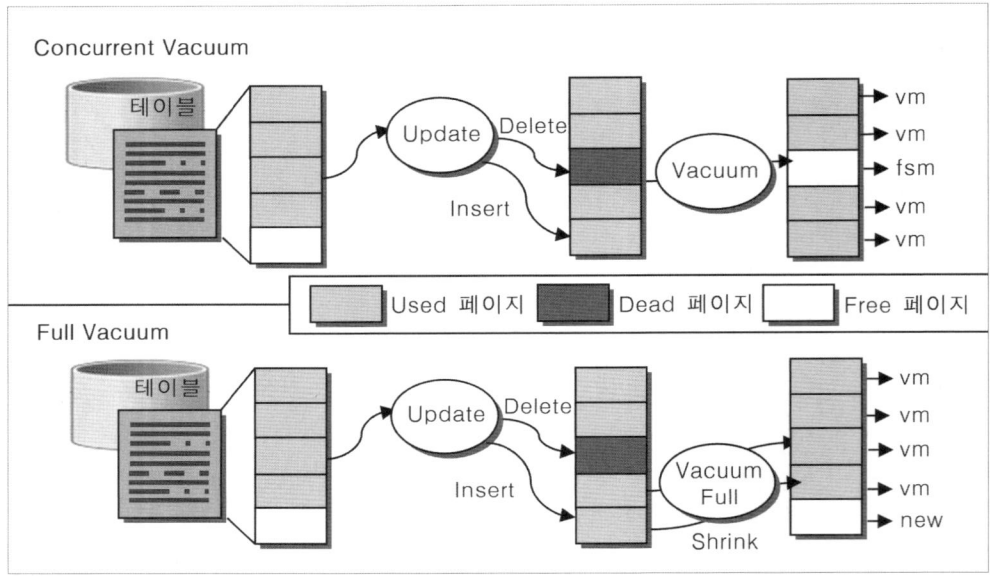

위의 그림을 통해 Concurrent Vacuum과 Full Vacuum의 차이를 확인해 보자.

구분	Lock 방식	내용
Concurrent Vacuum	Share Update Exclusive	Concurrent Vacuum 작업 후에는 페이지 내의 Dead 로우를 재사용 가능하도록 정리
Full Vacuum	Access Exclusive	· Full Vacuum 작업 시에 해당 테이블에 Lock 수행 · Concurrent Vacuum보다 오랜 수행 시간 소요 · 페이지 정리 뿐만 아니라 테이블 크기를 감소시키는 Shrink 작업도 진행

Full Vacuum의 경우에는 새로운 테이블 파일을 생성하고 데이터를 이동시키므로 파일 식별자인 relfilenode는 변경된다. 하지만 오브젝트 고유 식별자인 OID는 변경되지 않고 유지된다.

■ Shrink

Shrink는 공간 정리로 각 페이지에 최대한의 로우를 저장하여 테이블의 전체 페이지 수를 감소시키는 것이다. 앞에서는 공간 정리로 표현되어 있다.

7.1 Vacuum과 Lock

Vacuum 유형별로 Lock의 호환성에 대해 확인해 보자.

명령어	Lock 방식	Select 호환	Delete 호환	Update 호환	Insert 호환
Concurrent Vacuum	Share Update Exclusive	○	○	○	○
Full Vacuum	Access Exclusive	×	×	×	×

위 표의 호환은 아래와 같은 의미이다.

- Concurrent Vacuum – Select 및 DML(Delete, Update, Insert)과 Lock 호환이 가능하다. 이는 Select 또는 DML 수행 중에 Vacuum 명령어를 수행할 수 있고 Vacuum 수행 중에 Select 또는 DML이 수행 가능하다는 의미이다.
- Full Vacuum – Concurrent Vacuum과 달리 Select 및 DML(Delete, Update, Insert)과 Lock 호환이 안된다. Select 중인 테이블에 대해서 Vacuum Full 명령어를 수행하면 Lock을 대기하게 된다.

인덱스에 대한 별도의 Vacuum 명령어는 존재하지 않는다. Vacuum을 수행하면 테이블과 테이블에 포함된 인덱스에 대한 Vacuum 작업을 자동으로 수행한다.

7.2 Vacuum 예제

실제 예제를 통해서 테이블 크기의 변화를 확인해 보자.

1. 테스트 테이블 생성 및 크기 확인

```
testdb=# CREATE TABLE test(s varchar(10));   → 테이블 생성 후 필요 인덱스 생성
testdb=# INSERT INTO test SELECT generate_series(1,3000000);
```

```
testdb=# VACUUM test;
testdb=# SELECT pg_table_size('test')
                , pg_relation_size('test','main') as main
                , pg_relation_size('test','fsm') as fsm
                , pg_relation_size('test','vm') as vm
                , pg_relation_size('test','init') as init
                , pg_indexes_size('test') as indexes;
 pg_table_size |    main    |  fsm  |  vm  | init |  indexes
---------------+------------+-------+------+------+-----------
    108806144  |  108748800 | 49152 | 8192 |    0 | 116850688
```

2. 데이터 삭제 및 테이블 크기 확인
```
testdb=# DELETE FROM test ;
testdb=# SELECT pg_table_size('test')
                , pg_relation_size('test','main') as main
                , pg_relation_size('test','fsm') as fsm
                , pg_relation_size('test','vm') as vm
                , pg_relation_size('test','init') as init
                , pg_indexes_size('test') as indexes;
 pg_table_size |    main    |  fsm  |  vm  | init |  indexes
---------------+------------+-------+------+------+-----------
    108806144  |  108748800 | 49152 | 8192 |    0 | 116850688
```
→ 데이터를 삭제했음에도 테이블 크기는 기존과 동일한 것을 확인할 수 있다.

3. Vacuum 실행 및 테이블 크기 확인
```
testdb=# VACUUM test;
testdb=# SELECT pg_table_size('test')
                , pg_relation_size('test','main') as main
                , pg_relation_size('test','fsm') as fsm
                , pg_relation_size('test','vm') as vm
                , pg_relation_size('test','init') as init
                , pg_indexes_size('test') as indexes;
 pg_table_size | main |  fsm  | vm | init |  indexes
---------------+------+-------+----+------+-----------
        16384  |    0 | 16384 |  0 |    0 | 116850688
```

Vacuum을 실행함으로써 테이블의 크기가 감소한 것을 확인할 수 있다. 대부분의 경우 Vacuum을 수행하면 Dead 로우를 정리하고 해당 페이지를 재사용 가능하게 한다. 테이블 크기는 감소하지 않지만 데이터 파일의 끝쪽에 연속된 빈 페이지가 있을 경우나 데이터가 모두 삭제된 경우에는 테이블 크기에 반영되지 않는다. 그러므로 모든 데이터를 삭제한 위 예제에서는 실제 크기가 감소한 것을 확인할 수 있다. 데이터가 없음에도 불구하고 fsm 크기가 0이 아닌 것은 데이터는 삭제가 되었지만 fsm 파일이 완전히 정리되지 않았기 때문이다. 인덱스의 경우 데이터를 모두 삭제한 후 Vacuum을 실행하더라도 테이블과 달리 인덱스의 크기가 감소하지 않음을 확인할 수 있다.

■ Vacuum Full 실행 및 테이블과 인덱스 크기

```
testdb=# VACUUM FULL test;
testdb=# SELECT pg_table_size('test')
        , pg_relation_size('test','main') as main
        , pg_relation_size('test','fsm') as fsm
        , pg_relation_size('test','vm') as vm
        , pg_relation_size('test','init') as init
        , pg_indexes_size('test') as indexes;
 pg_table_size |  main  |  fsm  |  vm  |  init  |  indexes
---------------+--------+-------+------+--------+----------
       0       |   0    |   0   |  0   |   0    |   8192
```

Vacuum Full 명령어를 실행 후에는 fsm까지 정리되어 테이블 크기가 0이 된 것을 확인할 수 있다. 또한 인덱스 사이즈도 함께 감소한 것을 확인할 수 있다.

NOTE

pg_table_size는 main, fsm, vm, init를 모두 합한 relation_size와 toast_size의 합을 의미한다. 다음은 각 오브젝트 크기를 도식화한 표다.

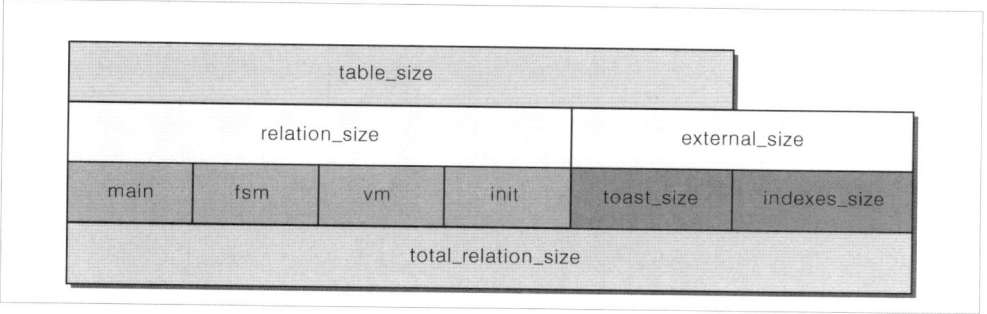

7.3 Vacuum 관련 파라미터

Vacuum 관련 파라미터를 확인해 보자.

파라미터 종류	내용
vacuum_cost_delay	Vacuum 작업이 vacuum_cost_limit에 도달할 경우 Sleep 시간을 지정하는 파라미터이다.(기본값 0ms(대기 없음))
vacuum_cost_limit	· Vacuum 프로세스를 Sleep시키는 Cost를 제한하는 파라미터이다. · Vacuum 작업마다 비용을 누적시켜 vacuum_cost_limit에 도달하면 Vacuum 프로세스를 vacuum_cost_delay에 지정된 값만큼 Sleep 시킨다.(기본값 200)

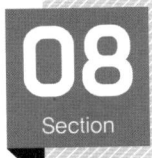
Autovacuum

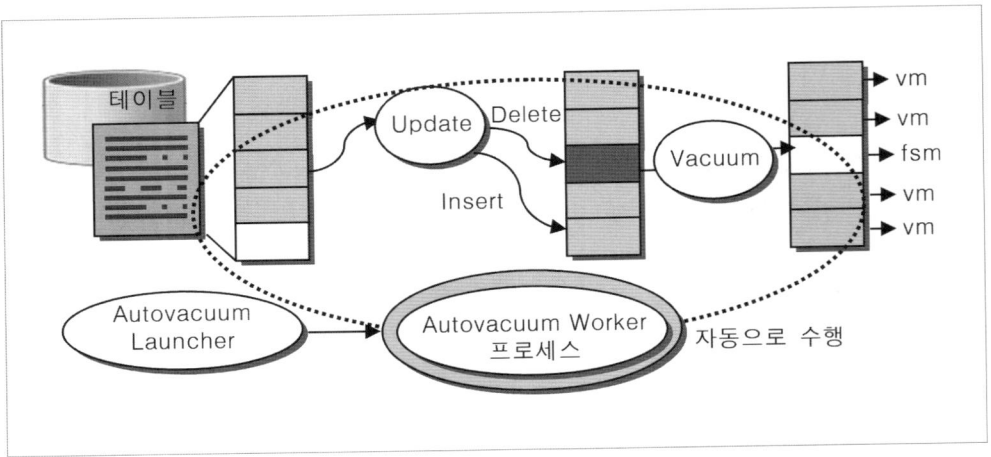

8.1 Autovacuum 특징

Autovacuum은 Autovacuum Worker 프로세스에 의해 주기적으로 수행되는 작업으로 아래와 같은 특징을 가진다.

- Autovacuum은 Vacuum을 자동으로 수행하는 기능이다.
- Autovacuum은 Vacuum의 종류 중에 Concurrent Vacuum이다.
- Autovacuum 설정은 postgresql.conf 파일의 autovacuum 파라미터로 정의 가능하다.
- autovacuum 파라미터를 off로 설정해도 트랜잭션 ID Wraparound 제거를 위한 autovacuum은 동작한다. 그 이유는 트랜잭션 ID Freeze 작업을 수행하지 못한다면 데이터베이스를 사용할 수 없을 정도의 심각한 문제가 발생하기 때문이다.

8.2 Autovacuum 관련 파라미터

Autovacuum 관련 파라미터를 확인해 보자.

파라미터	내용
autovacuum	Autovacuum 활성화 및 비활성화를 설정하는 파라미터이다. | 설정 값	내용 | |---|---| | on | Autovacuum 활성화 | | off | Autovacuum 비활성화 |
autovacuum_analyze_threshold	Analyze 수행 여부를 결정하는데 필요한 최소 Insert, Update, Delete된 로우(Row) 수를 설정한다.(기본값은 50 로우)
autovacuum_analyze_scale_factor	· 명시된 값 이상 로우가 변경될 경우 통계 정보를 수집하는 Analyze 명령어가 수행된다.(기본값은 0.1(테이블 크기 10%)) · 이 값은 전체 또는 테이블 별로 설정이 가능하다. · Analyze 실행 기준은 autovacuum_analyze_threshold+(autovacuum_analyze_scale_factor * 테이블의 로우 수)와 같다.
autovacuum_naptime	성공한 Autovacuum 작업의 다음 Autovacuum을 수행하기 위해 autovacuum_worker 프로세스가 기동하는 주기를 설정한다.(기본값은 60초 마다 기동)
autovacuum_vacuum_cost_limit	Autovacuum Worker 프로세스가 사용할 수 있는 CPU와 I/O 자원을 제어한다.(기본값은 -1이며 이는 vacuum_cost_limit 파라미터 값을 따름)
autovacuum_vacuum_cost_delay	· Autovacuum 작업의 I/O 부하를 조절하는 파라미터로 autovacuum_vacuum_cost_limit에 도달한 후 Autovacuum Worker 프로세스가 일시 Delay되는 시간(ms 단위)을 지정하는 파라미터이다. · Vacuum 작업이 활성화될 때 자원 사용의 균형 및 데이터베이스 성능에 주는 영향을 최소화하기 위해 사용된다. · I/O 작업 후 일정 시간 동안 Delay를 설정하여 다른 프로세스에 자원을 할당할 수 있도록 한다.(기본값은 2ms이지만 -1(vacuum_cost_delay 값 사용)에서 100ms까지 설정 가능)
autovacuum_vacuum_threshold	Vacuum 수행 여부를 결정하는데 필요한 최소 Dead 로우 수를 설정한다.(기본값 50 로우)
autovacuum_vacuum_scale_factor	· 테이블의 전체 로우 중 Update 또는 Delete가 발생한 로우의 비중을 설정하여 설정된 값이 초과되는 테이블은 Autovacuum이 수행된다.(기본값 0.1(테이블 크기 10%)) · Autovacuum 실행 기준은 autovacuum_vacuum_threshold + (autovacuum_vacuum_scale_factor * 테이블의 로우 수)와 같다.
autovacuum_max_workers	autovacuum_worker 프로세스의 개수를 지정한다.(기본값이 3이므로 3개 기동)

■ **autovacuum_vacuum_cost_limit vs autovacuum_vacuum_cost_delay**
디스크 성능이 좋지 않은 경우 autovacuum_vacuum_cost_limit을 감소시키고 autovacuum_vacuum_cost_delay 값을 증가시켜 Vacuum 작업에 의한 I/O 부하를 최소화할 수 있다.

■ **테이블 Level 값 설정**
데이터 증가량이 큰 일부 대용량 테이블에 대해서는 일정 로우 수 또는 임계 값에 따라 autovacuum이 동작할 수 있도록 다음과 같은 파라미터를 설정할 수 있다.

ALTER TABLE huge_table SET (autovacuum_vacuum_scale_factor = 0.0);
ALTER TABLE huge_table SET (autovacuum_vacuum_threshold = 100000);
ALTER TABLE huge_table SET (autovacuum_analyze_scale_factor = 0.0);
ALTER TABLE huge_table SET (autovacuum_analyze_threshold = 100000);

Autovacuum Launcher 프로세스는 주기적으로 여러 Autovacuum Worker 프로세스를 호출한다. 기본적으로 1분마다 3개의 Worker 프로세스에 의해 작업이 수행된다. Autovacuum Launcher 프로세스에 의해 호출된 Autovacuum Worker 프로세스는 데이터베이스 운영에 미치는 영향을 최소화하면서 각 테이블에 대해 Vacuum을 수행한다.

8.3 Autovacuum 수행 기준

Autovacuum은 다음 조건을 만족하면 동작한다.

- Dead 로우의 임계치 초과
- Insert의 임계치 초과
- 테이블 Age의 임계치 초과

첫 번째로 Dead 로우의 임계치 초과 시 동작을 확인해 보자. Dead 로우의 증가로 인해 테이블 및 인덱스의 크기가 증가하고 이로 인한 여유 공간 부족 현상 및 성능 감소를 방지하기 위해 Dead 로우가 일정 값 이상의 임계치에 도달하면 Autovacuum이 동작한다. Vacuum의 임계치는 다음과 같이 정의한다.

- vacuum threshold = vacuum base threshold + vacuum scale factor * number of tuples

vacuum base threshold, vacuum scale factor는 각각 autovacuum_vacuum_threshold, autovacuum_vacuum_scale_factor 파라미터에 의해 정의된다. 또한 number of tuples는 pg_class.reltuples 값을 의미한다.

두 번째로 Insert 임계치 초과는 PostgreSQL 13버전에서 도입되었다. 이전 버전까지는 Dead 로우가 존재하지 않는 Insert-Only 테이블에 대해서는 Autovacuum이 발생하지 않았다. 이로인해 다음과 같은 문제가 발생하였다.

- VM(Visibility Map) 갱신 불가로 인한 Index Only Scan에 대한 성능 이슈
- autovacuum_freeze_max_age 파라미터에 의해 강제로 Freeze가 수행되어 다량의 I/O 발생 및 ShareUpdateExclusiveLock 점유로 인한 DDL 등 다른 트랜잭션 차단

이러한 문제를 해결하기 위해 PostgreSQL 13버전에서는 Insert-Only 테이블에도 Autovacuum이 작동하도록 다음 파라미터가 추가됐다.

종류	내용
autovacuum_vacuum_insert_threshold	Dead 로우가 존재하는 페이지 이외에도 모든 페이지를 스캔하고 오래된 트랜잭션 ID를 Freeze한다.
autovacuum_vacuum_insert_scale_factor	테이블의 Age가 해당 값을 초과하면 강제로 트랜잭션 ID Wraparound 방지를 위한 Autovacuum을 수행한다. Autovacuum이 비활성화 되어 있어도 강제적으로 수행한다.

Insert에 대한 Vacuum의 임계치 값은 다음과 같다.

- vacuum_insert_threshold = autovacuum_vacuum_insert_threshold + autovacuum_vacuum_insert_scale_factor * number of tuples(pg_class.reltuples 값)

세 번째로 테이블 Age의 임계치 초과에 대해 확인해 보자. Autovacuum은 기본적으로 Dead 로우가 있는 페이지에 대해 Freeze 작업도 함께 진행한다. 하지만 오랜 시간 동안 데이터의 변동이 없어 Vacuum대상에서 제외된 페이지들에 대해서는 추가로 Autovacuum이 동작하여 트랜잭션 ID Wraparound 오류를 방지해야 한다. 이를 위해 vacuum_freeze_table_age, autovacuum_freeze_max_age 등의 파라미터를 지원한다.

종류	내용
vacuum_freeze_table_age	테이블의 Age가 해당 값을 초과하면 Eager 모드가 동작하며 모두 Freeze된 페이지, 즉 VM의 ALL_FROZEN Bit가 1인 페이지를 제외한 모든 페이지를 스캔하고 오래된 트랜잭션 ID를 Freeze한다.(기본값 150,000,000)
autovacuum_freeze_max_age	테이블의 Age가 해당 값을 초과하면 트랜잭션 ID Wraparound 방지를 위한 Autovacuum을 수행한다. Autovacuum이 비활성화되어 있어도 강제적으로 수행하며 Eager 모드로 동작한다.(기본값 200,000,000)

PART 05

PostgreSQL 주요 파일

PostgreSQL에는 서버의 기동, 종료, 보안, 자원 관리 등을 제어하기 위해
다양한 설정 파일이 존재하며 원활한 운영을 위해서는 중요 파일들에 대한 이해가 필요하다.
이번 단원에서는 PostgreSQL에서 사용하는
파일의 종류와 각각의 특징에 대해 자세히 확인해 보자.

Section 01. PostgreSQL 주요 파일의 종류

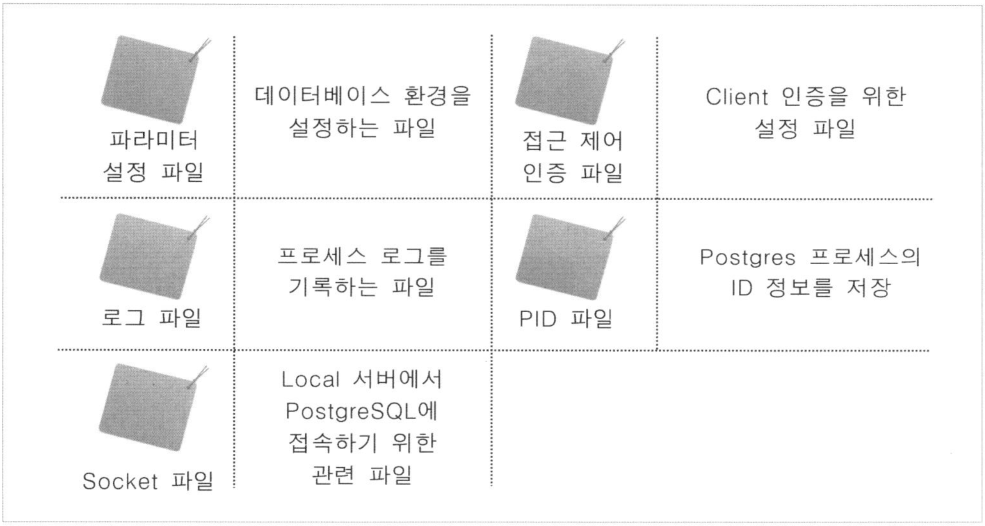

파라미터 설정 파일	데이터베이스 환경을 설정하는 파일	접근 제어 인증 파일	Client 인증을 위한 설정 파일
로그 파일	프로세스 로그를 기록하는 파일	PID 파일	Postgres 프로세스의 ID 정보를 저장
Socket 파일	Local 서버에서 PostgreSQL에 접속하기 위한 관련 파일		

위의 그림과 같이 PostgreSQL를 구성하고 있는 파일의 종류는 크게 5가지이다. 각각의 파일의 용도는 아래와 같다.

항목	내용
파라미터 설정 파일	· postgresql.conf 파일이 없으면 데이터베이스는 기동되지 않는다. 최소한 postgresql.conf 에 data_directory 파라미터가 지정되어 있어야 기동이 되며 이렇게 기동하면 모든 파라미터는 기본값으로 설정된다. · Shared 메모리 크기 및 데이터 파일 위치 등 데이터베이스 환경을 구성하기 위한 정보를 설정한다. · 파일명은 postgresql.conf이다.
접근 제어 인증 파일	· 데이터베이스에 접근하는 Client 인증 관리를 위한 파일이다. · 파일명은 pg_hba.conf이다.
로그 파일	· 시작/정지 작업 수행 시 관련 메시지를 기록한다. · Query 에러 발생 시 Query 정보 및 에러 메시지를 기록한다. · 에러가 발생하거나 성능 이슈가 있는 SQL문을 수집할 수 있다.

PID 파일	· 텍스트 파일 형태이다. · PostgreSQL이 시작되면 Postgres 프로세스 ID 정보를 저장한다. · 파일 유무에 따라 시작 상태인지 정지된 상태인지 확인이 가능하다. · 종료 시에 종료 시그널을 해당 ID로 보내기 위해서 저장해 놓은 파일이다.
Socket 파일	· Unix Domain Socket 파일이다. · 파일을 이용하여 Local 서버 내에 서버와 Client간 Socket 통신 목적으로 사용한다.

NOTE

■ **Unix Domain Socket**

서버 내 실행 중인 서로 다른 프로세스간의 데이터 통신을 위해서 사용하는 Socket 통신 방법이다. 일종의 IPC(Inter-Process Communication)와 유사하며 프로세스간의 통신을 기본 네트워크 프로토콜 통신 방식이 아닌 운영 체제 커널을 사용하여 통신한다.

서버 내에서 PostgreSQL과 Client 프로세스간의 데이터 통신도 TCP/IP를 이용하여 연결이 가능하지만 Unix Domain Socket 통신이 더 빠르기 때문에 PostgreSQL은 같은 서버 내에서의 Client 프로세스와의 통신은 Unix Domain Socket 을 사용한다.

02 파라미터 설정 파일의 개념 및 종류

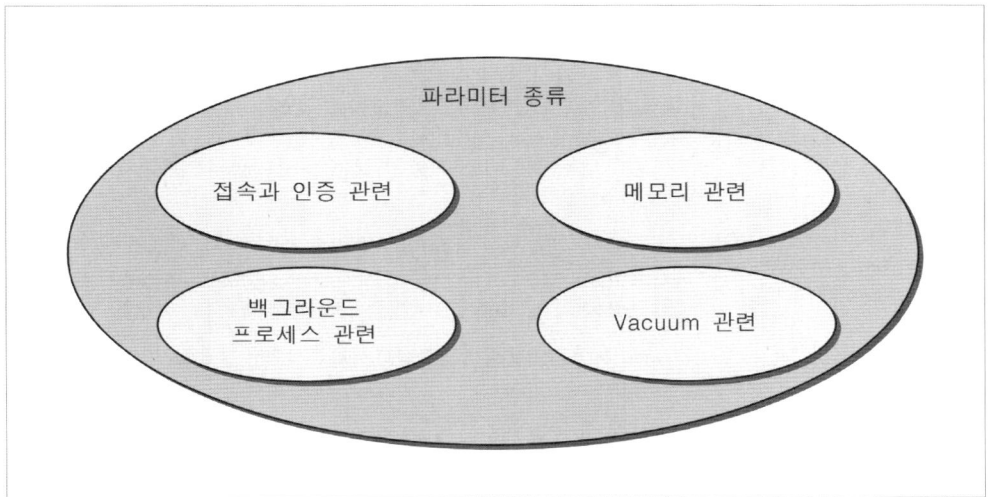

파라미터 설정 파일에서는 PostgreSQL 메모리에 할당되는 메모리 크기 설정, 데이터 파일의 물리적인 위치 설정 정보 등을 설정한다. 파라미터 설정 파일인 postgresql.conf 파일은 아래와 같다.

✓ **postgresql.conf** – 파라미터를 이용하여 데이터베이스 환경을 설정하는 파일

파라미터는 아래와 같은 종류가 존재한다.

- 접속과 인증 관련 파라미터
- 메모리 관련 파라미터 – 'PostgreSQL 메모리' 단원 참조
- 백그라운드 관련 파라미터 – 'PostgreSQL 프로세스' 단원 참조
- Vacuum 관련 파라미터 – 'VACUUM' 단원 참조

접속과 인증 관련 파라미터를 확인해 보자.

파라미터 종류	내 용
listen_addresses	· Client 연결을 허용할 Client의 IP 또는 호스트명을 설정한다. (기본값 localhost) · 모든 접속을 허용하려면 '*'로 설정한다. · IP를 1개 이상 설정하려면 ','를 연결자로 설정한다. · 예를 들어, 'localhost,192.168.1.10' 처럼 설정한다.
port	· 서비스 포트 번호를 설정한다.(기본값 5432) · 보안상 기본값이 아닌 다른 값으로 변경할 것을 권장한다.
max_connections	· 동시에 접속가능한 최대 Client수를 설정한다.(기본값 100) · Backend 프로세스는 세마포어와 Shared 메모리, 세션 메모리를 사용하기 때문에 OS 설정 시 같이 고려해야 한다. · 해당 값이 너무 크면 세마포어를 할당하지 못해 PostgreSQL 자체가 실행되지 않을 수도 있다.
superuser_reserved_connections	· Super 유저의 접속 허용 개수이며 기본값은 주석 처리되어 있다. · 예를 들어, 해당 값이 3이고 max_connections 설정이 100이면 동시 최대 접속 수는 97이며 3은 Super 유저가 접속하기 위한 예비 Connection 수이다.
authentication_timeout	· Client와 서버 간의 인증이 완료될 때까지 허용되는 최대 시간이다. (기본값 1min)
password_encryption	· 사용자 비밀번호를 저장할 때 사용할 암호화 방식을 결정한다. · md5, scram-sha-256의 두 가지 방식을 선택할 수 있으며 10 버전 이후 scram-sha-256을 권장한다.

파라미터 적용 레벨 및 우선 순위

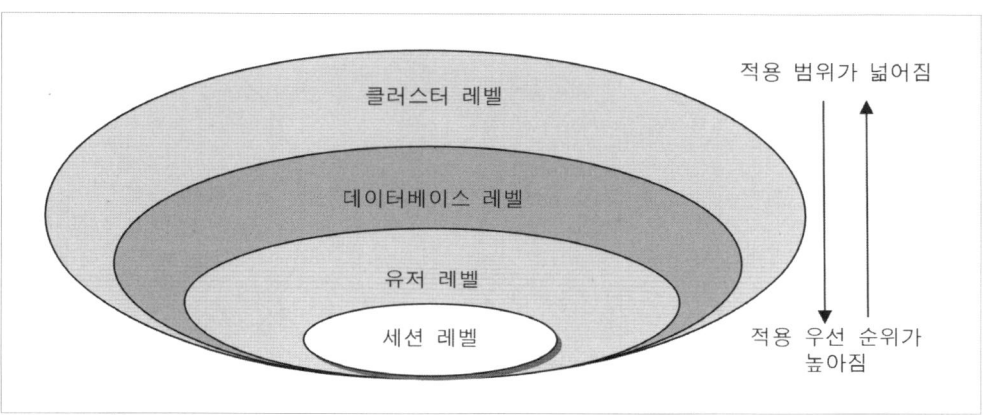

3.1 파라미터 적용 레벨

PostgreSQL의 파라미터는 성격에 따라 아래와 같은 레벨로 설정이 가능하다. 각각의 파라미터의 적용 범위 및 우선 순위는 아래와 같다.

파라미터 레벨 종류	범 위	우선 순위
클러스터 레벨	전체 PostgreSQL에 적용	가장 낮음
데이터베이스 레벨	접속한 데이터베이스에 적용	3번째로 높음
유저 레벨	접속한 유저에 적용	2번째로 높음
세션 레벨	수행하는 세션에 적용	가장 높음

동일 파라미터가 각 레벨에 설정되어 있다면 세션 > 유저 > 데이터베이스 > 클러스터 순으로 설정이 적용된다. 예를 들면, work_mem 파라미터가 클러스터 레벨로 4MB라면 전체적으로 4MB가 적용되지만 특정 세션에서 8MB로 세션 레벨에서 변경하면 세션 레벨이 적용 우선 순위가 높기 때문에 해당 세션에서는 8MB로 적용된다.

파라미터 변경 및 확인 방법

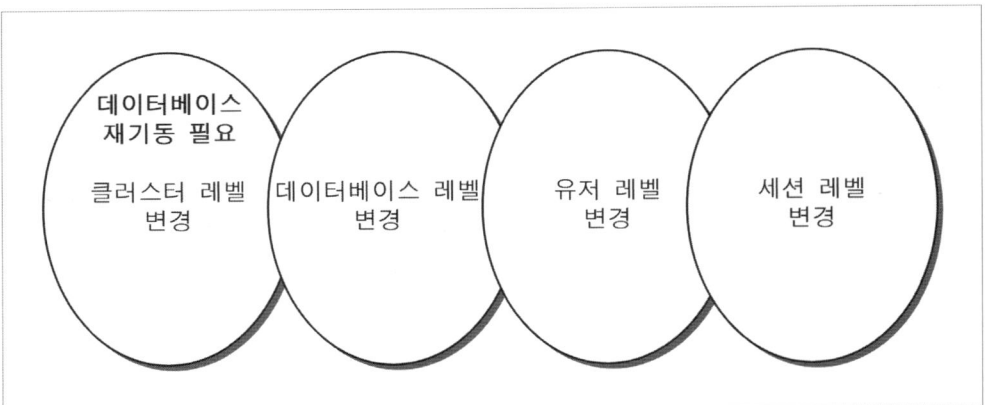

4.1 파라미터 설정 시 주의 사항 및 확인 방법

파라미터 설정은 아래와 같은 방식으로 수행한다.

- 파라미터 설정은 "파라미터 = 값" 형태로 설정한다.
- 파라미터 값은 파라미터 특성에 따라 Boolean(true 또는 false), 숫자, 문자열, 열거형 형식으로 설정한다.
- 클러스터 레벨은 postgresql.conf 파일을 이용하여 파라미터를 적용 혹은 변경한다.
- 파라미터 특성에 따라서 재기동(stop/start) 혹은 pg_relaod_conf( ) 함수를 통해 재적용(Reload)해야 한다.

현재 파라미터 설정 확인은 psql에서의 SHOW 명령어와 pg_settings 동적 뷰로 확인이 가능하다.

4.2 파라미터 레벨 별 변경의 차이

위의 그림에서 파라미터 변경은 4가지 방법이 존재하며 아래와 같은 차이가 발생한다.

구 분	적용 시점	적용 우선 순위	명령어	구분 방법
클러스터 레벨 변경	DB 재기동 또는 pg_reload_conf( )	4 (가장 낮음)	postgresql.conf 파일 변경/ ALTER SYSTEM	pg_settings 동적 뷰의 context 컬럼 값으로 구분
데이터베이스 레벨 변경	대상 데이터베이스에 연결된 신규 세션부터 적용	3	ALTER DATABASE	
유저 레벨 변경	해당 유저가 신규로 연결한 세션부터 적용	2	ALTER USER	
세션 레벨 변경	즉시 적용되며 세션이 종료되면 롤백	1 (가장 높음)	SET	

위의 표에서 클러스터 레벨 변경만이 데이터베이스 재기동 또는 재적용이 필요하다. 또한, 세션 레벨 변경이 우선순위가 가장 높기 때문에 세션 레벨로 환경 변수를 설정하면 클러스터, 데이터베이스, 유저 레벨의 파라미터 값을 무시한다.

4.3 클러스터 레벨 파라미터 설정

클러스터 레벨로 work_mem 파라미터 변경에 대해 아래에서 확인해 보자.

1. 현재 설정 확인
```
postgres=# SELECT name, setting, short_desc
          FROM pg_settings
          WHERE name = 'work_mem';
  Name  | setting | short_desc
--------+---------+------------------------------------------------------------
work_mem|  4096   | Sets the maximum memory to be used for query workspaces.
```
→ 현재 설정은 4MB로 확인된다.

2. postgresql.conf 파일 변경
```
test-db:[/var/lib/pgsql] vi /var/lib/pgsql/12/data/postgresql.conf
# - Memory -
#work_mem = 4MB # min 64kB
work_mem = 8MB
:wq!
```

3. 데이터베이스 Shutdown
```
test-db:[/usr/pgsql-12] pg_ctl -mf stop
waiting for server to shut down.... done
server stopped
```

4. 데이터베이스 Startup → 파라미터 적용 완료
```
test-db:[/var/lib/pgsql] pg_ctl start -D $PGDATA
……… 생략 ………
Done
server started
```

5. 변경 내역 확인
```
postgres=# SELECT name, setting, unit
            FROM pg_settings
            WHERE name = 'work_mem';
  Name    | setting | unit
----------+---------+------
 work_mem |  8192   | kB
```
→ setting 컬럼 값은 8192이고 Unit은 KB이므로 8192KB(8MB)로 변경된 것이 확인된다.

NOTE

■ **ALTER SYSTEM으로 파라미터 변경**

ALTER SYSTEM으로 변경 시에는 클러스터 레벨의 파라미터 변경이다. 변경한 파라미터의 내용을 postgresql.auto.conf 파일에 기록된다. 다음 재기동 시 PostgreSQL은 postgresql.conf 파일과 postgresql.auto.conf 파일을 엑세스하여 파라미터를 설정하며 우선 순위는 postgresql.auto.conf 파일이 높다.

이렇듯 ALTER SYSTEM으로 변경 시 postgresql.conf 파일과 postgresql.auto.conf 파일을 모두 관리해야 하므로 해당 명령어로 파라미터를 변경하는 경우는 거의 없다.

■ **pg_reload_conf( ) 함수**

pg_reload_conf( ) 함수는 postgresql.conf 파일(DB 설정 파일)을 다시 로드하는 함수이다. 이 함수는 SIGHUP 신호를 PostgreSQL에 전송해 설정 파일을 재적용하도록 한다.

pg_setting 동적 뷰에서 context 컬럼의 값에 따라 해당 함수 사용 가능 여부가 구분된다. context 컬럼의 값이 'sighup'인 파라미터는 데이터베이스 재기동이 필요 없이 pg_reload_conf( ) 함수를 통해 postgresql.conf 파일(데이터베이스 설정 파일)을 다시 로드할 수 있다. pg_setting 동적 뷰는 '데이터베이스 정보 확인 및 모니터링' 단원에서 자세히 언급하겠다.

4.4 데이터베이스 레벨 파라미터 설정

데이터베이스 레벨로 work_mem 파라미터 변경에 대해 아래에서 확인해 보자.

1. 현재 환경 변수 확인

```
postgres=# SELECT name, setting, short_desc
           FROM pg_settings
           WHERE name = 'work_mem';
  Name    | setting | short_desc
----------+---------+---------------------------------------------------
 work_mem |  4096   | Sets the maximum memory to be used for query workspaces.
```
→ 4MB로 확인된다.

```
postgres=# \c dvdrental
You are now connected to database "dvdrental" as user "postgres".

dvdrental=# SELECT name, setting, short_desc
            FROM pg_settings
            WHERE name = 'work_mem';
  Name    | setting | short_desc
----------+---------+---------------------------------------------------
 work_mem |  4096   | Sets the maximum memory to be used for query workspaces.
```

2. 파라미터 변경

```
postgres=# ALTER DATABASE dvdrental SET work_mem = 8192 ;
ALTER DATABASE
```

3. dvdrental 데이터베이스에서 8MB로 변경된 파라미터 확인

```
postgres=# SELECT name, setting, short_desc
           FROM pg_settings
           WHERE name = 'work_mem';
  Name    | setting | short_desc
----------+---------+---------------------------------------------------
 work_mem |  4096   | Sets the maximum memory to be used for query workspaces.

postgres=# \c dvdrental
You are now connected to database "dvdrental" as user "postgres".

dvdrental=# SELECT name, setting, short_desc
            FROM pg_settings
            WHERE name = 'work_mem';
  Name    | setting | short_desc
----------+---------+---------------------------------------------------
 work_mem |  8192   | Sets the maximum memory to be used for query workspaces.
```
→ 8MB(8192KB)로 변경된 것을 확인할 수 있다.

4.5 유저 레벨 파라미터 설정

유저 레벨로 work_mem 파라미터 변경에 대해 아래에서 확인해 보자.

1. 유저 생성

```
postgres=# CREATE USER axiom PASSWORD 'new123!@#';
```

2. 현재 파라미터 확인(4MB)

```
postgres=# SELECT name, setting, short_desc
           FROM pg_settings
           WHERE name = 'work_mem';
  Name    | setting | short_desc
----------+---------+--------------------------------------------------
 work_mem | 4096    | Sets the maximum memory to be used for query workspaces.
```

3. 파라미터 변경(8MB로 변경)

```
postgres=# ALTER USER axiom SET work_mem=8192;
```

4. 신규 세션 접속 및 8MB로 변경된 파라미터 확인

```
postgres=# \c postgres axiom
You are now connected to database "postgres" as user "axiom".

postgres=# SELECT name, setting, short_desc
           FROM pg_settings
           WHERE name = 'work_mem';
  Name    | setting | short_desc
----------+---------+--------------------------------------------------
 work_mem | 8192    | Sets the maximum memory to be used for query workspaces.
```

4.6 세션 레벨 파라미터 설정

세션 레벨로 work_mem 파라미터 변경을 확인해 보자.

1. 현재 파라미터 확인(4MB 확인)

```
postgres=# SELECT name, setting, short_desc
           FROM pg_settings
           WHERE name = 'work_mem';
  Name    | setting | short_desc
----------+---------+--------------------------------------------------
 work_mem | 4096    | Sets the maximum memory to be used for query workspaces.
```

2. 현재 세션 환경 변수 변경 및 확인(4MB에서 8MB로 변경)

```
postgres=# SET work_mem=8192;
SET
postgres=# SELECT name, setting, short_desc
           FROM pg_settings
           WHERE name = 'work_mem';
  Name    | setting | short_desc
----------+---------+---------------------------------------------------
 work_mem | 8192    | Sets the maximum memory to be used for query workspaces.
```

3. 신규 세션 접속 및 확인

```
postgres=# \c postgres axiom
You are now connected to database "postgres" as user "axiom".

postgres=# SELECT name, setting, short_desc
           FROM pg_settings
           WHERE name = 'work_mem';
  Name    | setting | short_desc
----------+---------+---------------------------------------------------
 work_mem | 4096    | Sets the maximum memory to be used for query workspaces.
```

→ 신규 세션에서는 기존 값인 4MB로 확인된다.

■ 세션에서 파라미터를 기본값으로 재설정하는 방법

```
postgres=# SET work_mem=512;
SET

postgres=# SELECT name, setting, boot_val, reset_val, source
           FROM pg_catalog.pg_settings
           WHERE name = 'work_mem';
   name    | setting | boot_val | reset_val | source
-----------+---------+----------+-----------+---------
 work_mem  | 512     | 4096     | 8192      | session

postgres=# RESET work_mem;
RESET

postgres=# SELECT name, setting, boot_val, reset_val, source
           FROM pg_catalog.pg_settings
           WHERE name = 'work_mem';
   name    | setting | boot_val | reset_val |       source
-----------+---------+----------+-----------+--------------------
 work_mem  | 8196    | 4096     | 8192      | configuration file
```

→ 512KB로 변경한 파라미터 값을 원래 값인 8192KB로 재설정(Reset)된다.

4.7 파라미터 분류

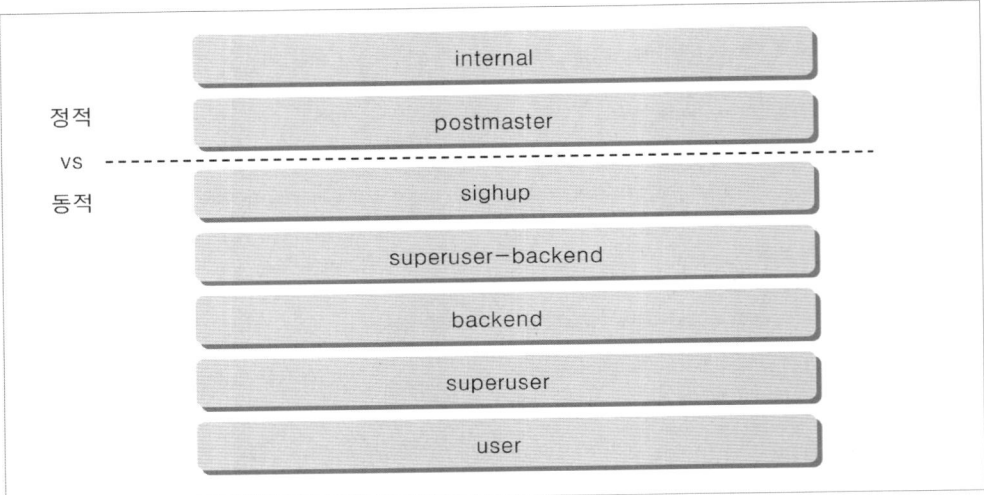

모든 파라미터는 위의 7개 중 하나의 분류에 포함된다. 이러한 분류는 pg_settings 동적 뷰의 context 컬럼의 값을 확인하면 된다. 각 항목에 대한 설명은 아래와 같다.

context 컬럼 값	내용
internal	· PostgreSQL이 설치된 이후에는 변경이 불가능하다. · initdb 시에 옵션을 사용하거나 PostgreSQL을 소스 코드로 직접 컴파일해서 설치할 때 변경할 수 있다. · 예로 block_size 파라미터 등이 여기에 해당한다.
postmaster	· 데이터베이스가 시작될 때 적용되며 변경한 값을 적용하기 위해서는 postgresql.conf 변경 및 데이터베이스 재기동이 필요하다. · 예로 shared_buffers, max_connections 파라미터가 여기에 해당한다.
sighup	· 데이터베이스 재기동 없이 postgres 프로세스에 SIGHUP 신호를 보내고 해당 신호를 받은 postgres 프로세스는 postgresql.conf 파일을 다시 읽고 변경 사항을 적용한다. · pg_ctl reload 또는 SELECT pg_reload_conf()를 수행하면 된다. · 예로 log_destination, wal_max_size, wal_min_size 파라미터들이 여기에 해당한다.
superuser-backend	· 데이터베이스 재기동 없이 postgres 프로세스에 SIGHUP 신호를 보내고 해당 신호를 받은 postgres 프로세스는 postgresql.conf 파일을 다시 읽어서 변경 사항을 적용한다. · 변경하기 위해서 superuser 권한이 필요하다. · 새로 시작되는 세션에만 적용된다. · pg_ctl reload 또는 SELECT pg_reload_conf()를 수행하면 된다. · 예로 log_connections 파라미터가 여기에 해당한다.

backend	· 데이터베이스 재기동 없이 postgres 프로세스에 SIGHUP 신호를 보내고 해당 신호를 받은 postgres 프로세스는 postgresql.conf 파일을 다시 읽어서 변경 사항을 적용한다. · 새로 시작되는 세션에만 적용된다. · pg_ctl reload 또는 SELECT pg_reload_conf( )를 수행하면 된다.
superuser	· superuser 권한이 있는 유저가 SET 명령을 통해 세션에서 설정하거나 postgresql.conf 파일을 변경해서 설정할수 있다. · postgresql.conf의 변경 사항은 현재 세션의 파라미터를 SET 명령으로 변경하지 않은 경우에만 적용된다. · 예로 log_min_duration_statement 파라미터가 여기에 해당한다.
user	· 모든 유저가 SET 명령을 통해 세션에서 설정하거나 postgresql.conf 파일을 변경해서 설정할수 있다. · postgresql.conf의 변경 사항은 현재 세션의 파라미터를 SET 명령으로 변경하지 않은 경우에만 적용된다. · 예로 statement_timeout, max_parallel_workers 파라미터가 여기에 해당한다.

pg_settings 동적 뷰의 context 컬럼은 각 설정 파라미터가 변경될 수 있는 범위와 권한을 나타낸다.

```
postgres =# SELECT name, setting, context
            FROM pg_settings
            WHERE name = 'work_mem' ;
  name    | setting | context
----------+---------+---------
 work_mem |  4096   | user
```

→ work_men 파라미터는 파라미터 분류가 user이므로 SET 명령으로 세션에서 설정할 수 있는 파라미터를 의미한다.

postgresql.conf 파일의 작성 방법

```
postgresql.conf
# ------------------------------
#
# This file consists of lines of the form:
#
#     name = value
#
# (The "=" is optional.)  Whitespace may be used.  Comments are introduced with
# "#" anywhere on a line.  The complete list of parameter names and allowed
# values can be found in the PostgreSQL documentation.
......
#
# Memory units:   kB = kilobytes      Time units:   ms  = milliseconds
#                 MB = megabytes                    s   = seconds
#                 GB = gigabytes                    min = minutes
#                 TB = terabytes                    h   = hours
... 이하 생략 ...
```

postgresql.conf 파일은 텍스트 파일로 되어 있어 내용을 확인하거나 편집하려면 텍스트 편집기에서 파일을 열면된다.

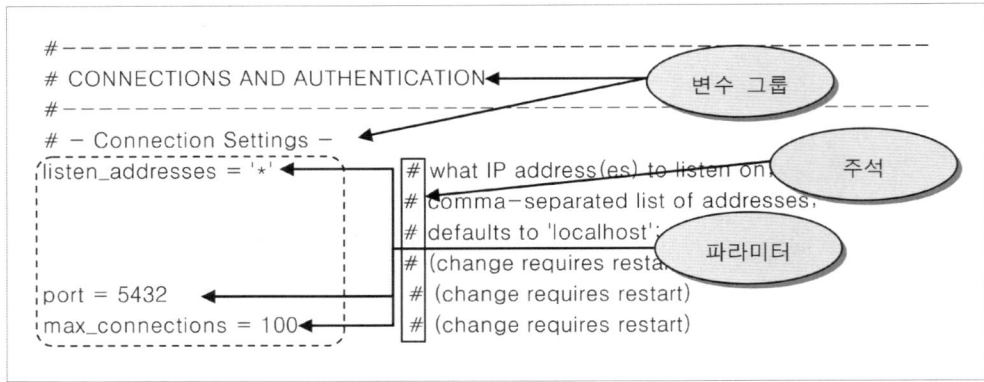

파라미터 파일의 사용 방법은 아래와 같다.

- 각 파라미터 항목은 "파라미터 이름 = 설정 값" 형식으로 설정한다.
- 각 설정은 한 줄에 하나씩 작성한다.
- 빈 줄과 '#'(주석 문자) 뒤는 무시된다.
- 파일 내에서 파라미터 설정이 중복될 경우 아래쪽에 있는 설정이 위쪽 설정을 덮어쓴다.
- (change requires restart) 라고 작성되어 있는 파라미터는 재시작해야 적용된다.

예제에서 listen_addresses 파라미터는 PostgreSQL에 대한 Client의 연결을 허용할 호스트와 IP 주소를 설정한다. 현재 설정은 '*'로 설정되어 있으며 모든 Client의 연결을 허용한다는 것을 뜻한다.

'#' 다음에 작성된 문장은 주석으로 처리된다. 설정한 파라미터에 대한 설명을 작성하거나 파라미터를 설정 또는 해제할 경우에 사용한다. 예를 들어, 다음의 shared_buffers 파라미터를 확인해 보자.

```
#------------------------------------------------------------
# RESOURCE USAGE (except WAL)
#------------------------------------------------------------

# - Memory -
# shared_buffers = 64MB            # on, off, or try
                                   # (change requires restart)
shared_buffers = 128MB             # min 128kB
                                   # (change requires restart)
```

shared_buffers 파라미터에 대한 설명이 2개 있으며 첫 번째는 앞에 '#'이 있기 때문에 해당 파라미터는 주석 처리가 되고 적용되지 않는다. 두 번째 shared_buffers 앞에는 '#'이 없으므로 해당 값이 적용된다. 파라미터 설정시 동일 파라미터에 대해서 '#'이 붙은 문장을 그대로 두고 새로 기술해도 상관없다.

접근 제어 인증 파일

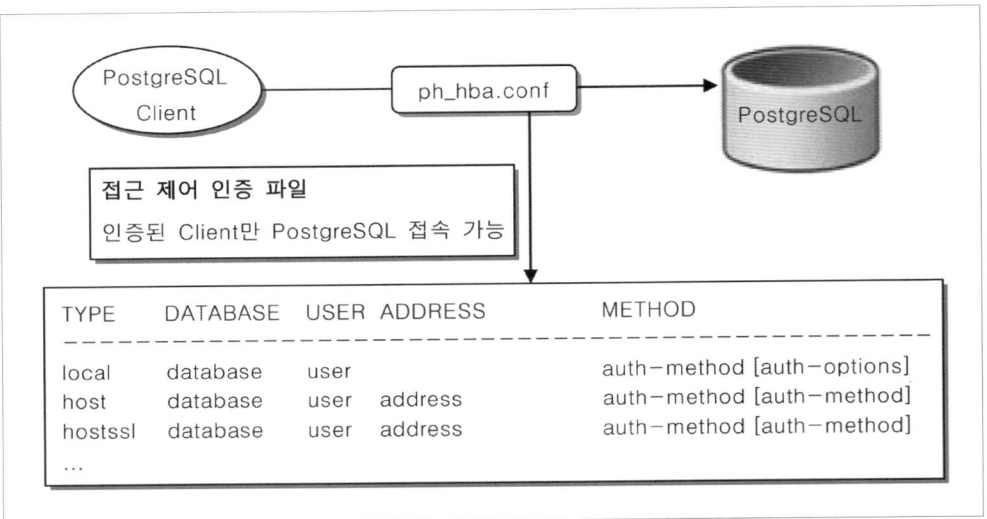

6.1 접근 제어 인증 파일 개념

Client 인증을 위한 설정 파일로 PostgreSQL은 pg_hba.conf 파일을 이용한다.

- 접근 제어 인증 파일(pg_hba.conf 파일) - 해당 파일은 기본적으로 데이터베이스 클러스터의 데이터 디렉토리에 저장되는 설정 파일로 Host-Based-Authentication의 약자이며 host 기반의 인증 방식이다.
- pg_hba.conf 파일은 PostgreSQL 기동 또는 postgres 프로세스에 SIGHUP 시그널을 보내는 시점에 로드된다. SIGHUP 시그널은 pg_ctl 명령에 reload 옵션을 설정하여 보낼 수 있다.

pg_hba.conf 파일은 기본적으로 데이터베이스 클러스터의 데이터 디렉토리에 저장되지만 postgresql.conf 내의 hba_file 파라미터를 지정하여 위치를 변경할수 있다.

해당 파일의 형식은 아래와 같다.

- 한 줄당 하나씩 있는 레코드 세트이다.
- 빈 줄과 '#' 주석 문자 뒤는 무시된다.
- 레코드는 여러 개의 필드로 구성되어 있으며 공백 또는 슬래시(/), 콤마(,), 탭 문자으로 구분된다.
- 필드 값에 큰 따옴표를 사용하며 필드에 공백을 포함할 수 있다.

아래는 pg_hba.conf 파일의 설정 예제이다.

```
# TYPE   DATABASE    USER        ADDRESS           METHOD
local    all         all                           trust
host     all         postgres    localhost         trust
host     all         all         0.0.0.0/0         scram-sha-256
host     test        admin       192.168.0.100/0   scram-sha-256
```

pg_hba.conf는 1개의 로우에 1개의 인증 규칙을 작성할 수 있다. 각 로우는 접속 방법(TYPE), 접속 데이터베이스(DATABASE), 접속 유저(USER), 접속 주소(ADDRESS), 인증 방법(METHOD)으로 구성되어 있다.

6.2 접속 방법(TYPE)

pg_hba.conf 파일에 지정할 수 있는 접속 방법은 local, host, hostssl, hostnossl, hostgssenc, hostnogssenc 6종류이다. 이 설정은 listen_addresses 파라미터 값에 의존한다.

항목	내용
local	· Unix 도메인 소켓을 이용한 접속에 대응한다. · listen_addresses 값이 공백 문자일 경우 지정한다.
host	· TCP/IP를 이용한 접속에 대응한다. · listen_addresses 값이 localhost일 경우 외부에서 접속할 수 없다.
hostssl	SSL을 사용한 접속에 대응한다.
hostnossl	SSL을 사용하지 않은 접속에 대응한다.
hostgssenc	GSSAPI 암호화를 사용한 접속에 대응한다.
hostnogssenc	GSSAPI 암호화를 사용하지 않은 접속에 대응한다.

hostssl, hostgssenc를 사용하기 위해서는 아래 2가지를 구성해야 한다.

- PostgreSQL이 설치된 서버와 클라이언트 양쪽에 OpenSSL이 설치되어 있어야 한다.
- SSL 지원, GSSAPI 지원이 포함된 상태로 PostgreSQL 서버를 빌드해야 한다.

NOTE

- postgresql.conf의 listen_addresses 파라미터의 설정 값과 접속 방식(Type)의 관계

listen_addresses 설정값	접속 허가 대상	접속 방식(Type)
localhost (기본값)	로컬 루프백 접속	host
공백	Unix 도메인 소켓을 통한 접속	local
호스트명 또는 IP주소	지정한 호스트명 또는 IP주소로부터의 IP접속	host/hostssl/hostnossl /hostgssenc/hostnogssenc
*	모든 IP접속	host/hostssl/hostnossl /hostgssenc/hostnogssenc
0.0.0.0	모든 IPv4 주소로부터의 IP접속	host/hostssl/hostnossl /hostgssenc/hostnogssenc
::	모든 IPv6 주소로부터의 IP접속	host/hostssl/hostnossl /hostgssenc/hostnogssenc

6.3 접속 데이터베이스(DATABASE)

연결할 데이터베이스명을 작성한다. 여러 데이터베이스를 지정할 경우 콤마(,)로 구분한다. 또한 데이터베이스 이름 외에도 all, sameuser, samerole, replication을 지정할 수 있다.

항목	내용
all	· 모든 데이터베이스에 대한 연결을 의미한다. · 사용자가 접근하는 데이터베이스를 제한하지 않는 경우에 사용한다.
sameuser	지정된 유저명과 같은 데이터베이스에 대한 연결을 의미한다.
samerole	Role 멤버명과 같은 데이터베이스에 대한 연결을 의미한다.
replication	replication 접속을 의미한다.
@(특수문자)가 앞에 있는 경우	· 데이터베이스명을 포함하는 파일을 의미한다. · 파일명은 pg_hba.conf가 저장되어 있는 디렉토리로 부터의 상대 경로 또는 절대 경로로 작성한다.

6.4 접속 유저(USER)

접속에 사용할 데이터베이스 유저명을 작성한다. all은 모든 데이터베이스 유저를 의미한다. 그 외의 경우에는 앞에 + 유무에 따라 달라진다. + 기호는 유저명이 아닌 Role을 지정한다는 의미이다.

항목	내용
all	모든 데이터베이스 유저를 의미한다.
'+' 기호가 있는 경우	특정 Role의 속한 멤버만 허용할 때 사용한다.
'+' 기호가 없는 경우	특정 사용자만 허용할 때 사용한다.

6.5 접속 주소(ADDRESS)

PostgreSQL에 접속하는 Client의 주소를 작성한다. 접속 주소를 작성할 때 호스트명과 IP 주소(IPv4, IPv6)를 사용하거나 그 밖에 all, samehost, samenet으로 표현할 수도 있다.

항목	내용
all	모든 IP주소와 일치함을 의미한다.
samehost	서버의 IP주소와 일치함을 의미한다.
samenet	서버의 네트워크와 동일한 서브넷의 IP주소를 의미한다.

아래의 예제를 확인해 보자.

■ 모든 IP로 모든 유저와 데이터베이스로 접속 허용

```
# TYPE   DATABASE   USER   ADDRESS      METHOD
host     all        all    0.0.0.0/0    scram-sha-256
```

■ Local 시스템 접속에 대해 모든 유저와 데이터베이스로 Unix 도메인 소켓 사용을 통해 접속 허용

```
# TYPE   DATABASE   USER   ADDRESS      METHOD
local    all        all                 trust
```

■ 192.168.93.x 범위의 TCP/IP 접속에 대해 postgres 데이터베이스에 연결 허용

```
# TYPE   DATABASE   USER   ADDRESS           METHOD
host     postgres   all    192.168.93.0/24   ident
```

--> ident 인증을 사용하여 Client의 운영 체제 유저명을 데이터베이스 유저명과 일치시킨다.

6.6 인증 방식(METHOD)

Client가 접속할 때의 인증 방식을 설정한다. PostgreSQL에서는 다음과 같은 인증 방식을 지원한다.

항목	설명
trust	접속을 무조건 허용
reject	접속을 무조건 거부
md5	md5 암호화 패스워드 인증
password	평문 패스워드 인증
scram-sha-256	· scram-sha-256 암호화로 패스워드 인증 · PostgreSQL 10 이상에서 사용 가능
gss	· GSSAPI 인증 · 리눅스 환경의 TCP/IP 연결에서만 사용 가능
sspi	· SSPI 인증 · Windows 환경에서 사용 가능
ident	· Client의 OS 유저명을 pg_ident.conf 파일을 참고하여 확인해서 인증 · TCP/IP 연결에서만 사용 가능
peer	· Client의 OS 유저명을 PostgreSQL 유저명과 비교하여 인증 · Local 환경에서만 사용 가능
ldap	패스워드 인증을 위해 LDAP 서버를 사용
radius	패스워드 인증을 위해 RADIUS 서버를 사용
cert	SSL Client 증명서를 사용한 인증
pam	패스워드 인증을 위해 PAM 사용
bsd	· OS에서 제공하는 BSD 인증 서비스 사용 · PostgreSQL 9.6 이상에서 사용 가능

■ **pg_hba_file_rules 동적 뷰**

PostgreSQL 10버전부터 pg_hba.conf 파일의 내용을 조회할수 있는 pg_hba_file_rules 동적 뷰가 추가되었다.(superuser만 조회 가능) 해당 동적 뷰에서 잘못 설정된 내용에 대해 error 컬럼에서 확인할 수 있어 반영하기 전에 검토가 가능하다.

```
postgres=# SELECT type, database, user_name, address, error
            FROM pg_hba_file_rules ;
 type  |    database     | user_name |  address  | error
-------+-----------------+-----------+-----------+-------
 local | {all}           | {all}     |           |
 host  | {all}           | {all}     | 127.0.0.1 |
```

```
host  | {all}         | {all} | 0.0.0.0   |
host  | {all}         | {all} | ::1       |
local | {replication} | {all} |           |
host  | {replication} | {all} | 127.0.0.1 |
host  | {replication} | {all} | ::1       |
```

NOTE

■ 유저 전환 시 에러 발생

postgres=# \c postgres axiom
FATAL: Peer authentication failed for user "axiom"
Previous connection kept

생성된 유저로 접속을 시도하면 위와 같은 에러가 발생할 수 있다. 위와 같은 에러가 발생하는 이유는 Client 접속 인증 방식때문이다. pg_hba.conf 파일을 확인한 후 인증 방식 변경을 확인해 보자.

test-db:[/var/lib/pgsql] vi /var/lib/pgsql/16/data/pg_hba.conf
TYPE DATABASE USER ADDRESS METHOD
"local" is for Unix domain socket connections only
local all all trust
:wq!

→ TYPE => local, DATABASE => all, USER => all, ADDRESS => 미지정, METHOD => trust로 UNIX DOMAIN SOCKET(Type => local) 연결을 사용해 모든 데이터베이스(DATABASE => all)에 모든 USER (USER => all)를 모든 IP(ADDRESS 값 미지정으로 기본값)에 대해 패스워드 없이 접근(trust)을 허용한다는 의미이다.

Socket 파일의 개념

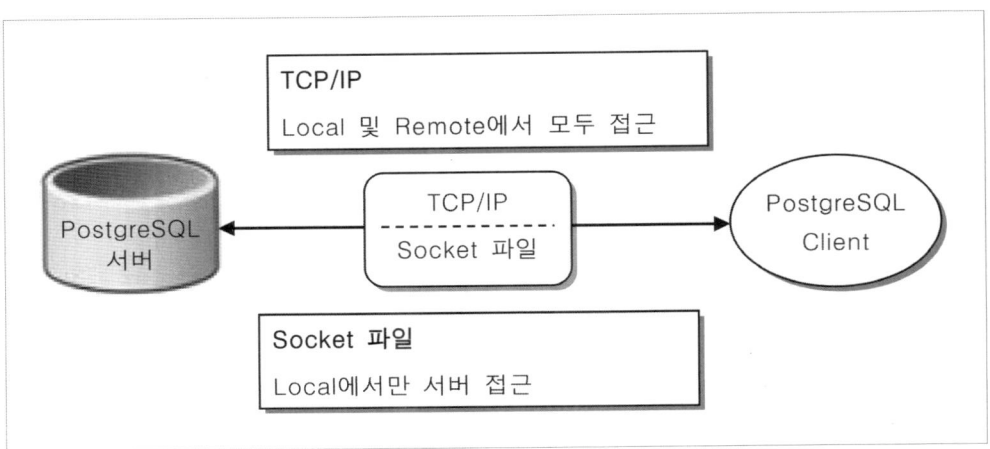

7.1 Socket 파일의 개념

위의 그림을 확인해 보면 PostgreSQL과 Client 간의 통신 방법은 크게 2가지가 있다.

구분	내용
TCP/IP	· Local 및 Remote에서 PostgreSQL로 접근이 모두 가능한 방식
Socket 파일	· Local 서버에서만 PostgreSQL로 접근이 가능한 방식 · Socket 파일명은 기본적으로 .s.PGSQL.<포트번호> 이름 사용 · 데이터베이스 시작 시 0 Byte 파일이 자동적으로 데이터 파일이 위치한 경로에 생성 · 파일 타입 또한 Sock 파일로 분류

이와 같은 Socket 파일은 UNIX 도메인 Socket 생성 시 프로세스의 결과 파일로 운영 체제가 생성하는 특수 파일이다.

- 파일의 권한 확인 시 "srwxrwxrwx" 권한을 가짐
- 권한이 7770이지만 보안 노출과 상관없으며 일반 파일 타입이 아니기 때문에 직접 사용 불가

파일 자체에 대한 직접적인 권한 부여는 없지만 해당 권한은 유저와 PostgreSQL 사이의 Socket 통신을 수행할 수 있도록 하는 권한이 포함되어 있다.

NOTE

서버 내에서 PostgreSQL 콘솔로 접근하기 위해서 사용되는 psql -d <데이터베이스> -U <유저> 명령어는 위 접속 방법 중 Socket 파일을 이용하는 방법이다.

Host 설정에 따른 접속 방법을 확인해 보자.

항목	내용

-h 옵션 미사용	· PostgreSQL 서버 내에서 Client 접속 시 Socket 파일 필요
	· Socket 파일 삭제 후 데이터베이스 접속 시 Socket 파일 에러 발생
	
	$ psql -d postgres -U postgres
	psql: could not connect to server: No such file or directory
	    Is the server running locally and accepting
	    connections on Unix domain socket "/tmp/.s.PGSQL.5432"?

-h 옵션 사용	· PostgreSQL 서버 내에서 -h 옵션을 사용할 경우 TCP 통신을 통해서 접근하기 때문에 Socket 파일 불필요 · Socket 파일 삭제 후 데이터베이스 접속 시 정상 연결 $ psql -d postgres -U postgres -h localhost Password for user postgres: psql (16.6) ······ postgres=#

08 Socket 파일의 관리

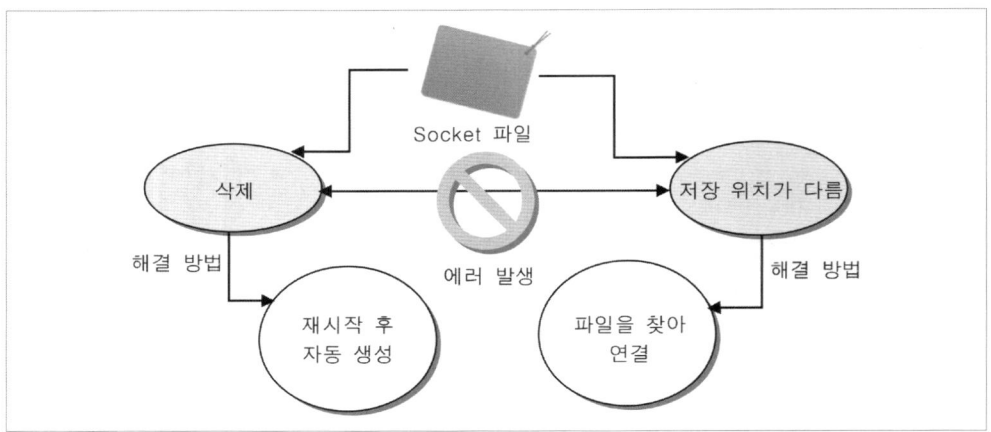

8.1 Socket 파일의 관리 항목

Socket 파일은 PostgreSQL 서버내에서 포트별로 1개의 파일이 기본적으로 생성된다. 아래의 경우에 대해서 확인해 보자.

- Socket 파일이 다른 위치에 존재하는 경우
- Socket 파일이 삭제된 경우

Socket 파일이 삭제되거나 찾지 못할 경우에 발생하는 현상은 아래와 같다.

- 접속이 이미 완료된 세션이나 메인 프로세스에는 영향을 미치지 않는다.
- 새롭게 접속을 시도하려는 Client에서는 Socket 통신을 통한 접근 불가 에러가 발생한다.

에러는 아래와 같이 발생한다.

```
psql: could not connect to server: No such file or directory
    Is the server running locally and accepting
    connections on Unix domain socket "/tmp/.s.PGSQL.5432"?
```

8.2 Socket 파일의 위치가 다른 경우

만약 PostgreSQL이 정상 시작되어 있지만 Socket 파일을 찾을 수 없다는 에러가 발생할 경우에는 Socket 파일을 찾아 연결 가능하다. 리눅스와 Unix 계열에서 해당 파일을 찾는 방법은 다양하며 아래의 명령어로 확인 가능하다.

■ Open된 파일을 출력하는 유틸리티인 lsof 명령으로 찾기

```
$ lsof | grep PGSQL
postgres   20383  postgres   6u  unix  0xffff8dfdfb125000  0t0  12280  /tmp/.s.PGSQL.5432
```

→ lsof 명령으로 .s.PGSQL.5432 파일이 검색되지 않으면 PostgreSQL이 실행 중이 아니거나 Client 접속자가 없는 환경일 수 있다.

■ Unix Domain Socket 파일 목록을 저장하는 파일인 /proc/net/unix로 찾기

```
# cat /proc/net/unix | grep PGSQL
ffff8dfdfb125000: 00000002 00000000 00010000 0001 01 12280 /tmp/.s.PGSQL. 5432
```

관리자가 PostgreSQL의 Socket 파일 위치를 수정하지 않았다면 Socket 파일은 기본적으로 /tmp 파일시스템에 생성된다. 별도의 경로에 생성을 원할 경우에는 postgresql.conf 파일에 파라미터를 변경하여 경로를 새로 설정할 수 있다.

```
$ vi postgresql.conf
unix_socket_directories = '/tmp'      # comma-separated list of directories
unix_socket_group = ''                # (change requires restart)
unix_socket_permissions = 0777        # begin with 0 to use octal notation
```

위와 같이 postgresql.conf 파일에서 Socket 관련 파라미터를 변경할 수 있다.

8.3 Socket 파일이 삭제된 경우

Socket 파일이 부득이하게 삭제되었다면 데이터베이스가 이미 기동 중인 상태에서는 별도 생성이 불가능하며 데이터베이스를 재시작하여 재생성되도록 해야 한다. 재생성을 바로 하지 않는 경우에는 기존 세션은 서비스가 가능하나 신규 세션은 접속이 안된다. TCP/IP로만 접속할 경우 추후 재시작해도 신규 세션 접속이 가능하다.

09 로그 파일

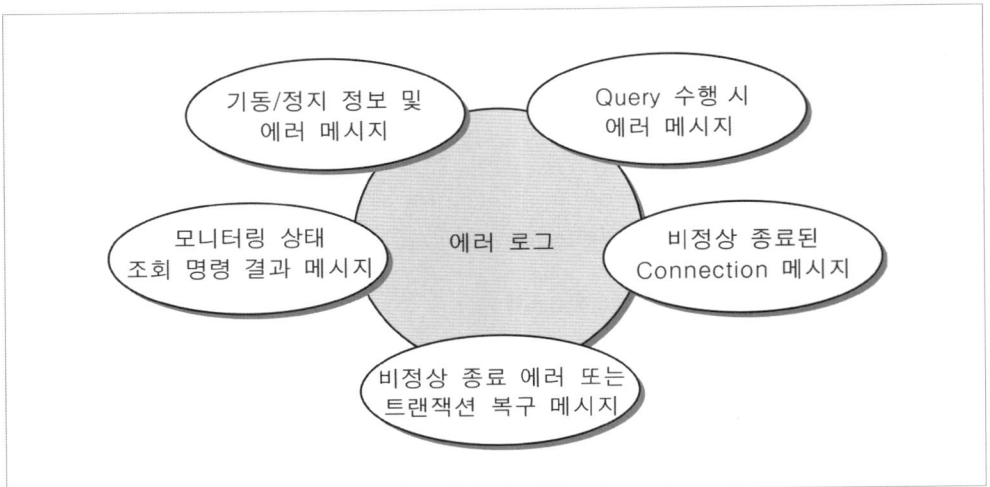

로그에 대한 기본 설정은 postgresql.conf의 ERROR REPORTING AND LOGGING 섹션 내의 'Where to Log', 'When to Log', 'What to Log'로 분류되며 이는 메세지 레벨과 조합하여 PostgreSQL이 어떤 메세지를 언제, 어디에, 얼마나 상세히 기록할지 결정한다.

9.1 메세지 레벨

PostrgreSQL의 로그 메세지는 중요도에 따라 아래와 같이 분류된다.

심각도	용도	syslog	eventlog
DEBUG 1~5	개발자를 위한 상세 정보를 제공	DEBUG	INFORMATION
INFO	VERBOSE 옵션을 통해 명시적으로 상세 정보를 요청한 명령어의 진행 상황 제공(Vacuum verbose, Analyze verbose 등)	INFO	INFORMATION

NOTICE	명령어 수행 후 시스템이 자동으로 처리한 내용 또는 참고 사항을 제공	NOTICE	INFORMATION
WARNING	문제의 가능성이 있는 경우 제공	NOTICE	WARNING
ERROR	현재 명령이 중단된 원인이 되는 에러 정보 제공	WARNING	ERROR
LOG	Checkpoint, 커넥션 정보 등 관리자를 위한 정보성 로그 제공	INFO	INFORMATION
FATAL	현재 세션이 중단된 원인이 되는 에러 정보 제공	ERR	ERROR
PANIC	모든 데이터베이스 세션이 중단된 원인이 되는 에러 정보 제공	CRIT	ERROR

표의 위에서 아래로 갈수록 메세지의 중요도가 높아짐을 의미하며 메세지 레벨을 PANIC 으로 설정하는 경우는 PANIC에 해당하는 정보만 포함하며 DEBUG5로 설정하는 경우 DEBUG5 ~ PANIC에 해당하는 모든 정보를 포함한다. 이를 통해 어느 수준까지의 로그를 저장할지 결정할 수 있다.

9.2 Where to Log

단어 뜻대로 로그 파일의 위치 등을 설정하는 섹션으로 구성되어 있다. log_destination 파라미터 설정에 따라 하위 파라미터의 설정 항목이 변경된다. 각각의 파라미터에 대해서 어떻게 동작하는지 확인해 보자.

파라미터	내용	
log_destination	로그의 출력 위치 또는 포맷을 설정하는 파라미터로 아래 4개 항목 중에 선택할 수 있으며 복수의 대상을 설정 시에는 ' , '(콤마)로 구분하여 설정한다.	
	구분	내용
	stderr	Standard Error Format 형태로 로그 관리(기본 설정)
	csvlog	CSV 포맷 형태로 로그 관리
	syslog	Linux System 로그로 관리
	eventlog	Window Service 로그로 관리(Window 전용)
	jsonlog	JSON 포맷 형태로 로그 관리

파라미터	설명
logging_collector	· pg_log 파라미터에 설정한 디렉토리로 로그를 파일로 기록할지 여부를 설정한다.(기본값 on) · 로그를 파일로 저장할지 여부를 나타내며 'csvlog' 방식으로 로그를 저장할 때는 필수적으로 'on'으로 설정해야 한다. 	구분	내용
off로 설정	Logger 프로세스는 stderr 출력 또는 syslog로 로그 전송
on으로 설정	log_directory에 지정된 위치에 로그 파일 생성	
log_directory	· logging_collector 파라미터가 on일 경우에 로그 파일의 Path를 설정한다. · 절대 경로를 입력하지 않을 경우 PGDATA Path의 상대 경로로 지정된다. · 기본값은 PGDATA Path 하위의 pg_log 디렉토리이다.
log_filename	· logging_collector 파라미터가 on일 경우의 로그 파일 이름 형식을 지정한다. · 기본값은 postgresql-%Y-%m-%d_%H%M%S.log이다. · 아래와 같은 다양한 옵션들이 존재한다. | 값	내용	값	내용	값	내용
---	---	---	---	---	---
%Y	년	%H	시	%a	요일
%m	월	%M	분	-	-
%d	일	%S	초	-	-	
log_file_mode	· 로그 파일에 대한 권한을 설정한다. · 이 값은 chmod, umask 시스템 쉘에서 수용되는 형식으로 값을 지정해야 한다. · 기본값은 600이며 소유자만 Read/Write할 수 있다. · Window에서 PostgreSQL 운영 시에는 해당 설정은 무시된다.
log_rotation_age	· 로그 파일의 생성 주기를 설정한다. · 숫자는 분단위를 의미하며 시간이나 일자를 기준으로 로그 파일을 작성할 경우 숫자 뒤에 'h', 'd' 접미어 사용한다. · 예를들어, 매일 새로운 로그 파일을 작성할 때는 1440, 24h, 1d로 설정한다.(기본값 1d) · log_truncate_on_rotation 파라미터 값이 off일 경우에는 해당 설정을 무시한다.
log_rotation_size	· 로그 파일의 최대 크기를 설정한다. · 기본값은 10MB로 값을 초과하면 새로운 로그 파일이 생성된다. · 0으로 설정하면 비활성화된다.
log_truncate_on_rotation	· 시간 기반 로그 파일 생성 시 동일한 이름의 파일이 존재하면 Overwrite한다. · 기본값은 off이다. · log_filename을 'postgresql-%a.log'로 설정하면 로그 파일이 요일에 따라 생성된다. 이 방식은 7일마다 파일 이름이 반복되므로 새로 시작된 주의 월요일 로그는 지난 주 월요일의 로그 파일(postgresql-Mon.log)을 Overwrite한다.

위에서 설명한 log_destination 파라미터 설정에 따라서 stderr은 text 형태로 로그를 저장하고 csvlog는 CSV 형태로 로그를 저장해서 추후에 데이터베이스로 Import해서 관리할 때 사용한다.

9.3 When to Log

해당 섹션에서는 현재 동작하는 PostgreSQL이 로그를 저장하는 조건을 나타낸다. 해당 영역에 설정 항목은 3가지가 있다.

구분	내용
log_min_messages	· 로그에 기록할 메시지 레벨을 설정한다. · 설정 가능한 값은 심각도가 낮은 순서에 따라 DEBUG1~5, INFO, NOTICE, WARNING, ERROR, LOG, FATAL, PANIC이다. · 최소 심각도를 설정하면 지정한 레벨과 그 상위 모든 레벨의 메시지가 로그에 기록된다. · 예를 들어, WARNING으로 설정하면 WARNING, ERROR, LOG, FATAL, PANIC 레벨의 메시지가 모두 기록된다. · 기본 값은 WARNING이다.
log_min_error_statement	· SQL 문 오류에 대해 로그에 기록할 메세지 레벨을 설정한다. · 심각도 레벨은 log_min_messages와 동일하다. · 기본값은 ERROR이고 오류가 발생한 SQL 문을 로그에 기록한다.
log_min_duration_statement	· 설정한 시간(단위는 millisecond) 이상이 소요되는 Query 정보와 소요 시간을 로그에 저장한다. · 기본값은 -1이며 비활성화되어 있다. | 설정 값 | 내용 | | --- | --- | | -1 | 기본값으로 비활성화되어 있다. | | 0 | 모든 SQL을 로깅한다. | | 1 이상 | 밀리초 단위로 지정하며 설정값 이상 실행된 SQL 문을 기록한다. |

log_min_duration_statement 파라미터를 500으로 설정했을 경우 아래와 같이 500ms 이상 소요되는 Query에 대해 Query 내용과 소요 시간 정보를 확인할 수 있다.

```
...
< 2025-05-01 13:15:36.859 KST >LOG:  statement: SELECT * FROM timeTest;
< 2025-05-01 13:15:36.859 KST >LOG:  duration: 0.520 ms
...
```

9.4 What to Log

해당 세션은 로그로 기록할 내용에 대해 설정할 수 있다. 대표적으로 log_line_prefix 파라미터와 log_statement 파라미터가 있으며 해당 값을 효과적으로 설정해야 추후에 로그를 통해 문제 해결이나 데이터베이스 성능 튜닝 작업을 수월하게 수행할 수 있다.

접두어	내용	
log_line_prefix	· log_destination을 'stderr'로 설정했을 경우 발생하는 로그들의 접두어를 설정할 수 있다. · 기본값은 '%m'으로 millisecond를 포함한 Timestamp를 로그 앞에 명시한다.	
	설정 값	**내용**
	%a	어플리케이션 이름
	%u	유저 이름
	%d	데이터베이스 이름
	%r	원격 호스트 이름(IP 주소) 및 포트
	%h	원격 호스트 이름 또는 IP 주소
	%p	프로세스 ID
	%P	병렬 처리 그룹의 대표 프로세스 ID
	%t	Millisecond 없는 Timestamp
	%m	Millisecond 있는 Timestamp
	%n	Millisecond를 포함한 Timestamp(unix epoch형태)
	%i	명령 태그이며 세션의 현재 명령어 유형
	%e	SQLSTATE 에러 코드
	%c	세션 ID
	%l	1부터 시작하는 각 세션 또는 프로세스의 로그 라인 번호
	%s	프로세스 시작 Timestamp
	%v	가상 트랜잭션 ID(backendID/localXID)
	%x	트랜잭션 ID
	%q	출력은 하지 않지만 이 시점에서 중단을 위한 비 세션 프로세스 표시
	%%	리터럴 %

log_statement	· Query 로그를 어느 수준으로 저장할지 설정한다. · 기본값은 'none'이다. | 설정 값	내 용 | |---|---| | none | 기본값으로 비활성화 | | ddl | 모든 데이터 정의문(DDL) 기록 | | mod | DDL+데이터 변경문 기록 | | all | 모든 SQL 및 기타 명령어 메세지 기록 |	
log_checkpoints	Checkpoint가 발생할 때마다 로그를 기록할지에 대한 설정 값이다.	
log_temp_files	temp_file 사용에 관련된 로그 기록 여부를 설정할 때 사용된다. | 값 | 내 용 | |---|---| | -1 | 로그를 기록하지 않음 | | 0 | temp_file에 대한 로그 기록 | | 0 이상의 값 | 설정한 크기를 초과하여 temp_file이 사용될 때 로그 저장 |	
log_timezone	· log_line_prefix 설정에서 %t, %m, %n과 같이 시간 정보를 저장할 때 기준이 되는 Timezone을 설정한다. · 예로 Asia/Seoul 등이 있다.	
log_lock_waits	· Lock으로 인해 일정 시간 이상 지연되는 경우 로그를 저장한다. · 기본값은 off로 로그를 기록하지 않는다. · 기준이 되는 시간은 deadlock_timeout 파라미터에 의해 설정된다.(기본값 1초) · 데이터베이스 성능 튜닝 시에 유용한 설정 값으로 Lock에 의해 지연되는 Query의 빈도를 파악하는데 필요하다.	

 NOTE

로그에 대한 설정은 버전 별로 다소 차이가 존재하므로 PostgreSQL의 버전에 따른 공식 문서를 참고하여 설정할 것을 권고한다.

PID 파일

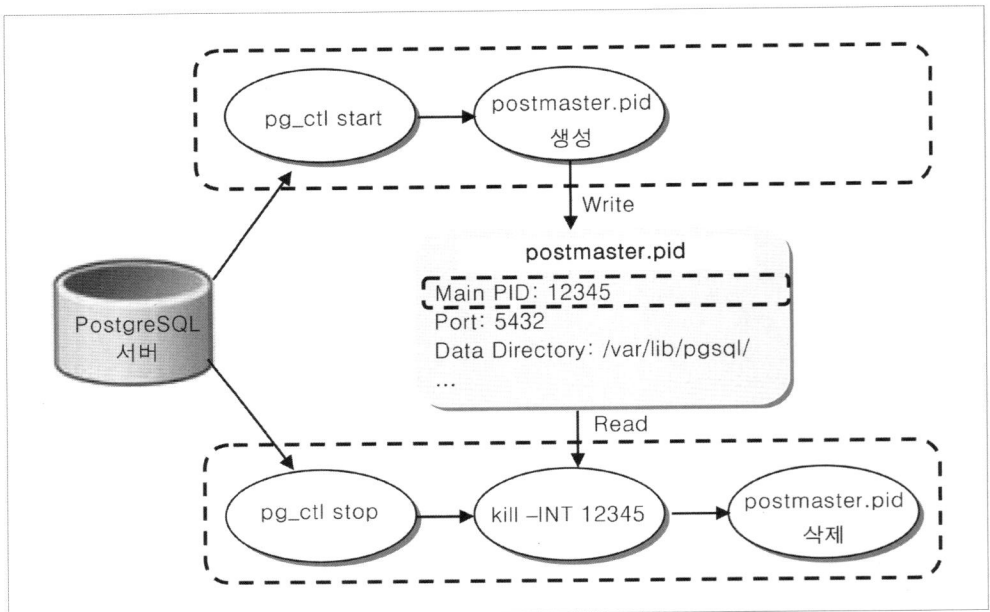

PID는 PostgreSQL 기동 시 postgres 프로세스 ID 정보를 저장하는 파일로 PostgreSQL 기동할 때 postmaster.pid 파일이 생성되고 중지할 때 파일이 삭제된다. postmaster.pid 파일에는 아래와 같은 내용이 기록되어 있다.

```
$ cat postmaster.pid
10038
/data1/postgres/pgsql/data
1618820759
5432
/tmp
*
  5432001    1802240
  ready
```

postmaster.pid 파일의 각 항목에 대한 정보는 아래와 같다.

구분	내용
10038	postgres 프로세스 ID
/data1/postgres/pgsql/data	데이터베이스 클러스터의 디렉토리 위치
1618820759	PostgreSQL 시작 시간(Unix timestamp)
5432	Port 번호
/tmp	Unix Domain Socket 파일 저장 위치
*	유효한 listen_addresses 파라미터 설정값
5432001 1802240	공유 메모리 ID

첫 번째로 위 정보를 이용하여 Postgres 프로세스를 확인해 보자.

```
$ ps -ef | grep 10038
postgres 10038     1  0 17:25 pts/4 00:00:00 /data1/postgres/pgsql/bin/postgres
postgres 10039 10038  0 17:25 ?     00:00:00 postgres: logger
postgres 10040 10038  0 17:25 ?     00:00:00 postgres: checkpointer
postgres 10041 10038  0 17:25 ?     00:00:00 postgres: writer
postgres 10042 10038  0 17:25 ?     00:00:00 postgres: wal writer
postgres 10043 10038  0 17:25 ?     00:00:00 postgres: autovacuum launcher
```

위와 같이 ps -ef 명령어를 이용하여 프로세스 ID가 10038인 postgres 프로세스를 확인할 수 있다. 나머지 프로세스들은 Postgres 프로세스에서 포크(fork)된 하위 프로세스들이다.

두 번째로 PostgreSQL의 기동 시간을 확인해 보자. 기동 시간을 확인하는 방법은 OS에서 확인하는 방법과 데이터베이스에 접속하여 확인하는 2가지 방법이 있다.

■ 데이터베이스에서 확인하는 방법
```
testdb# SELECT pg_postmaster_start_time();
    pg_postmaster_start_time
----------------------------------
 2025-1-4 18:08:30.722021+09
```

■ OS에서 확인하는 방법
```
$ ps -p$(head -n 1 경로/postmaster.pid) -o lstart=
wed jun 4 17:46:58 2025   ← 시작 시간
```

위에 설명한 것과 같이 PostgreSQL을 중지할 경우 postmaster.pid 파일도 자동으로 삭제된다.

운영 중인 서버에서 예상치 못한 장애로 인해 서버 Reboot 후 PostgreSQL를 기동할때 "FATAL: lock file "postmaster.pid" already exists" 에러가 발생할 경우 postmaster.pid 파일을 삭제한 후 다시 기동을 진행하면 된다.

PART 06

데이터베이스, 스키마, 유저 및 권한

PostgreSQL 유저 및 Role의 생성과 관리 방법에 대해 확인해 보자.
또한 Oracle이나 MySQL에 익숙한 사용자들이 어려워하는
데이터베이스, 스키마 등에 대해서도 확인해 보자.
추가적으로, 유저가 데이터베이스에서 작업하기 위해 부여되어야 하는
권한과 권한의 포함 관계 등에 대해 확인해 보자.

PostgreSQL 오브젝트 구조

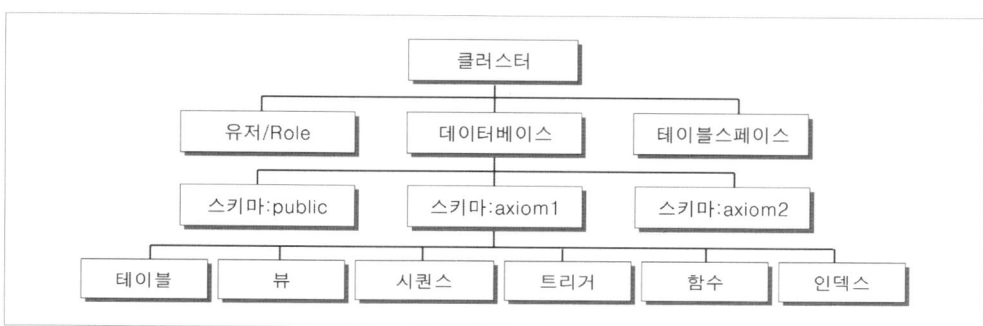

PostgreSQL의 오브젝트 구조를 확인해 보자.

구 분	내 용
클러스터	· 하나 이상의 데이터베이스 생성 가능 · 유저 및 Role은 전체 클러스터에서 공유 가능
유저/Role	· 접속 시 지정된 단일 데이터베이스의 데이터에만 액세스 가능 · 유저는 권한을 받아 각 스키마의 오브젝트에 접근 가능
테이블스페이스	· 데이터 파일의 물리적 저장 위치를 관리하기 위한 논리적인 단위 · 데이터베이스의 오브젝트가 저장되는 파일시스템의 경로 정의 · 데이터가 저장되는 데이터 파일의 위치 지정 가능 · 물리적 데이터 저장 공간을 지정하여 디스크 부하 분산 및 용량 제어 가능 · 예를 들어, 사용 빈도가 높은 인덱스는 고가의 고성능 SSD에 배치하고 사용 빈도가 낮은 데이터는 저가의 디스크에 저장 가능
데이터베이스	· 하나의 클러스터는 여러 개의 데이터베이스를 포함할 수 있으며 각 데이터베이스는 서로 독립적으로 운영 · 테이블이나 인덱스 등을 포함하는 하나 이상의 스키마를 포함 · 데이터베이스 간에 데이터 공유 불가
스키마	· 오브젝트들의 모음 · 서로 다른 스키마에는 동일한 오브젝트 이름 사용 가능

PostgreSQL은 위의 그림과 같이 여러 개의 데이터베이스로 구성되어 있으며 각각의 데이터베이스는 여러 개의 스키마들로 구성될 수 있다. 각각의 스키마들은 또 다시 여러 개의 오브젝트들로 구성될 수 있다. 이러한 데이터베이스들과 유저, 테이블스페이스들이 모여 클러스터를 구성한다.

02 데이터베이스

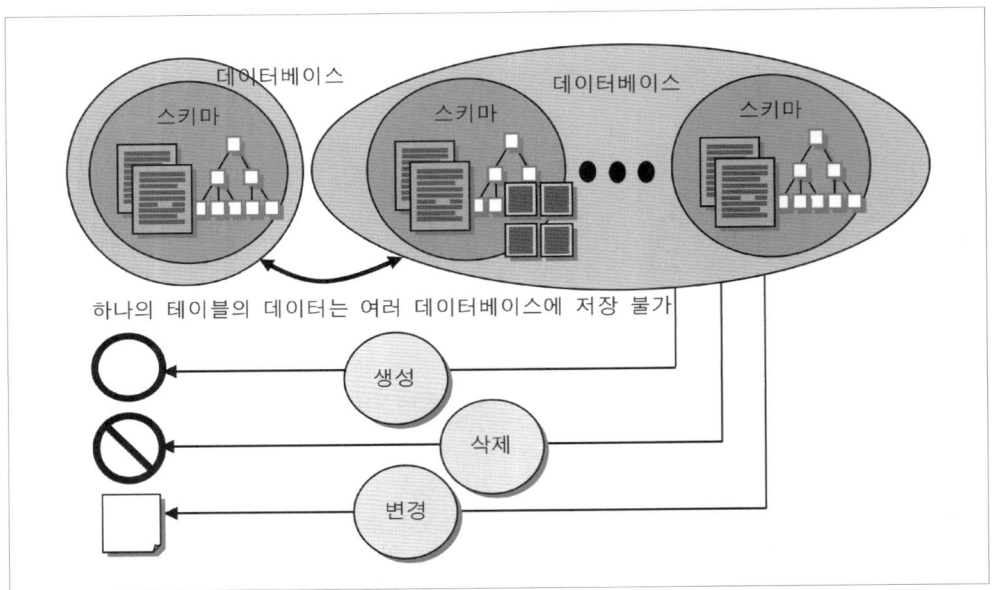

2.1 데이터베이스 개념

데이터베이스는 PostgreSQL 오브젝트 구조에서 클러스터 다음으로 상위에 위치하고 있다. 따라서 데이터베이스 없이는 최종 오브젝트인 테이블이나 인덱스 등을 생성할 수 없다. 데이터베이스는 아래와 같은 특징을 가진다.

- 테이블 또는 인덱스 등을 포함하는 하나 이상의 스키마를 포함
- 하나의 테이블의 데이터는 여러 데이터베이스에 저장 불가

PostgreSQL에서는 사용 목적에 따라 여러 데이터베이스를 만들고 관리할 수 있다. 설치한 직후에는 템플릿 데이터베이스인 template0, template1 그리고 기본 데이터베이스인 postgres 데이터베이스가 만들어 진다.

데이터베이스 구분	내 용
template0	· 수정되지 않은 최초 템플릿 데이터베이스 · PostgreSQL 버전에 따라 사전에 정의된 오브젝트만 포함되어 template1이 손상된 경우 복구 용으로 사용 · 데이터베이스를 생성할 때, initdb 시에 지정한 인코딩이나 Locale과 다르게 지정하고 싶다면 template0을 사용 · 읽기 전용으로 유지해야 함
template1	· CREATE DATABASE 수행 시 실제 복제하는 원천 데이터베이스 · template1은 인코딩과 Locale에 관한 데이터를 포함
postgres	· 데이터베이스가 최초 설치 또는 초기화 될때 생성 · 유저 및 어플리케이션의 기본 데이터베이스 · 단순히 template1의 사본이며 필요 시 삭제 및 재생성 가능

2.2 데이터베이스 생성

데이터베이스 생성 예제를 확인해 보자.

첫 번째로 Owner 지정 없이 생성하는 경우를 확인해 보자. Owner를 지정하지 않았기 때문에 현재 유저가 신규 데이터베이스의 Owner가 된다.

```
postgres=# CREATE DATABASE axiom_db;
CREATE DATABASE
```

위에서 생성한 데이터베이스 상태를 확인해 보자.

```
postgres=# SELECT datname AS name
                , pg_catalog.pg_get_userbyid(datdba) AS owner
                , pg_catalog.pg_encoding_to_char(encoding) AS encoding
                , datcollate AS collation
                , datctype AS ctype
                , datacl AS Access_privileges
           FROM pg_database;
   Name   |  Owner   | Encoding | Collate | Ctype | Access privileges
----------+----------+----------+---------+-------+-------------------
 axiom_db | postgres | UTF8     | C       | C     |
```

```
     postgres  | postgres | UTF8 | C | C |
     template0 | postgres | UTF8 | C | C | =c/postgres              +
               |          |      |   |   | postgres=CTc/postgres
     template1 | postgres | UTF8 | C | C | =c/postgres              +
               |          |      |   |   | postgres=CTc/postgres
```

현재 postgres 유저로 접속하였으므로 axiom_db 데이터베이스의 Owner는 postgres가 된다.

두 번째로 특정 유저가 소유하는 데이터베이스를 생성할 경우 아래와 같이 수행한다.

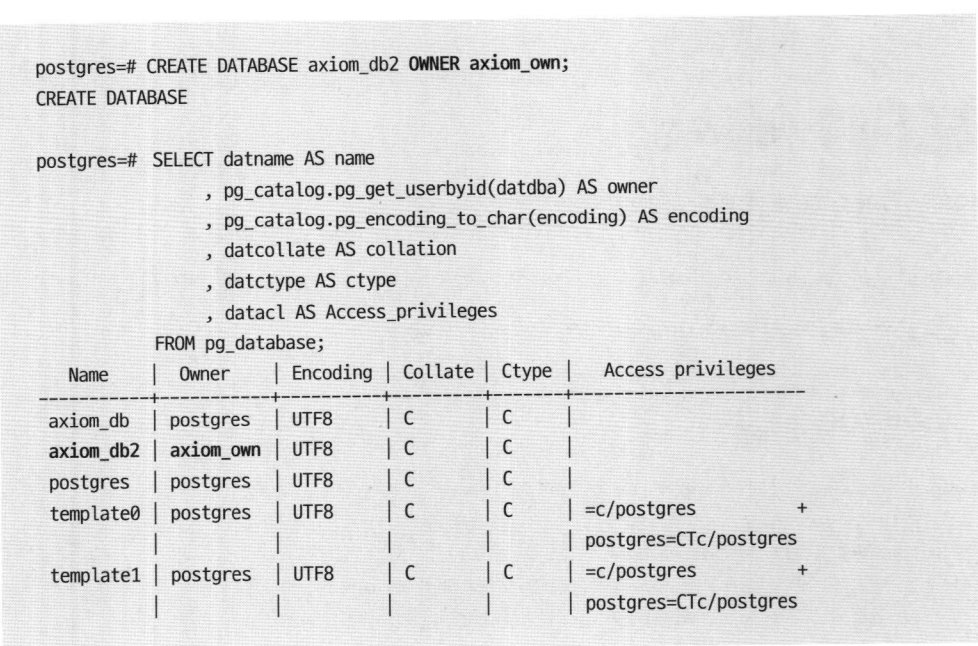

위와 같이 Owner를 axiom_own 유저로 설정했으므로 axiom_db2 데이터베이스의 Owner는 axiom_own이 된다.

세 번째로 인코딩 및 Locale 설정을 포함한 데이터베이스 복제에 대해 확인해 보자. CREATE DATABASE는 기본적으로 template1 데이터베이스를 복제해서 신규 데이터베이스를 생성한다.

■ **Locale**

Locale은 데이터베이스가 문자 정렬, 대소문자 구분, 날짜/숫자 형식 등을 처리하는 방식에 대한 지역 설정이다. 주요 Locale 설정으로는 LC_COLLATE, LC_CTYPE이 있다. LC_COLLATE는 텍스트 정렬의 기준이며 예를 들어, 알파벳 정렬 시 영어(en_US)와 한국어(ko_KR)는 다른 정렬 결과를 보인다. 또한 LC_CTYPE은 문자 분류(대/소문자 구분, 알파벳 여부 등)에 영향을 미친다.

■ **인코딩(Encoding)**

인코딩은 데이터베이스에 저장하고 읽는 텍스트 데이터의 문자 인코딩 방식을 정의한다. 예를 들어, UTF-8, EUC-KR 등이 있으며 UTF-8이 기본 권장 값으로 사용된다.

신규로 인코딩과 Locale을 설정하고자 한다면 template0 데이터베이스를 복사하여 생성해야 한다. 아래 예제를 확인해 보자.

```
Postgres=# CREATE DATABASE axiom_db3
           ENCODING 'euckr'
           LC_COLLATE 'ko_KR.euckr'
           LC_CTYPE 'ko_KR.euckr';
ERROR:  new encoding (EUC_KR) is incompatible with the encoding of the template database (UTF8)
HINT:   Use the same encoding as in the template database, or use template0 as template.
```

→ Default로 template1을 복사하여 axiom_db3 데이터베이스를 생성하므로 Locale과 인코딩을 변경하는 경우 에러가 발생한다.

```
postgres=# CREATE DATABASE axiom_db3
           TEMPLATE template0
           ENCODING 'euckr'
           LC_COLLATE 'ko_KR.euckr'
           LC_CTYPE 'ko_KR.euckr';
CREATE DATABASE
```

→ template0를 복사하여 axiom_db3 데이터베이스를 생성한다.

```
postgres=# SELECT datname AS Name
                , pg_catalog.pg_get_userbyid(datdba) AS Owner
                , pg_encoding_to_char(encoding) AS Encoding
```

```
            , datcollate AS collate
            , datctype AS ctype
            , datacl AS Access_privileges
       FROM pg_database;
   Name    |   Owner    | Encoding |   Collate   |    Ctype    |   Access_privileges
-----------+------------+----------+-------------+-------------+------------------------
 axiom_db  | postgres   | UTF8     | C           | C           |
 axiom_db2 | axiom_own  | UTF8     | C           | C           |
 axiom_db3 | postgres   | EUC_KR   | ko_KR.euckr | ko_KR.euckr |
 postgres  | postgres   | UTF8     | C           | C           |
 template0 | postgres   | UTF8     | C           | C           | =c/postgres           +
           |            |          |             |             | postgres=CTc/postgres
 template1 | postgres   | UTF8     | C           | C           | =c/postgres           +
           |            |          |             |             | postgres=CTc/postgres
```

→ Locale과 인코딩 설정 변경을 확인할 수 있다.

데이터베이스를 생성할 때 기본적으로 template1을 복사하여 생성하므로 Locale과 인코딩을 변경하는 경우 에러가 발생한다. Locale과 인코딩을 변경하는 경우에는 template0을 복사해서 생성해야 한다.

네 번째로 생성된 데이터베이스에 접속 및 확인하는 방법을 알아보자.

```
postgres=# \c axiom_db
```

현재 접속되어 있는 데이터베이스 확인은 아래와 같이 수행한다.

```
axiom_db=# SELECT current_database();
 current_database
------------------
 axiom_db
```
→ 현재 데이터베이스 확인

2.3 데이터베이스 삭제

데이터베이스 삭제 예제를 확인해 보자.

■ 데이터베이스 확인(axiom_db 데이터베이스 존재 확인)

```
postgres=# SELECT datname AS Name
                , pg_catalog.pg_get_userbyid(datdba) AS Owner
                , pg_encoding_to_char(encoding) AS Encoding
                , datcollate AS collate
                , datctype AS ctype
                , datacl AS Access_privileges
           FROM pg_database;
```

Name	Owner	Encoding	Collate	Ctype	Access privileges
axiom_db	postgres	UTF8	C	C	
postgres	postgres	UTF8	C	C	
template0	postgres	UTF8	C	C	=c/postgres + postgres=CTc/postgres
template1	postgres	UTF8	C	C	=c/postgres + postgres=CTc/postgres

■ 데이터베이스 삭제(axiom_db 데이터베이스 삭제)

```
postgres=# DROP DATABASE axiom_db;
DROP DATABASE
```

■ 데이터베이스 확인(axiom_db 데이터베이스 삭제 확인)

```
postgres=# SELECT datname AS Name
                , pg_catalog.pg_get_userbyid(datdba) AS Owner
                , pg_encoding_to_char(encoding) AS Encoding
                , datcollate AS collate
                , datctype AS ctype
                , datacl AS Access_privileges
           FROM pg_database;
```

Name	Owner	Encoding	Collate	Ctype	Access privileges
postgres	postgres	UTF8	C	C	
template0	postgres	UTF8	C	C	=c/postgres + postgres=CTc/postgres
template1	postgres	UTF8	C	C	=c/postgres + postgres=CTc/postgres

→ 데이터베이스 삭제 후에는 axiom_db 데이터베이스는 조회되지 않는다.

2.4 데이터베이스 변경

아래의 예제를 통해 데이터베이스 변경을 확인해 보자.

첫 번째로 데이터베이스 이름 변경을 확인해 보자.

■ 데이터베이스 확인(axiom_db2 데이터베이스 존재 확인)
```
postgres=# SELECT datname AS Name
                , pg_catalog.pg_get_userbyid(datdba) AS Owner
                , pg_encoding_to_char(encoding) AS Encoding
                , datcollate AS collate
                , datctype AS ctype
                , datacl AS Access_privileges
           FROM pg_database;
   Name   |  Owner   | Encoding | Collate | Ctype |  Access privileges
----------+----------+----------+---------+-------+---------------------
 axiom_db2| postgres | UTF8     | C       | C     |
 postgres | postgres | UTF8     | C       | C     |
...
```

■ 데이터베이스 이름 변경(axiom_db2 데이터베이스를 ax_db2 데이터베이스로 이름 변경 수행)
```
postgres=# ALTER DATABASE axiom_db2 RENAME TO ax_db2;
ALTER DATABASE
```

■ 데이터베이스 확인(axiom_db 데이터베이스는 존재하지 않고 ax_db2 데이터베이스 존재 확인)
```
postgres=# SELECT datname AS Name
                , pg_catalog.pg_get_userbyid(datdba) AS Owner
                , pg_encoding_to_char(encoding) AS Encoding
                , datcollate AS collate
                , datctype AS ctype
                , datacl AS Access_privileges
           FROM pg_database;
   Name   |  Owner   | Encoding | Collate | Ctype |  Access_privileges
----------+----------+----------+---------+-------+---------------------
 ax_db2   | postgres | UTF8     | C       | C     |
 postgres | postgres | UTF8     | C       | C     |
...
```
→ 데이터베이스 이름 변경 후에는 변경된 이름으로 결과가 확인된다.

두 번째로 데이터베이스 동시 연결 수 변경을 확인해 보자.

```
postgres=# ALTER DATABASE ax_db2 CONNECTION LIMIT 10;
```

이와 같이 명령어를 수행하여 데이터베이스에 동시 연결할 수 있는 수를 10으로 변경할 수 있다.

03 스키마(Schema)

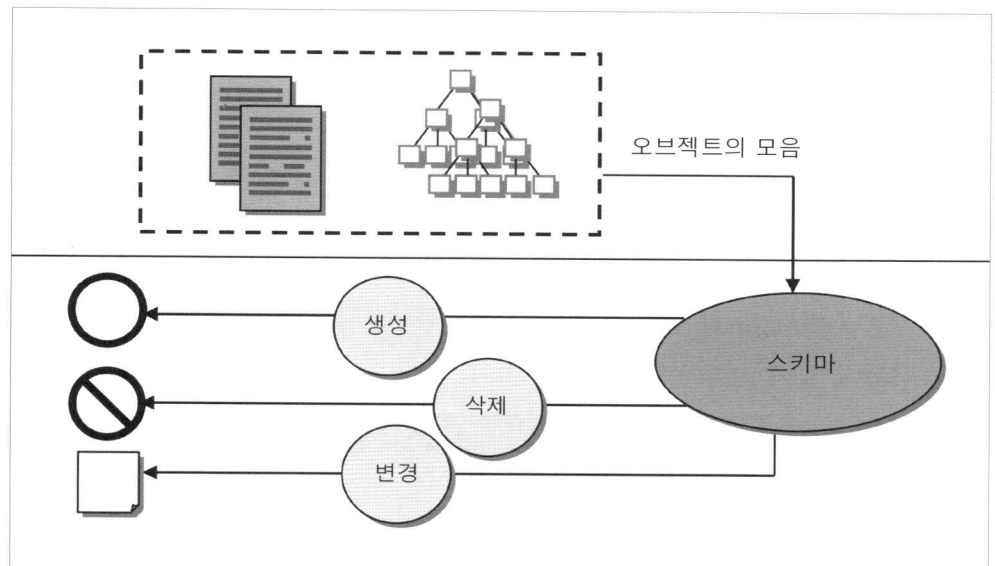

3.1 스키마의 개념

스키마의 정의에 대해서 확인해 보자.

✓ **스키마** - 오브젝트들의 모음

위와 같은 스키마는 아래와 같은 특징을 가진다.

- 스키마가 다르면 동일한 데이터베이스에도 동일한 테이블 이름으로 테이블 생성 가능
- 데이터베이스를 생성하면 자동으로 public이라는 기본 스키마 생성

NOTE

■ Public 스키마

구분	내용
15 버전 이전	사용자가 별도로 스키마를 명시하거나 지정하지 않는 경우 public 스키마로 오브젝트가 생성된다.
15 버전 이후	새로 생성된 데이터베이스의 public 스키마에는 일반 사용자의 오브젝트를 생성할 권한이 부여되지 않는다.(보안 강화 목적)

스키마를 사용하는 이유는 아래와 같다.

- 오브젝트를 생성하기 위해서는 반드시 스키마 필요
- 다수의 사용자가 하나의 데이터베이스를 사용하면서도 보안상의 이슈없이 서로 간섭하지 않고 사용 가능
- 오브젝트를 논리 그룹으로 구성하여 보다 쉽게 관리 가능

스키마를 생성하기 위해서는 해당 데이터베이스 레벨에서 CREATE 권한이 있어야 한다. 스키마에 대한 권한은 CREATE와 USAGE가 있다.

권한	내용
CREATE	해당 스키마에 오브젝트를 만들 수 있는 권한
USAGE	· 해당 스키마의 오브젝트의 존재유무를 확인할 수 있는 권한 · 오브젝트를 조회, 사용, 수정할 수 없음

PostgreSQL에서는 기본적으로 모든 유저가 시스템 카탈로그를 조회할수 있기 때문에 USAGE 권한이 없더라도 해당 스키마에 어떤 오브젝트가 속해있는지 확인은 가능하다.

3.2 스키마 생성

실제 스키마 생성 예제를 확인해 보자.

```
axiom_db# CREATE SCHEMA axiom_scm;
CREATE SCHEMA
```

위와 같이 현재 연결된 데이터베이스에 새로운 스키마를 생성할 수 있다. 스키마를 생성하기 위해서는 superuser 또는 해당 데이터베이스에서 CREATE 권한을 가지고 있어야 한다.

"pg_"로 시작하는 스키마명은 시스템 스키마로 예약되어 있기 때문에 사용할 수 없다.

```
axiom_db=# CREATE SCHEMA pg_test_schema ;
ERROR:  unacceptable schema name "pg_test_schema"
DETAIL:  The prefix "pg_" is reserved for system schemas.
```

해당 데이터베이스에 생성된 스키마는 아래와 같이 확인할 수 있다.

■ 스키마 확인

```
axiom_db=# SELECT nspname, pg_authid.rolname AS schemaowner, nspacl
           FROM pg_namespace, pg_authid
           WHERE pg_authid.oid = pg_namespace.nspowner;
      nspname       | schemaowner |                nspacl
--------------------+-------------+--------------------------------------
 pg_toast           | postgres    |
 pg_temp_1          | postgres    |
 pg_catalog         | postgres    | {postgres=UC/postgres,=U/postgres}
 public             | postgres    | {postgres=UC/postgres,=UC/postgres}
 information_schema | postgres    | {postgres=UC/postgres,=U/postgres}
 axiom_scm          | postgres    |
```

위의 추출된 결과의 컬럼 값을 확인해 보자.

구 분	내 용
nspname	스키마명
rolname	스키마 소유자명
nspacl	· 스키마에 대한 접근 권한 목록(엑세스 권한 목록) · {user1=UC/user2}는 user1은 해당 스키마에 대해 "사용(U)" 및 "생성(C)" 권한을 갖고 있으며 이를 user2가 부여했다는 의미

■ 특정 유저가 소유하는 스키마 생성 예제

axiomapp 유저가 소유하는 axiom3 스키마를 생성할 경우 아래 구문을 사용한다. axiomapp 유저는 아래 예제와 같이 자신의 스키마(axiom3)내에서 자유롭게 오브젝트를 생성, 수정, 삭제할 수 있다.

axiom_db# CREATE SCHEMA axiom3 AUTHORIZATION axiomapp;

3.3 스키마 내의 오브젝트 생성

실제 스키마 내의 오브젝트 생성 예제를 확인해 보자.

```
CREATE TABLE axiom1.test (....)
```

특정 스키마 내에 테이블 생성 시에는 "스키마명.테이블 이름" 구문을 이용해야 한다.

3.4 스키마 이름 변경 예제

스키마 이름 변경 예제를 확인해 보자.

■ 스키마 확인(axiom_scm 스키마 존재 확인)
```
axiom_db=# SELECT n.nspname AS "Name", pg_catalog.pg_get_userbyid(n.nspowner) AS "Owner"
           FROM pg_catalog.pg_namespace
           WHERE n.nspname !~ '^pg_'
           AND n.nspname <> 'information_schema'
           ORDER BY 1;
   Name    |  Owner
-----------+----------
 axiom_scm | postgres
 public    | postgres
```

■ 스키마 이름 변경(axiom_scm 스키마를 axiom 스키마로 이름 변경 수행)
```
axiom_db=# ALTER SCHEMA axiom_scm RENAME TO axiom;
ALTER SCHEMA
```

■ 스키마 확인(axiom_scm 스키마는 존재하지 않고 axiom 스키마 존재 확인)
```
axiom_db=# SELECT n.nspname AS "Name", pg_catalog.pg_get_userbyid(n.nspowner) AS "Owner"
           FROM pg_catalog.pg_namespace
           WHERE n.nspname !~ '^pg_'
           AND n.nspname <> 'information_schema'
           ORDER BY 1;
  Name   |  Owner
---------+----------
 axiom   | postgres
 public  | postgres
```

3.5 스키마 삭제

스키마 삭제 예제를 확인해 보자.

```
axiom_db=# DROP SCHEMA axiom;
DROP SCHEMA
```

해당 스키마에 오브젝트가 존재하지 않을 경우에만 삭제할 수 있다. 스키마 내의 오브젝트가 존재하는 상황에서 오브젝트와 함께 삭제할 경우에는 아래와 같이 CASCADE 옵션을 이용한 구문을 수행해야 한다.

```
axiom_db=# DROP SCHEMA axiom CASCADE;
DROP SCHEMA
```

스키마(Schema) Search Path

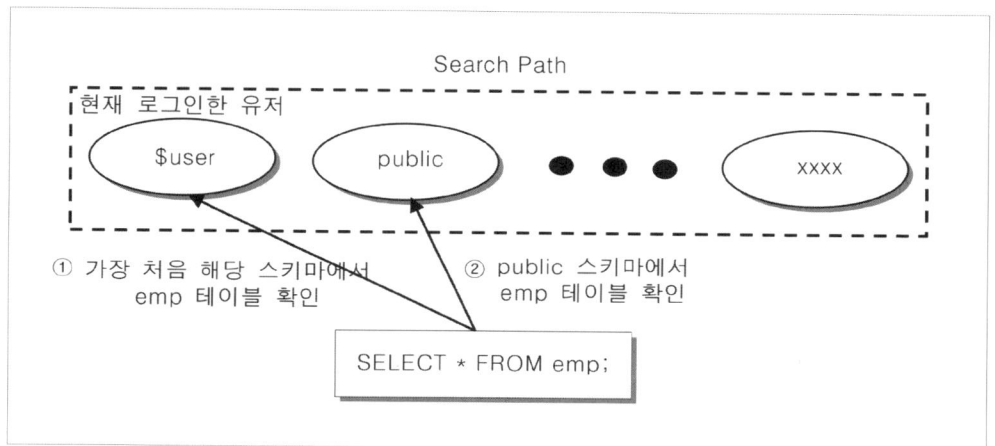

4.1 Search Path의 개념

그림과 같이 SQL을 수행하면 emp 테이블을 조회하기 위해 emp 테이블의 스키마를 확인해야 한다. emp 테이블을 조회하는 과정을 확인해 보자.

1. Search Path의 첫번째 값인 $user 스키마(현재 세션에 로그인한 유저명과 동일한 스키마)에 emp 테이블이 존재하는지 확인한다. 존재한다면 결과를 추출하고 존재하지 않으면 다음 단계를 수행한다.
2. 1단계에서 $user 스키마(현재 세션에 로그인한 유저명과 동일한 스키마)에 테이블이 존재하지 않으면 Search Path에 정의된 2번째 스키마인 Public 스키마에서 emp 테이블을 확인한다. 존재한다면 결과를 추출하고 존재하지 않으면 다음 단계를 수행한다.
3. 2단계에서도 emp 테이블이 존재하지 않는다면 Search Path의 다음 스키마에서 emp 테이블을 확인한다. 존재한다면 결과를 추출하고 존재하지 않으면 Search Path에 설정된 스키마 순서대로 emp 테이블이 존재하는지 확인한다.
4. Search Path의 마지막 스키마까지 emp 테이블이 존재하지 않으면 에러가 발생한다.

위와 같이 스키마 사용 편의를 위해 Search Path라는 개념을 사용한다.

- Search Path는 사용자가 오브젝트의 스키마명을 명시하지 않았을 때 확인하는 스키마명의 목록이다.
- 기본값은 $user, public이지만 변경 가능하다.
- $user는 현재 세션에 로그인한 유저명과 동일한 스키마이다.

해당 세션에서의 Search Path 설정 값은 아래와 같이 확인할 수 있다.

```
postgres=# SELECT current_setting('search_path') AS search_path;
  search_path
-----------------
 "$user", public
```

위와 같이 결과가 추출되면 스키마명 설정 없이 테이블 조회 시 찾아가는 스키마는 아래와 같다.

- 1단계 - "$user" 스키마(현재 세션에 로그인한 유저명과 동일한 스키마)에서 해당 테이블이 존재하는지 확인한다.
- 2단계 - "$user" 스키마에 해당 테이블이 존재하지 않는 경우 두번째로 지정되어 있는 public 스키마에서 해당 테이블이 존재하는지 확인한다.

4.2 Search Path 변경 및 적용

Search Path의 변경 및 영구 적용은 아래와 같이 수행한다.

첫 번째로 현재 세션의 Search Path 변경 및 적용을 확인해 보자.

```
axiom_db=# SET search_path=axiom_scm, public;

axiom_db=# SELECT current_setting('search_path') AS search_path;
   search_path
-------------------
 axiom_scm, public
```
→ 스키마명 없이 테이블을 조회하는 경우 axiom_scm 스키마를 먼저 검색한다.

두 번째로 Search Path의 영구 적용을 확인해 보자.

■ **search_path 영구 적용**
```
$ vi postgresql.conf
search_path = axiom_scm, public
```
→ 재시작하면 영구적으로 적용된다.

세 번째로 사용자별 Search Path의 적용을 확인해 보자.

```
axiom_db=# ALTER USER axiom SET search_path=axiom_scm, public;

axiom_db=# SELECT current_setting('search_path') AS search_path;
   search_path
------------------
 axiom_scm, public
```

위와 같이 postgresql.conf에서 search_path 파라미터를 변경하면 그 이후부터의 모든 세션은 이 값을 기본값으로 사용하지만 개별 세션이나 사용자가 search_path 파라미터를 설정하면 해당 설정이 우선 적용된다. 우선 순위는 세션별 설정, 유저별 설정, postgresql.conf 설정 값 순이다.

Section 05. 유저, Role 및 권한

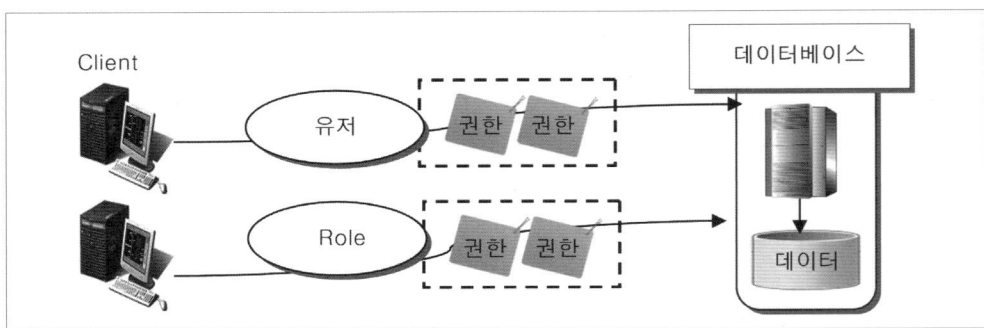

위의 그림을 통해 유저, Role 및 권한에 대해 확인해 보자.

구 분	내 용
유저	데이터베이스에 접속하여 엑세스하는 사용자
Role	권한들을 모아 놓은 오브젝트
권한	· 데이터베이스에 특정 작업을 수행할 수 있는 권리 · 권한 부여 여부에 따라 실제 접속 또는 권한에 맞는 작업 수행 가능

유저와 Role은 PostgreSQL에서 동일한 개념으로 사용하지만 유저는 생성 시에 로그인(Login) 권한을 갖는 점이 다르다. 따라서 아래와 같이 정의할 수 있다.

- 유저 = Role + 로그인(Login) 권한

결국 유저와 Role의 비교는 아래와 같다.

구 분	데이터베이스 접속	로그인 권한	기타 권한	오브젝트 소유
유저	가능	자동 부여	별도 부여	가능
Role	가능	별도 부여	별도 부여	가능

유저와 유사한 Role의 특징은 아래와 같다.

- Role을 사용하여 데이터베이스 엑세스 권한을 관리한다.
- 오브젝트에 대한 권한을 다른 Role에 할당하여 엑세스 권한을 가진 유저를 제어할 수 있다.

06 유저와 Role의 관리

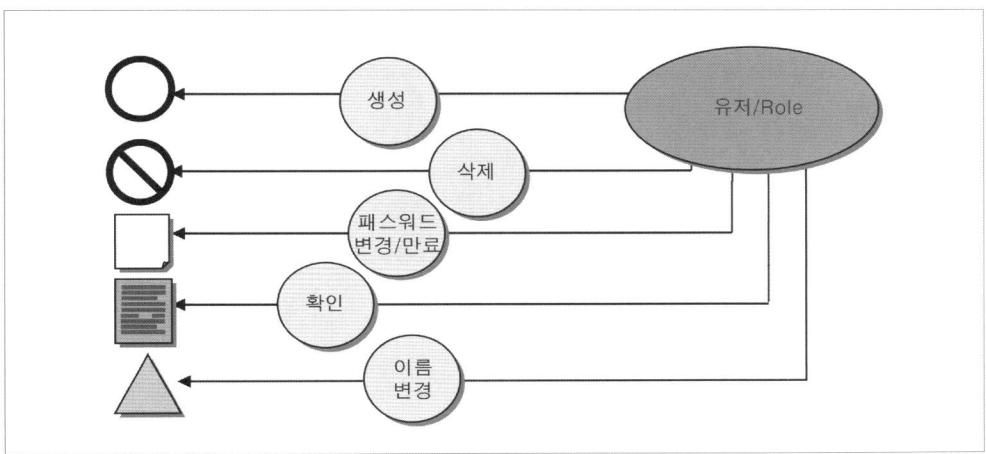

6.1 유저와 Role의 생성

유저와 Role을 생성하는 문장을 확인해 보자.

첫 번째로 유저 생성 명령어 및 옵션에 대해 확인해 보자.

■ **유저 생성(axiom_own 유저 생성)**
```
axiom_db=# CREATE USER axiom_own WITH PASSWORD 'axiom12!@';
CREATE USER
```

■ **생성 확인**
```
axiom_db=# SELECT r.rolname, rolcanlogin, rolvaliduntil, rolpassword
              , ARRAY(SELECT b.rolname
                     FROM pg_catalog.pg_auth_members m
                     JOIN pg_catalog.pg_roles b
                     ON (m.roleid = b.oid)
                     WHERE m.member = r.oid) AS memberof
           FROM pg_catalog.pg_roles r
           WHERE rolname = 'axiom_own';
  rolname  | rolcanlogin | rolvaliduntil | rolpassword | memberof
-----------+-------------+---------------+-------------+----------
 axiom_own | t           |               | ********    | {}
```

위와 같이 유저를 생성할 수 있다. 아래에서 유저 생성 시 설정한 값을 확인해 보자.

설정 값	내용
axiom_own	데이터베이스에 접속할 유저명 설정
axiom12!@	데이터베이스 접속 시 사용할 패스워드 설정

Role 생성 확인에서 조회한 컬럼의 의미는 아래와 같다.

컬럼	내용
rolcanlogin	Role의 로그인 권한 소유 여부
rolvaliduntil	Role의 만료기간(null 이면 무제한)
rolpassword	패스워드가 암호화된 값으로 저장
memberof	생성한 Role이 어떤 Role에 소속되어 있는지의 정보

■ **CREATE USER**
CREATE USER를 수행해도 CREATE ROLE이 수행된다. CREATE USER는 CREATE ROLE의 Alias에 불과하며 로그인 권한이 추가된 명령어다.

■ **동일 이름의 유저와 Role**
유저는 로그인 가능한 Role이므로 같은 이름으로 유저와 Role을 따로 생성할 수는 없다. 동일 이름으로 생성을 시도하면 아래와 같은 에러가 발생한다.

```
axiom_db=# CREATE USER axiom WITH PASSWORD '123456';
CREATE ROLE
axiom_db=# CREATE ROLE axiom WITH LOGIN PASSWORD '123456';
ERROR:  role "axiom" already exists
```

두 번째로 Role 생성에 대해 확인해 보자.

■ **Role 생성(ax_dba Role 생성)**
```
axiom_db# CREATE ROLE ax_dba;
CREATE ROLE
```

■ **생성 확인**
```
axiom_db=# SELECT r.rolname, rolcanlogin, rolvaliduntil, rolpassword
                , ARRAY(SELECT b.rolname
                       FROM pg_catalog.pg_auth_members m
                       JOIN pg_catalog.pg_roles b
```

```
                              ON (m.roleid = b.oid)
                           WHERE m.member = r.oid) AS memberof
            FROM pg_catalog.pg_roles r
            WHERE rolname = 'ax_dba';
 rolname | rolcanlogin | rolvaliduntil | rolpassword | memberof
---------+-------------+---------------+-------------+----------
 ax_dba  | f           |               | ********    | {}
```

→ CREATE ROLE로 생성했기 때문에 rolcanlogin 컬럼 값이 false이다. 패스워드를 미지정해서 생성해도 rolpassword 에는 값이 존재하는 것처럼 확인된다.

PostgreSQL 14부터 보안 강화를 위해 password_encryption 파라미터의 기본값이 MD5에서 SCRAM-SHA-256 으로 변경되었다. 이에 따라 SCRAM-SHA-256을 지원하지 않는 Client에서는 로그인 시 인증 오류가 발생할 수 있다.

위와 같이 Role을 생성할 수 있다. 아래에서 Role 생성 시 설정하는 값을 확인해 보자.

설정 값	내 용
ax_dba	· Role 이름 설정 부분 · name은 SQL 식별자에 대한 규칙 준수 · 특수 문자를 사용할 경우 큰따옴표로(" ")로 묶음

6.2 유저와 Role의 생성 비교

실제 유저와 Role을 비교해 보자.

```
axiomdb=# CREATE USER axiom WITH PASSWORD '123456';
axiomdb=# CREATE ROLE axiom WITH LOGIN PASSWORD '123456';
```

위 두 문장을 확인해 보자.

구 분	유저 이름	데이터베이스 접속	기타 권한
CREATE USER	axiom	자동 부여	public Role
CREATE ROLE	axiom	별도 부여(LOGIN 옵션 설정으로 가능)	public Role

위의 2가지 명령어는 동일한 효과를 가진다.

신규로 생성한 Role과 유저는 public Role을 사용할 수 있는 기본 권한 이외의 권한은 갖지 않는다. Public Role에 대해서는 다음에서 설명하겠다.

6.3 Role 생성 옵션

Role 생성의 기타 옵션을 확인해 보자.

첫 번째로 권한 관련 옵션을 확인해 보자.

옵션 값	내용
SUPERUSER | NOSUPERUSER	데이터베이스 superuser는 로그인 권한을 제외한 모든 권한을 가지고 있다.(기본값 nosuperuser) 예) CREATE USER sys [WITH] superuser; → WITH 옵션은 생략 가능 　　 ALTER USER sys **WITH NOSUPERUSER**;
CREATEDB | NOCREATEDB	데이터베이스를 생성하기 위한 권한이다.(기본값 nocreatedb) 예) ALTER USER axown **WITH CREATEDB**;
CREATEROLE | NOCREATEROLE	Role을 생성하기 위한 권한이다.(기본값 nocreaterole) 예) ALTER USER axown **WITH CREATEROLE**;
INHERIT | NOINHERIT	해당 Role이 멤버로 속해 있는 다른 Role들의 권한을 자동으로 물려받을지 여부를 결정하는 설정이다.(기본값 inherit - 자동 권한 부여) 예) ALTER USER axown **WITH INHERIT**;
ADMIN role_name	· WITH ADMIN 옵션이 설정된 Role은 명시된 Role에 대해 다른 유저에게 부여할 수 있는 설정이다. · ADMIN 옵션은 ALTER 명령어로 부여하는 것이 불가능하며 CREATE, GRANT 명령어를 이용해 부여할 수 있으며 REVOKE 명령어를 이용해 회수할 수 있다. | 구분 | 내용 | |---|---| | 추가 | GRANT WITH ADMIN 옵션 이용 | | 회수 | REVOKE WITH ADMIN 옵션 이용 | 예) CREATE USER axiom WITH ADMIN axown; 　　GRANT axiom TO axown WITH ADMIN OPTION; → 위 두 명령어는 같은 의미이다. axown 유저가 axiom Role을 부여받으며 동시에 axown은 다른 유저에게도 axiom Role을 부여할 수 있는 권한을 갖는다.

■ Role 생성 및 Admin 옵션 사용

```
axiom_db=# CREATE USER axown CREATEROLE CREATEDB;
axiom_db=# CREATE USER axiom WITH ADMIN axown;
```

■ Role 조회

```
axiom_db=# SELECT rolname, rolcreatedb, rolcreaterole
                , ARRAY(SELECT b.rolname
                          FROM pg_catalog.pg_auth_members m
                          JOIN pg_catalog.pg_roles b
                          ON (m.roleid = b.oid)
                          WHERE m.member = r.oid) AS memberof
            FROM pg_catalog.pg_roles r
            WHERE rolname in ('axiom', 'axown');
 rolname | rolcanlogin | rolcreatedb | rolcreaterole | memberof
---------+-------------+-------------+---------------+----------
 axown   | t           | t           | t             | {axiom}
 axiom   | t           | f           | f             | {}
```

→ ADMIN 옵션 설정으로 axown은 axiom Role을 다른 유저나 Role에게 부여하거나 회수할 수 있는 권한을 갖는다.

두 번째로 로그인(Login) 및 패스워드 관련 옵션을 확인해 보자.

옵션 값	내 용
LOGIN | NOLOGIN	데이터베이스에 연결할 수 있는 권한이다. 예) ALTER USER sys **WITH LOGIN**;
CONNECTION LIMIT n	해당 Role을 통해서 얼마나 많은 Connection을 생성할 수 있는지 여부를 설정한다. 예) ALTER USER axiom **CONNECTION LIMIT** 1000;
PASSWORD password	· Role의 암호를 설정한다. · 로그인(Login) 속성이 있는 Role에만 사용해야 의미가 있다. · 패스워드는 생략할 수 있지만 이렇게 생성한 유저는 외부 Client에서 데이터베이스에 접속할 경우 별도의 설정(pg_hba.conf 등)을 추가해야 한다. 예) ALTER USER sys **WITH PASSWORD** 'ax123';
ENCRYPTED | UNENCRYPTED	· 설정한 패스워드를 시스템 카탈로그에 암호화하여 저장할지 여부를 지정한다. · 명시하지 않을 경우 password_encryption(기본값 on) 파라미터 설정을 따른다. 예) ALTER USER sys **WITH ENCRYPTED PASSWORD** 'ax1234';
VALID UNTIL 'timestamp'	해당 Role의 패스워드 유효 날짜를 지정한다. 예) ALTER USER sys **VALID UNTIL** '20211231';

위의 권한 관련 옵션 중 ADMIN role_name을 추가로 확인해 보자.

세 번째로 Group 멤버쉽(Membership) 관련 옵션을 확인해 보자.

옵션 값	내용
IN ROLE name	· 생성된 Role이 명시된 Role을 새로운 멤버로 추가되도록 설정한다. · Role A 생성 시 Role B를 Role A의 멤버가 되도록 생성할 수 있으며 해당 옵션을 이용해 생성되는 Role A를 Role C의 멤버가 되도록 할 수도 있다. · GRANT 명령을 통해서도 가능하다.
ROLE name	새롭게 생성되는 Role이 명시된 Role을 하위 멤버 Role로 추가한다.

아래의 예제를 확인해 보자.

■ IN ROLE 옵션

```
postgres=# CREATE ROLE ax_sel;
postgres=# CREATE ROLE ax_own WITH IN ROLE ax_sel;
```

→ ax_own Role을 생성하며 ax_sel Role 권한을 부여받는다. ax_own Role은 ax_sel Role에 속한 멤버이기 때문에 ax_sel Role의 권한을 가진다. 하지만 Role을 수정 및 변경할 권한은 없다. 만약 수정이나 변경이 필요하다면 superuser 권한이 있는 유저로 GRANT 명령을 이용해야 한다.

```
postgres=# SELECT rolname, rolcanlogin
            , ARRAY(SELECT b.rolname
                    FROM pg_catalog.pg_auth_members m
                    JOIN pg_catalog.pg_roles b
                    ON (m.roleid = b.oid)
                    WHERE m.member = r.oid) AS memberof
        FROM pg_catalog.pg_roles r
        WHERE r.rolname ~ 'ax_';
 rolname | rolcanlogin | memberof
---------+-------------+----------
 ax_sel  | f           | {}
 ax_own  | f           | {ax_sel}
```

→ memberof 컬럼을 통해 ax_own Role은 ax_sel Role에 속하는 멤버인 것을 확인할 수 있다.

6.4 유저와 Role의 삭제

PostgreSQL에서는 유저도 Role로 취급한다. 그렇기 때문에 삭제 명령어는 아래와 같이 구분되어 있으나 효과는 동일하다.

첫 번째로 유저와 Role의 삭제를 확인해 보자.

```
postgres=# DROP USER username;
postgres=# DROP ROLE username;
```

두 번째로 유저의 오브젝트 또는 권한이 존재하는 경우의 유저와 Role 삭제를 확인해 보자. 만약 유저가 생성한 오브젝트가 존재하거나 또는 부여받은 권한이 있다면 삭제 시 아래와 같이 에러가 발생한다.

```
postgres=# DROP ROLE axiom;
ERROR:  role "axiom" cannot be dropped because some objects depend on it
DETAIL:  privileges for database postgres
privileges for schema public
owner of table axiom
```

이와 같은 경우 소유하고 있는 모든 오브젝트 및 권한을 제거하기 위해서는 아래 명령어를 사용한다. 단, 이 명령어는 현재 접속 중인 데이터베이스에서만 적용된다.

```
postgres=# DROP OWNED BY axiom;
DROP OWNED

postgres=# DROP ROLE axiom;
DROP ROLE
```

세 번째로 유저가 소유한 오브젝트는 유지하면서 유저를 삭제하는 경우를 확인해보자. 이를 위해서는 먼저 해당 오브젝트들의 소유권을 다른 유저에게 이전한 후에 삭제할 유저에게 부여된 권한을 모두 회수한 후에 삭제하면 된다.

1. 오브젝트 소유권 재할당
```
postgres=# REASSIGN owned by axiom TO postgres;
REASSIGN OWNED
```

2. 권한 회수
```
postgres=# REVOKE all privileges ON schema public FROM axiom;
REVOKE
postgres=# REVOKE all privileges ON database postgres FROM axiom;
REVOKE
```

3. 유저 제거
```
postgres=# DROP ROLE axiom;
DROP ROLE
```

위의 예제에서는 postgres 데이터베이스와 public 스키마에 대해서만 권한을 회수했지만 운영 환경에서는 유저가 다수의 데이터베이스와 스키마에 오브젝트를 생성하거나 권한을 부여받기 때문에 소유권 변경과 권한 회수를 각각의 데이터베이스와 스키마에 대해 수행해야 한다.

6.5 유저 및 Role 이름 변경

유저 및 Role의 이름을 변경하는 방법을 확인해 보자.

■ 변경 전 확인

```
postgres=# SELECT rolname, rolcanlogin
            FROM pg_catalog.pg_roles
            WHERE rolname in ('ax_dba', 'axiom_own');
 rolname   | rolcanlogin
-----------+-------------
 ax_dba    | f
 axiom_own | t
```

■ 유저 및 Role의 이름 변경

```
postgres=# ALTER ROLE ax_dba RENAME TO axiom_dba;
postgres=# ALTER USER axiom_own RENAME TO ax_own;
```

■ 확인

```
postgres=# SELECT rolname, rolcanlogin
            FROM pg_catalog.pg_roles
            WHERE rolname in ('ax_dba', 'axiom_own');
 rolname   | rolcanlogin
-----------+-------------
 axiom_dba | f
 ax_own    | t
```

→ 위의 결과와 같이 ax_dba Role과 axiom_own 유저는 이름이 변경되어 결과가 추출된다.

위의 명령어에서 설정하는 값을 확인해 보자.

설정 값	내 용
ax_dba, axiom_own	변경 이전 유저 또는 Role 이름
axiom_dba, ax_own	변경 이후 유저 또는 Role 이름

6.6 유저의 패스워드 변경 및 만료 설정

유저 패스워드 변경 및 패스워드 만료 설정 방법을 확인해 보자.

첫 번째로 유저 패스워드 변경에 대해 확인해 보자.

```
postgres=# ALTER USER username WITH PASSWORD '패스워드';
postgres=# ALTER ROLE rolename WITH PASSWORD '패스워드';
```

위에서 설정하는 값을 확인해 보자.

설정 값	내 용
username	변경할 유저 이름
rolename	변경할 Role 이름
패스워드	변경할 패스워드

아래 예제는 axiom_own 유저의 패스워드를 'ax12345'로 변경하는 예제이다.

```
postgres=# ALTER USER axiom_own WITH PASSWORD 'ax12345';
```

두 번째로 유저 패스워드 만료 설정에 대해 확인해 보자.

```
postgres=# ALTER USER username WITH VALID UNTIL 'timestamp';
postgres=# ALTER ROLE rolename WITH VALID UNTIL 'timestamp';
```

위에서 설정하는 값을 확인해 보자.

설정 값	내 용
username	패스워드 만료를 설정할 유저 이름
rolename	패스워드 만료를 설정할 Role 이름
timestamp	패스워드 유효 기간 설정 예) '2020-05-01 09:00:00'으로 설정하여 해당 시간에 도달하면 만료

패스워드 만료 기간을 취소하는 방법은 아래와 같다.

■ 유저 패스워드 만료 취소 설정
```
postgres=# ALTER USER axiom_own WITH VALID UNTIL 'infinity';
```

■ 확인
```
postgres=# SELECT rolname, rolcanlogin, rolvaliduntil
           FROM pg_catalog.pg_roles
           WHERE rolname = 'axiom_own';
  rolname  | rolcanlogin | rolvaliduntil
-----------+-------------+---------------
 axiom_own | t           | infinity
```
→ 만료 설정에서 WITH VALID UNTIL 옵션에 값을 'infinity'로 변경하면 무기한으로 된다.

6.7 유저와 Role의 확인

Role 정보를 확인할 수 있는 pg_roles 동적 뷰에는 다음의 컬럼들이 존재한다.

컬럼 명	설 명
rolname	Role 또는 유저 이름
rolsuper	Superuser 권한 유무(t : 권한 부여 / f : 권한 없음)
rolinherit	Role의 권한을 상속할지 유무
rolcreaterole	Role 또는 유저 생성 권한의 유무
rolcreatedb	데이터베이스 생성 권한의 유무
rolcanlogin	로그인 가능 유무(t : 로그인 가능 / f : 로그인 불가능)
rolreplication	복제(Replication) 권한의 유무
rolconnlimit	최대 동시 연결할 수 있는 수(-1은 무제한)
rolpassword	패스워드 표시
rolvaliduntil	패스워드 만료 정보(null : 패스워드 만료 기간 없음 / 특정 값 : 만료되는 일자)
rolbypassrls	로우 단위 보안 정책(RLS : Row Level Security)을 무시할지 여부
rolconfig	유저 또는 Role별 세션 설정 정보 저장
oid	Role 또는 유저의 ID

아래에서 실제 pg_roles 동적 뷰 조회를 확인해 보자.

```
postgres=# SELECT rolname, rolsuper, rolcanlogin, rolvaliduntil
           FROM pg_roles;
 rolname   | rolsuper | rolcanlogin | rolvaliduntil
-----------+----------+-------------+---------------
 sys       | t        | t           |
 postgres  | t        | t           |
 axiom_dba | f        | f           |
 ax_own    | f        | t           | infinity
```

위의 결과에 대해 확인해 보자.

- rolname 컬럼을 통해 sys, postgres, axiom_dba, ax_own Role이 존재함을 확인할 수 있다.
- rolsuper 컬럼의 t는 superuser 권한이 있다는 것을 의미하며 f일 경우는 superuser 권한이 없는 것을 의미한다
- rolcanlogin 컬럼은 t(로그인 가능), f(로그인 불가능) 값으로 로그인 가능 여부를 의미한다.
- rolvaliduntil 컬럼의 값이 'infinity'면 패스워드 만료 없이 무제한이다. 또한 rolvaliduntil 컬럼의 값이 'NULL'이면 만료 기간이 없다는 것으로 'infinity' 값과 동일하다.

Section 07 public 스키마와 public Role

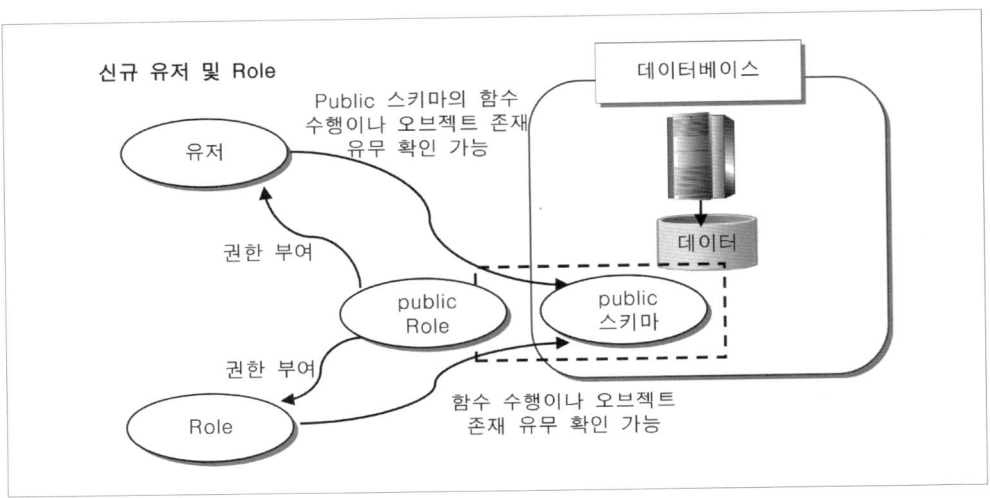

PostgreSQL에서 신규 데이터베이스를 생성하면 아래와 같은 현상이 발생한다.

- 기본적으로 public 스키마를 생성한다.
- 생성된 데이터베이스에 대해 public Role에 CONNECT 및 TEMPORARY 권한이 부여되며 해당 데이터베이스의 public 스키마에는 USAGE 권한이 부여된다.
- 데이터베이스 소유자(pg_database_owner)만 public 스키마에 테이블과 같은 오브젝트 생성이 가능하다.

모든 Role 또는 유저는 기본적으로 public 스키마의 USAGE 권한을 갖는다. public 스키마의 USAGE 권한을 제한하려면 다음과 같은 명령어로 public Role로부터 public 스키마에 대한 USAGE 권한을 회수할 수 있다.

```
postgres=# REVOKE USAGE ON SCHEMA public FROM PUBLIC;
```

다음 명령어는 특정 데이터베이스에서 public Role의 모든 권한을 Revoke하는 예제이다.

```
postgres=# REVOKE ALL ON DATABASE test FROM PUBLIC;
```

 데이터베이스의 public Role이 가진 모든 권한을 회수하면, 기존의 모든 Role 또는 사용자가 영향을 받을 수 있다. 따라서, 해당 데이터베이스에 접속하거나 스키마 생성 또는 임시 테이블 생성을 해야 하는 Role이나 사용자는 public Role의 권한을 회수하기 전에 필요한 권한을 별도로 부여받아야 한다.

아래의 예제를 확인해 보자.

■ 유저 생성
```
postgres=# CREATE USER axdba PASSWORD '123456';
CREATE ROLE
```

■ 테이블 생성
```
postgres=# \c testdb
You are now connected to database "testdb" as user "postgres".

testdb=# CREATE TABLE test (a int);
CREATE TABLE
```

■ 정보 확인
```
testdb=# SELECT n.nspname AS "Name"
              , pg_catalog.pg_get_userbyid(n.nspowner) AS "Owner"
              , pg_catalog.array_to_string(n.nspacl, E'\n') AS "Access privileges"
              , pg_catalog.obj_description(n.oid, 'pg_namespace') AS "Description"
         FROM pg_catalog.pg_namespace n
         WHERE n.nspname !~ '^pg_' AND n.nspname <> 'information_schema'
         ORDER BY 1;
  Name  |      Owner        |          Access privileges          |     Description
--------+-------------------+-------------------------------------+----------------------
 public | pg_database_owner | pg_database_owner=UC/pg_database_owner+| standard public schema
        |                   | =U/pg_database_owner                |
```

구분	내용
Access privileges	grantee=privileges/grantor 형식
pg_database_owner=UC/ pg_database_owner+	pg_database_owner Role이 USAGE, CREATE 권한 소유
=U/ pg_database_owner	앞에 grantee가 없으므로 public(모든 사용자에게 적용)이며 USAGE 권한을 가짐

■ 권한 부여
```
testdb=# GRANT all ON SCHEMA public TO axdba;
GRANT
```

■ 정보 확인
```
testdb=# SELECT n.nspname AS "Name"
             , pg_catalog.pg_get_userbyid(n.nspowner) AS "Owner"
             , pg_catalog.array_to_string(n.nspacl, E'\n') AS "Access privileges"
             , pg_catalog.obj_description(n.oid, 'pg_namespace') AS "Description"
          FROM pg_catalog.pg_namespace n
          WHERE n.nspname !~ '^pg_' AND n.nspname <> 'information_schema'
          ORDER BY 1;
  Name  |       Owner        |              Access privileges              |    Description
--------+--------------------+---------------------------------------------+----------------------
 public | pg_database_owner  | pg_database_owner=UC/pg_database_owner+     | standard public schema
        |                    | U/pg_database_owner+                        |
        |                    | axdba=UC/pg_database_owner                  |
```
→ 결과에서 axdba=UC/pg_database_owner에 의해 axdba Role은 USAGE, CREATE 권한을 부여받았다.

■ 권한 회수
```
testdb=# REVOKE all ON SCHEMA public FROM public;
REVOKE
```
→ public 스키마에 대한 public 권한 회수는 public 스키마 사용이 필요한 일반 유저에게 권한 부여 후 Revoke해야 한다. public 권한을 먼저 회수할 경우 일반 유저 권한도 같이 Revoke되어 운영 상 문제가 발생할 수 있다.

■ 정보 확인
```
testdb=# SELECT n.nspname AS "Name"
             , pg_catalog.pg_get_userbyid(n.nspowner) AS "Owner"
             , pg_catalog.array_to_string(n.nspacl, E'\n') AS "Access privileges"
             , pg_catalog.obj_description(n.oid, 'pg_namespace') AS "Description"
          FROM pg_catalog.pg_namespace n
          WHERE n.nspname !~ '^pg_' AND n.nspname <> 'information_schema'
          ORDER BY 1;
  Name  |  Owner   |              Access privileges              |    Description
--------+----------+---------------------------------------------+----------------------
 public | postgres | pg_database_owner=UC/pg_database_owner+     | standard public schema
        |          | axdba=UC/pg_database_owner                  |
```
→ 권한 회수 후 U/pg_database_owner 권한은 제거되었다.

NOTE

■ pg_database_owner Role

pg_database_owner Role은 아래와 같은 특징을 가진다.

- PostgreSQL 14 버전부터 새로 생긴 사전 정의 Role로써 데이터베이스를 생성한 유저는 자동으로 해당 Role을 부여받는다.
- 15 버전부터는 보안 강화와 권한 관리의 편리성을 위해 pg_database_owner Role이 public 스키마의 소유자가 되도록 변경되었다.
- 해당 Role은 명시적으로 다른 유저에게 부여할 수 없는 특별한 Role이다.

08 권한의 개념

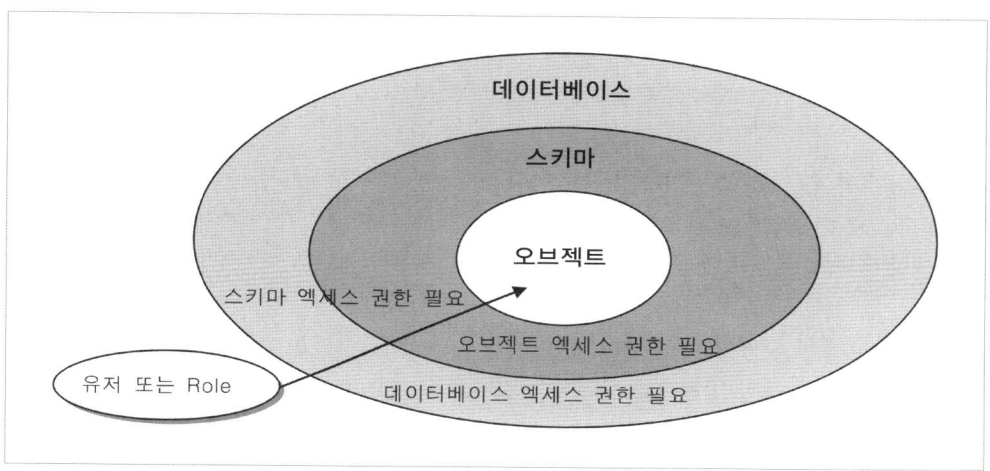

8.1 권한의 개념 및 예제

유저 또는 Role만 생성한 상태에서는 데이터베이스를 온전히 사용할 수 없다. 데이터베이스에서 데이터 조작, 데이터 정의 등의 다양한 명령을 실행하려면 해당 작업을 수행할 수 있는 권한이 필요하다.

✓ **권한** – 데이터베이스에서 특정 작업을 수행하기 위해 부여받아야 하는 요소

권한을 부여할 때는 데이터베이스, 스키마, 스키마의 오브젝트에 따라 고려해서 부여해야 한다. 예를 들어, 테이블에 대한 엑세스 권한을 부여하고 싶다면 아래와 같은 권한이 필요하다.

- 해당 테이블이 속해 있는 데이터베이스 엑세스 권한 부여
- 스키마에 대한 엑세스 권한 부여
- 테이블에 대한 엑세스 권한 부여

위와 같이 권한을 부여해야만 해당 테이블에 대한 엑세스가 가능하다.

아래의 예제를 확인해 보자.

- **Role 생성(public Role의 CONNECT 권한 회수 상태로 가정)**
  ```
  testdb=# CREATE ROLE testrole WITH LOGIN;
  ```

- **test 데이터베이스에 접속할 수 있는 권한 부여**
  ```
  testdb=# GRANT CONNECT ON DATABASE test TO testrole;
  ```

- **test 데이터베이스의 mypost 스키마에 엑세스 권한 부여**
  ```
  testdb=# GRANT USAGE ON SCHEMA mypost TO testrole;
  ```
  → 이 상태에서 testrole Role은 mypost 스키마에서 아무것도 할 수 없기 때문에 다음과 같이 테이블에 대한 Select 권한을 부여한다.

- **mypost Schema의 table1, table2 테이블 엑세스 권한 부여**
  ```
  testdb=# GRANT SELECT ON TABLE mypost.table1, mypost.table2 TO testrole ;
  ```

위와 같이 유저나 Role에 데이터베이스 오브젝트에 대한 권한을 부여하기 위해서 데이터베이스, 스키마 단위에서의 권한을 고려해야 한다.

8.2 오브젝트 종류에 따른 필요 권한

오브젝트 별로 사용하기 위한 권한이 다르며 각 오브젝트별로 필요한 권한은 아래와 같다.

구 분	설정 가능한 권한 이름
데이터베이스	CONNECT, CREATE, TEMP, ALL PRIVILEGES
스키마	USAGE, CREATE, ALL
테이블	SELECT, INSERT, UPDATE, DELETE, TRUNCATE, REFERENCES, TRIGGER, ALL PRIVILEGES
시퀀스	USAGE, SELECT, UPDATE, ALL PRIVILEGES
함수	EXECUTE
프로시저	EXECUTE

위와 같이 오브젝트 중 테이블의 경우에는 SELECT, INSERT, UPDATE, DELETE, TRUNCATE, REFERENCES, TRIGGER, ALL PRIVILEGES 권한이 있어야 해당 테이블에 대한 작업이 가능하다.

09 권한의 관리

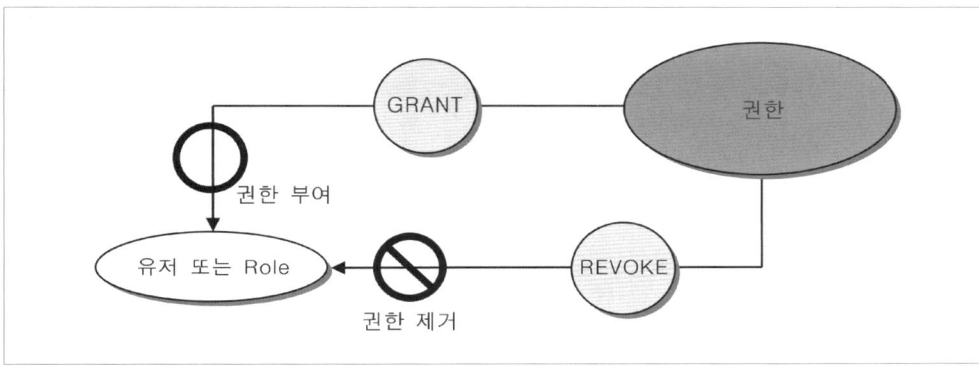

9.1 권한의 부여

권한의 부여는 GRANT 명령어로 수행한다. PostgreSQL은 특정 오브젝트 단위로 GRANT를 이용하여 권한을 부여한다. 아래의 예제를 통해 확인해 보자.

■ **데이터베이스 관련 권한 부여(특정 데이터베이스에 대해 권한 부여)**
```
testdb=# GRANT priv_name ON DATABASE db_name TO user_name;
```

■ **스키마 관련 권한 부여(특정 스키마에 대해 권한 부여)**
```
testdb=# GRANT priv_name ON SCHEMA schema_name TO user_name;
```

■ **테이블 관련 권한 부여(특정 테이블에 대해 권한 부여)**
```
testdb=# GRANT priv_name ON TABLE table_name TO user_name;
```

■ **시퀀스 관련 권한 부여(특정 시퀀스에 대해 권한을 부여)**
```
testdb=# GRANT priv_name ON SEQUENCE seq_name TO user_name;
```

■ **함수 관련 권한 부여(특정 함수에 대해 권한 부여)**

```
testdb=# GRANT priv_name ON FUNCTION fun_name TO user_name;
```

■ **프로시저 관련 권한 부여(특정 프로시저에 대해 권한 부여)**

```
testdb=# GRANT priv_name ON PROCEDURE pro_name TO user_name;
```

위의 명령어에서 설정 값을 확인해 보자.

설정 값	내용	설정 값	내용
priv_name	권한 이름	seq_name	시퀀스 이름
db_name	데이터베이스 이름	fun_name	함수 이름
table_name	테이블 이름	pro_name	프로시저 이름

예제를 확인해 보자.

■ **testdb 데이터베이스에 접속할 수 있는 권한 부여**

```
testdb=# GRANT CONNECT ON DATABASE test TO readwrite;
```

■ **testdb 데이터베이스의 mypost 스키마에 엑세스 권한 부여**

```
testdb=# GRANT USAGE ON SCHEMA mypost TO readwrite;
```

■ **특정 테이블에 대한 권한 부여**

```
testdb=# GRANT SELECT, INSERT, UDPATE, DELETE
        ON TABLE schema.table1, schema.table2 TO readwrite;
```

■ **스키마의 전체 테이블에 대한 권한 부여**

```
testdb=# GRANT SELECT, INSERT, UPDATE, DELETE
        ON ALL TABLES IN SCHEMA mypost TO readwrite;
```

■ **특정 함수에 대한 권한 부여**

```
testdb=# GRANT EXECUTE ON FUNCTION test.test_func TO readwrite;
```

■ **특정 프로시저에 대한 권한 부여**

```
testdb=# GRANT EXECUTE ON PROCEDURE test.test_proc TO readwrite;
```

위와 같이 권한을 부여할 수 있다. 특정 스키마에 대해 모든 테이블에 권한을 부여하고자 한다면 ALL TABLES IN SCHEMA 옵션으로 수행한다.

9.2 권한의 제거

권한 제거는 REVOKE 명령어로 수행한다. 아래 예제를 확인해 보자.

- **특정 데이터베이스 관련 권한 제거**
  ```
  testdb=# REVOKE priv_name ON DATABASE db_name FROM user_name;
  ```

- **특정 스키마 관련 권한 제거**
  ```
  testdb=# REVOKE priv_name ON SCHEMA schema_name FROM user_name;
  ```

- **특정 테이블 관련 권한 제거**
  ```
  testdb=# REVOKE priv_name ON TABLE table_name FROM user_name;
  ```

- **특정 시퀀스 관련 권한 제거**
  ```
  testdb=# REVOKE priv_name ON SEQUENCE seq_name FROM user_name;
  ```

- **특정 함수 관련 권한 제거**
  ```
  testdb=# REVOKE priv_name ON FUNCTION fun_name FROM user_name;
  ```

- **특정 프로시저 관련 권한 제거**
  ```
  testdb=# REVOKE priv_name ON PROCEDURE pro_name FROM user_name;
  ```

예제를 확인해 보자.

- **testdb 데이터베이스 접속 권한 제거**
  ```
  testdb=# REVOKE CONNECT ON DATABASE testdb FROM readwrite;
  ```

- **testdb 데이터베이스의 mypost 스키마 엑세스 권한 제거**
  ```
  testdb=# REVOKE USAGE ON SCHEMA mypost FROM readwrite;
  ```

- **특정 테이블 관련 권한 제거**
  ```
  testdb=# REVOKE SELECT, INSERT, UDPATE, DELETE ON TABLE table1, table2 FROM readwrite;
  ```

- **스키마의 전체 테이블에 대한 권한 제거**
  ```
  testdb=# REVOKE SELECT, INSERT, UPDATE, DELETE ON ALL TABLES IN SCHEMA mypost FROM readwrite;
  ```

9.3 유저에게 부여된 Role 확인

유저에게 부여된 Role을 확인해 보자. 아래 쿼리로 유저가 어떤 Role에 속해있는지 확인할 수 있다.

```
postgres=# SELECT r.rolname
            , ARRAY(SELECT b.rolname
                    FROM pg_catalog.pg_auth_members m
                    JOIN pg_catalog.pg_roles b
                    ON (m.roleid = b.oid)
                    WHERE m.member = r.oid) AS memberof
            , pg_catalog.shobj_description(r.oid, 'pg_authid') AS description
            , r.rolreplication
         FROM pg_catalog.pg_roles r
         WHERE r.rolname !~ '^pg_'
         ORDER BY 1;
  rolname  |  memberof  | description | rolreplication
-----------+------------+-------------+---------------
  apapp    | {apdml}    |             | f
  apddl    | {apdml}    |             | f
  apdml    | {apsel}    |             | f
  apinf    | {apsel}    |             | f
  apown    | {apddl}    |             | f
  apsel    | {}         |             | f
```

→ 위의 결과를 보면 apsel → apdml → apddl로 연결되는 권한 상속 관계를 확인할 수 있다. apown은 오브젝트의 관리를 위한 DDL, DML, SELECT 권한이 포함된 apddl Role을 상속하였다.

rolname 컬럼은 Role명이며 memberof 컬럼은 Role에 속한 멤버 Role이다. 위의 결과에서 apdml Role에는 apsel Role이 포함되어 있다.

9.4 테이블 권한 확인

아래 SQL로 유저가 테이블에 어떤 권한을 가지고 있는지 확인할 수 있다.

```
postgres=# SELECT grantor, grantee, table_schema, table_name, privilege_type, is_grantable
            FROM information_schema.role_table_grants;
 grantor  | grantee  | table_schema | table_name   | privilege_type | is_grantable
----------+----------+--------------+--------------+----------------+-------------
 postgres | postgres | pg_catalog   | pg_statistic | INSERT         | YES
 postgres | postgres | pg_catalog   | pg_statistic | SELECT         | YES
 postgres | postgres | pg_catalog   | pg_statistic | UPDATE         | YES
```
→ postgres 유저는 pg_catalog 스키마의 pg_statistic 테이블에 대한 INSERT, SELECT, UPDATE 권한을 가지고 있으며 해당 권한들을 다른 유저에게 부여할 수 있다.

위에서 사용된 role_table_grants 동적 뷰의 컬럼은 아래와 같다.

컬럼 명	설 명
grantor	권한을 부여한 Role
grantee	권한을 부여받은 Role
table_schema	스키마 명
table_name	테이블 이름
privilege_type	권한의 유형
is_grantable	권한을 부여할 수 있으면 YES, 권한을 부여할 수 없으면 NO로 표시

9.5 권한 부여 시 주의 사항

오브젝트에 대해 ALL 권한을 부여할 경우 기존에 생성되어 있는 오브젝트에 대해서는 모든 권한이 부여되지만 이후에 생성되는 오브젝트에 대해서는 생성할 때마다 별도로 권한을 부여해야한다. PostgreSQL에서는 이러한 번거로움을 해소하기 위해 Default Privileges 구문을 사용할 수 있다.

■ **mypost 스키마의 전체 테이블에 대한 권한 부여**
```
postgres=# GRANT SELECT, INSERT, UPDATE, DELETE
           ON ALL TABLES IN SCHEMA mypost TO readwrite;
```

■ **Default Privileges 구문(이후 시점에 생성되는 테이블에 대한 권한 부여)**
```
postgres=# ALTER DEFAULT PRIVILEGES IN SCHEMA mypost
           GRANT SELECT, INSERT, UPDATE, DELETE ON TABLES TO readwrite;
```

■ 시퀀스 권한 부여
```
postgres=# GRANT USAGE ON SEQUENCE seq1, seq2 TO readwrite;
postgres=# GRANT USAGE ON ALL SEQUENCES IN SCHEMA mypost TO readwrite;
```

■ Default Privileges 구문(이후 시점에 생성되는 시퀀스에 대한 권한 부여)
```
postgres=# ALTER DEFAULT PRIVILEGES IN SCHEMA mypost
           GRANT USAGE ON SEQUENCES TO readwrite;
```

위와 같이 Default Privileges 구문을 사용하면 권한 부여 이후 시점에 생성되는 오브젝트에도 자동으로 권한이 부여된다. 단, 스키마 단위로만 권한을 부여할 수 있으므로 각각의 스키마별로 설정해야 한다.

Section 10 권한의 종류

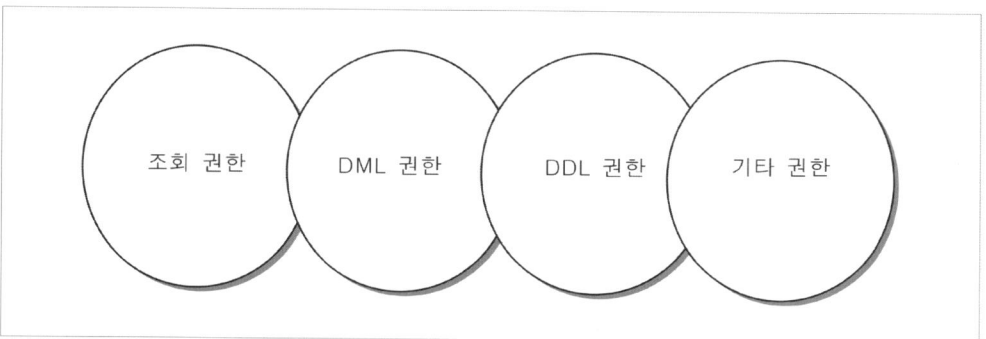

권한의 종류에 대해 확인해 보자.

컬럼 명	설 명
SELECT	테이블을 조회할 수 있는 권한
INSERT	테이블에 데이터 INSERT 권한
UPDATE	테이블의 데이터 UPDATE 권한
DELETE	테이블의 데이터 DELETE 권한
TRUNCATE	테이블 TRUNCATE 권한
REFERENCES	테이블 컬럼에 FK 제약 조건 생성 권한
TRIGGER	Trigger 생성 권한
CREATE	· 대상이 데이터베이스인 경우 스키마 생성 권한 · 대상이 스키마인 경우 테이블 등의 오브젝트 생성 권한
CONNECT	지정된 데이터베이스 연결 권한
TEMPORARY	데이터베이스에 임시 테이블 생성 권한
EXECUTE	함수 또는 Procedure 실행 권한
USAGE	· 대상이 스키마인 경우 오브젝트 엑세스 권한 · 대상이 스키마가 아니면 대상에 따라 권한이 다름
ALL PRIVILEGES	· 대상에 대한 모든 권한 · ON SCHEMA면 스키마의 모든 권한/ON TABLE이면 테이블의 모든 권한

SET	현재 세션에서 파라미터 설정 권한
ALTER SYSTEM	ALTER SYSTEM 명령어로 파라미터 설정 권한
MAINTAIN	Vacuum, Analyze, Reindex 등의 관리 작업 수행 권한

위 표에 열거된 권한들을 부여하는 예제를 확인해 보자.

■ **readonly Role 생성(public Role의 CONNECT 권한 회수 상태로 가정)**
postgres=# CREATE ROLE **readonly**;
→ 생성한 Role은 아무런 권한도 없고 패스워드도 설정하지 않았다. CREATE ROLE로 생성했기 때문에 데이터베이스에 접속할 수 없다.

■ **testdb 데이터베이스에 접속할 수 있는 권한 부여**
postgres=# GRANT **CONNECT** ON DATABASE testdb TO readonly;

■ **testdb 데이터베이스의 mypost 스키마 엑세스 권한 부여**
postgres=# GRANT **USAGE** ON SCHEMA mypost TO readonly;
→ 이 상태에서 readonly Role은 mypost 스키마에서 아무것도 할수 없기 때문에 다음과 같이 테이블에 대한 SELECT 권한을 부여할 수 있다

■ **mypost 스키마의 table1, table2 테이블 엑세스 권한 부여**
postgres=# GRANT **SELECT** ON TABLE table1, table2 TO readonly;

■ **mypost 스키마의 모든 테이블에 대한 SELECT 권한 부여**
postgres=# GRANT **SELECT ON ALL** TABLES IN SCHEMA mypost TO readonly;
→ 위와 같이 권한을 부여하면 권한 부여 이후 시점에 생성되는 테이블에 대한 SELECT 권한은 생성할 때마다 부여해야 한다. 이런 문제를 해결하기 위해 PostgreSQL 에서는 아래와 같이 DEFAULT PRIVILEGES 구문을 사용할 수 있다.

■ **Default Privileges 구문(이후 시점에 생성되는 테이블에 대한 권한 부여)**
postgres=# ALTER **DEFAULT PRIVILEGES** IN SCHEMA myschema
            GRANT SELECT ON TABLES TO readonly;

위와 같이 Role을 생성한 후에는 아래와 같이 유저 생성 시 Role을 부여할 수 있다.

■ **유저 생성 후 Role 부여**
postgres=# CREATE USER test1 WITH PASSWORD '123456';
postgres=# **GRANT** readonly TO test1;

■ **유저 생성 시 Role 부여**
postgres=# CREATE USER test1 WITH PASSWORD '123456' **IN ROLE** readonly;

PART 07

오브젝트

데이터베이스는 테이블, 인덱스, 뷰, 함수 등 다양한 오브젝트로 구성된다.
오브젝트는 데이터를 포함한 오브젝트와 포함하지 않는 오브젝트로 구분되며
데이터 또는 저장 영역이 필요한 오브젝트는
테이블, 인덱스, 파티션 테이블 등이 있다.
데이터 또는 저장 영역이 필요하지 않은 오브젝트는
뷰, 시퀀스, 트리거, 프로시저 등이 있다.
이 단원에서는 PostgreSQL에서 주로 사용하는
오브젝트를 중심으로 내용을 확인해 보자.

테이블(Table)의 개념

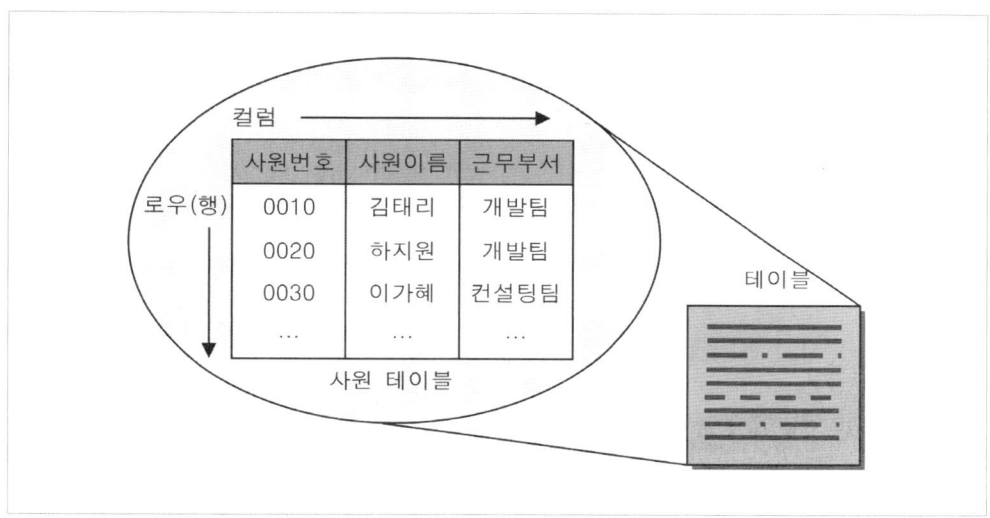

PostgreSQL은 관계형 DBMS(Relation DBMS)이다. 관계형 모델에서는 사물(엔티티)을 2차원 테이블로 표현하며 그것들의 관계가 테이블로 구성된다. 이와 같은 테이블은 CREATE TABLE 구문을 통해서 데이터베이스 내에 생성되며 테이블의 컬럼과 로우(행) 데이터는 Select, Insert, Update, Delete 구문을 통해 검색하거나 변경할 수 있다.

1.1 테이블의 컬럼과 로우

테이블의 구성 요소인 테이블의 컬럼과 로우를 확인해 보자. 테이블은 위의 그림과 같이 2가지 요소로 구성된다.

- 컬럼(Column)
- 로우(ROW) - 행

테이블은 가로축인 컬럼과 세로축인 로우로 이루어진다. 이 중 컬럼은 데이터의 특성을 결정짓는 요소이다. 테이블에 사원 데이터를 저장한다면 사원 테이블이 된다. 여기서 사원 데이터의 특성을 결정해 주는 것이 컬럼이다. 위의 그림의 경우 사원 테이블에 저장되는 데이터는 사원번호, 사원이름 및 근무부서이며 이 세 가지 컬럼의 조합이 사원 테이블의 특성을 나타낸다. 테이블의 특성이 지정되면 이 특성에 따라 실제 데이터가 저장된다. 실제 저장되는 데이터를 로우라고 한다.

항목	내용
컬럼(Column)	테이블에 저장될 데이터의 특성을 지정하는 구성 요소
로우(Row)	컬럼에 정의된 형식으로 저장된 데이터 한 건을 의미

1.2 컬럼의 데이터 타입 종류

컬럼의 데이터 타입에 대해 확인해 보자. 컬럼은 저장되는 데이터의 특성에 따라 아래와 같은 데이터 타입을 지정한다.

첫 번째로 숫자 형태의 데이터 타입에 대해 확인해 보자.

데이터 타입	의미	크기	설명
SMALLINT	작은 정수	2 Byte	[-32768] ~ [+32767]
INTEGER	표준 정수	4 Byte	[-2147483648] ~ [+2147483647]
BIGINT	큰 정수	8 Byte	[-9223372036854775808]~ [+9223372036854775807]
NUMERIC[(p,s)]	고정 소수	가변 크기	· 소수점 앞 최대 131072 자리에서 소수점 이하 16383 자리까지 표현 · p는 전체 자릿수, s는 소수점 이하 자릿수 · p, s를 지정하지 않고 사용하면 소수점 앞 최대 131072 자리에서 소수점 이하 16383 자리까지 제한
DECIMAL[(p,s)]	고정 소수	가변 크기	DECIMAL은 NUMERIC의 Alias이므로 동일
REAL	부동 소수	4 Byte	6자리 십진수
DOUBLE PRECISION	배정도 부동 소수	8 Byte	15자리 십진수

SMALLSERIAL	자동증분 작은정수	2 Byte	1 ~ 32767
SERIAL	자동증분 표준정수	4 Byte	1 ~ 2147483647
BIGSERIAL	자동증분 큰정수	8 Byte	1 ~ 9223372036854775807

두 번째로 문자 데이터 타입에 대해 확인해 보자.

데이터 타입	의 미	설 명
CHAR[(n)] CHARACTER[(n)]	고정 길이 문자열	· 고정 길이, 빈칸 채움 · 자릿수 없이 사용하면 CHAR(1)과 동일
VARCHAR[(n)] CHARACTER VARYING[(n)]	가변 길이 문자열	· 제한이 있는 가변 길이 · 자릿수 없이 사용하면 최대 길이가 지정되지 않은 무제한 가변 길이(단일 컬럼 크기 제한(1GB)에 의해 제한)
TEXT	장문의 문자열	무제한 가변 길이(단일 컬럼 크기 제한(1GB)에 의해 제한)

위의 데이터 타입 중 CHAR와 VARCHAR의 차이점을 예제를 통해 확인해 보자.

■ 테이블 생성(CHAR, VARCHAR 데이터 타입을 각각 포함하는 테이블 생성)
```
testdb=# CREATE TABLE col_test (id1 CHAR(3), id2 VARCHAR(3));
```

■ 데이터 입력
```
testdb=# INSERT INTO col_test VALUES ('A','A');
```

■ 크기 확인
```
testdb=# SELECT OCTET_LENGTH(id1), OCTET_LENGTH(id2)
         FROM COL_TEST;
 octet_length | octet_length
--------------+--------------
            3 |            1
```
→ OCTET_LENGTH 함수는 실제 저장되어 있는 데이터의 크기를 추출하는 함수이다.

위의 예제에서 동일한 'A' 값을 저장하였으나 CHAR 타입의 id1 컬럼에는 컬럼의 지정 값인 3 Bytes로 저장되며 VARCHAR 컬럼 타입의 id2 컬럼에는 실제 문자열 크기인 1 Byte로 저장되는 것을 확인할 수 있다. 결국 아래와 같은 결론에 도달한다.

데이터 타입	내 용
VARCHAR	실제 크기만큼만 저장
CHAR	저장되는 실제 크기가 아닌 정의된 데이터 타입의 크기만큼 저장

■ CHAR 데이터 타입과 VARCHAR 데이터 타입의 지정

위의 예제에서 확인한 것과 같이 CHAR 데이터 타입으로 선언한 경우 컬럼에 저장되는 데이터 크기와 상관없이 컬럼 생성 시 지정한 길이로 저장된다. 그렇기 때문에 공간 낭비 및 네트워크 부하 증가 등 VARCHAR 데이터 타입에 비해 여러 가지 단점을 가진다. 이런 이유에서 주민번호 등과 같은 고정된 크기의 문자를 저장하는 컬럼의 경우에만 CHAR 데이터 타입으로 지정할 것을 권장한다.

세 번째로 Binary 문자 데이터 타입에 대해 확인해 보자.

데이터 타입	설 명	크 기
bytea	가변 길이 바이너리 문자열	1 Byte 또는 4 Byte + 실제 바이너리 크기

bytea 데이터 타입은 표준 SQL에서 BLOB(Binary Large Object)과 유사한 데이터 타입이다. 영상 데이터 또는 이미지 데이터를 저장하는데 사용할 수 있다.

Bytea 데이터 타입은 Binary 데이터(이미지, 비디오 파일 등)를 다루기 위해 특수하게 처리하기 때문에 텍스트 데이터를 저장하는 것은 적합하지 않다. 긴 길이의 텍스트 데이터는 TEXT 타입을 사용하도록 한다.

네 번째로 날짜형 데이터 타입에 대해 확인해 보자.

데이터 타입	설 명	크 기	범 위
TIMESTAMP[p][without time zone]	날짜&시간 포함	8 Byte	1us/14자리
TIMESTAMP[(p)] with time zone	날짜&시간&시간대포함	8 Byte	1us/14자리
DATE	날짜	4 Byte	1일
TIME[p][without time zone]	시각	8 Byte	1us/14자리
TIME[(p)] with time zone	시각&시간대포함	12 Byte	1us/14자리
INTERVAL[fields][(p)]	시간 간격	16 Byte	1us/14자리

Date 데이터 타입과 Time 데이터 타입을 명확히 구분할 필요가 있다.

데이터 타입	내 용
DATE	날짜(연,월,일)를 저장하는 데이터 타입(YYYY-MM-DD 형식)
TIME	시간(시,분,초)을 저장하는 데이터 타입(HH:MM:SS 형식)

날짜형 데이터 타입은 보편적으로 날짜와 시간을 동시에 저장할 수있는 TIMESTAMP 데이터 타입의 사용을 권장한다. 아래 예제를 확인해 보자.

```
testdb=# CREATE TABLE ts_test (ts1 TIMESTAMP, ts2 TIME);
testdb=# INSERT INTO ts_test (ts1,ts2)
         VALUES (current_date+current_time,current_time);

testdb=# SELECT * FROM ts_test;
             ts1            |       ts2
----------------------------+-----------------
 2025-04-14 14:28:36.072076 | 14:28:36.072076
```

위와 같이 TIMESTAMP 데이터 타입은 날짜+시간 데이터를 저장하고 TIME 데이터 타입은 시간 데이터를 저장한다.

다섯 번째로 화폐형 데이터 타입을 확인해 보자.

데이터 타입	설 명	크 기	범 위
MONEY	화폐[통화]량	8 byte	[-9223372036854775 8.08] ~ [+9223372036854775 8.07]

MONEY 데이터 타입은 Locale에 따라 소수 전체 자릿수를 사용해 통화량을 저장한다. 또한, NUMERIC, INT 등과 같은 숫자형 데이터 타입으로 변환할 수 있으며 반대로 숫자형 데이터를 MONEY 데이터 타입으로 변환도 가능하다.

여섯 번째로 Boolean 데이터 타입을 확인해 보자.

데이터 타입	설 명	크 기
BOOLEAN	true 또는 false 값	1 byte

BOOLEAN 데이터 타입은 true 또는 false의 상태 값을 저장하며 그 외에 NULL 값도 저장 가능하다.

테이블(Table)의 종류

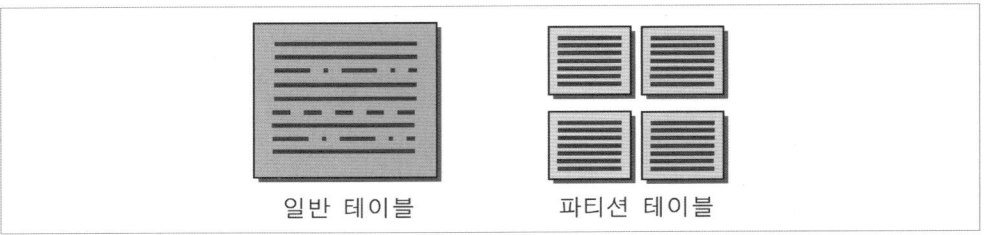

일반 테이블   파티션 테이블

테이블은 PostgreSQL 데이터베이스에서 실제 데이터가 저장되는 구조를 의미한다. 위의 그림과 같이 테이블은 일반 테이블과 파티션 테이블 두 종류로 구분된다.

항목	내용
일반 테이블	유저의 데이터를 저장하는 기본 구조의 범용 테이블
파티션 테이블	유저의 데이터를 물리적으로 분할하여 저장하는 테이블

2.1 일반 테이블

아래 그림을 통해 일반 테이블에 대해 확인해 보자.

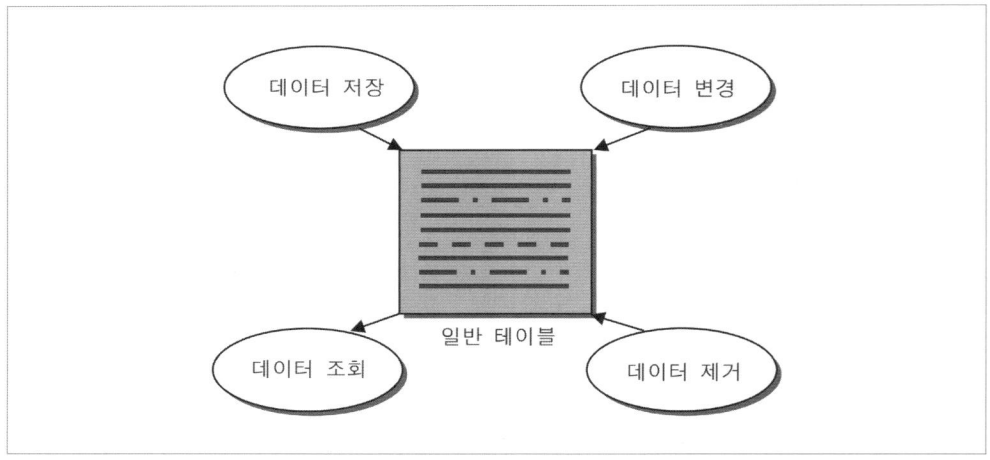

일반 테이블은 정렬되어 데이터가 저장되지 않고 저장되는 순서대로 데이터를 저장된다. 테이블 생성 방법은 아래와 같다.

■ **tb_axiom 테이블 생성**

```
testdb=# CREATE TABLE tb_axiom
        (id INT PRIMARY KEY, name VARCHAR(32) DEFAULT NULL);
```

■ **테이블 정보 확인**

```
testdb=# SELECT schemaname as Schema, tablename as Name, tableowner as Owner
         FROM pg_tables
         WHERE tablename = 'tb_axiom';
 Schema |   Name   |  Owner
--------+----------+----------
 public | tb_axiom | postgres
```

■ **tb_axiom 테이블 형상 확인**

```
testdb=# SELECT a.attname AS column, format_type(a.atttypid, a.atttypmod) AS data_type
         FROM pg_attribute a
         JOIN pg_class c ON a.attrelid = c.oid
         JOIN pg_namespace n ON c.relnamespace = n.oid
         LEFT JOIN pg_attrdef d ON d.adrelid = c.oid AND d.adnum = a.attnum
         WHERE c.relname = 'tb_axiom'       → 테이블명 지정
         AND n.nspname = 'public'           → 스키마명 지정
         AND a.attnum > 0
         AND NOT a.attisdropped
         ORDER BY a.attnum;
 column |      date_type
--------+----------------------
   id   | integer
  name  | character varying(32)
```

■ **인덱스 확인**

```
testdb=# SELECT ci.relname AS index_name,
            CASE
                WHEN i.indisprimary THEN 'Yes'
                ELSE 'No'
            END AS is_primary,
        am.amname AS index_method,
        string_agg(a.attname, ', ' ORDER BY x.ordinality) AS index_columns
```

```
            FROM pg_index i
            JOIN pg_class ci ON ci.oid = i.indexrelid         → 인덱스 테이블
            JOIN pg_class ct ON ct.oid = i.indrelid           → 원본 테이블
            JOIN pg_namespace n ON ct.relnamespace = n.oid
            JOIN pg_am am ON ci.relam = am.oid                → 인덱스 방식 (btree 등)
            JOIN unnest(i.indkey) WITH ORDINALITY AS x(attnum, ordinality) ON true
            JOIN pg_attribute a ON a.attrelid = ct.oid AND a.attnum = x.attnum
            WHERE ct.relname = 'tb_axiom'                     → 테이블명 지정
            AND n.nspname = 'public'                          → 스키마명 지정
            GROUP BY ci.relname, i.indisprimary, am.amname
            ORDER BY is_primary DESC, index_name;
    Index_name    | is_primary | index_method | index_columns
    --------------+------------+--------------+---------------
    tb_axiom_pkey |    YES     |    btree     |      id
```

위의 테이블 생성 예제는 가장 기본적인 생성 구문이며 해당 예제는 tb_axiom 테이블을 id 컬럼과 name 컬럼으로 생성하고 생성된 테이블 및 인덱스를 확인하는 예제이다.

 생성 가능한 테이블의 컬럼 수에는 제한이 있다. 컬럼 데이터 타입에 따라 250~1600개 사이다.

위의 테이블이 생성된 후 실제 파일시스템에 생성된 파일을 확인해 보자.

■ OID 확인을 통한 tb_axiom 테이블 파일 확인 방법

```
testdb=# SELECT datname, oid FROM pg_database;
  datname   |  oid
------------+-------
  postgres  | 13442
  template1 |     1
  template0 | 13441


testdb=# SELECT relname, oid FROM pg_class WHERE relname = 'tb_axiom';
  relname  |  oid
-----------+-------
  tb_axiom | 16837
```

→ postgres 데이터베이스의 oid는 13442이고 tb_axiom 테이블의 oid는 16837이다.
→ 이럴 경우 postgres 데이터베이스 내에 존재하는 tb_axiom 테이블은 /PostgreSQL/17/data/base/13442/16837 경로에 파일로 생성된다.

■ **pg_relation_filepath() 함수를 통한 tb_axiom 테이블 파일 확인 방법**

```
testdb=# SELECT setting||'/'||pg_relation_filepath('tb_axiom') path
        FROM pg_settings
        WHERE name = 'data_directory';
              path
----------------------------------------
/PostgreSQL/17/data/base/13442/16837
```

 NOTE

테이블 생성 시 각 테이블마다 고유 ID를 부여받으며 기본 테이블스페이스 경로인 $PGDATA/base에 부여받은 ID를 이름으로 사용하는 파일이 생성된다.

```
[postgresql]$ ls -al $PGDATA/base
......
drwx------. 2 postgres13 postgres13 8192  7월  5 10:17 13579  ← template0
drwx------. 2 postgres13 postgres13 8192  7월  5 15:39 13580  ← postgres
```

→ 13580 디렉토리에는 postgres 데이터베이스에 관련된 파일들이 누적되고 테이블이 생성되면 해당 디렉토리에 파일이 생성된다.

```
testdb=# create table cre_tab (col1 int);
CREATE TABLE

testdb=# SELECT oid, relname FROM pg_class WHERE relname='cre_tab';
  oid  | relname
-------+---------
 16502 | cre_tab

[postgresql]$ ls -al $PGDATA/base/13580/16502
-rw-------. 1 postgres13 postgres13 0  7월  5 15:50 16502
```

각 오브젝트마다 위와 같이 oid 별로 물리적인 파일이 생성된다. 생성되는 파일은 아래와 같이 3가지 파일이 생성된다.

파일명	설 명	생성 시기
16502	· 테이블 또는 인덱스의 데이터 파일	테이블 생성 시
16502_fsm	· FSM(Free Space Map) · 사용 가능 공간을 관리하는 파일	Vacuum 수행 시
16502_vm	· VM(Visibility Map) · Dead 로우 존재 여부 표기 파일	Vacuum 수행 시

2.2 파티션 테이블

PostgreSQL은 파티션 테이블을 지원한다. 파티션 테이블을 지원하는 이유와 방법에 대해 확인해 보자.

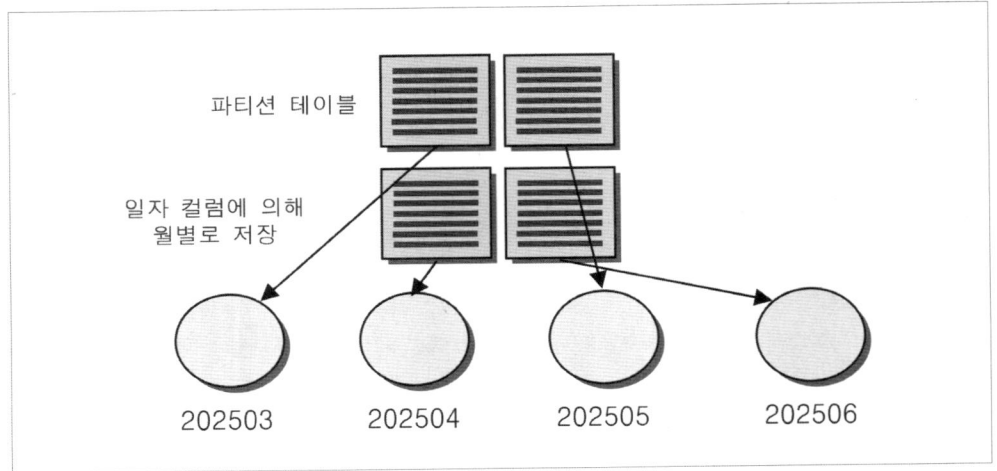

파티션 테이블은 일반 테이블을 특정 컬럼에 의해 물리적으로 구분하여 저장하는 형태의 테이블이다.

- 대용량 데이터를 효과적으로 저장하고 관리할 수 있는 오브젝트 형태이다.
- 각각의 파티션은 별도의 테이블 파티션으로 이루어져 데이터가 저장되므로 대용량 데이터일지라도 효율적인 관리가 가능하다.

파티션 테이블이 필요한 이유는 대용량 테이블을 일반 테이블로 구성할 때 발생할 수 있는 문제점 때문이다. 대용량 일반 테이블의 문제점에 대해 확인해 보자.

- 많은 양의 데이터가 한 테이블에 저장되어 많은 데이터를 추출하는 쿼리의 속도 저하 가능
- 대용량 테이블에 대해 데이터의 보관 주기 관리가 어려움
- 특정 범위 데이터를 Delete 구문으로 삭제할 경우 물리 디스크에서의 크기가 감소하지 않음

대용량 데이터의 효율적인 관리를 위해 파티션 테이블이 필요하고 파티션 테이블은 다음과 같은 장점과 제약 사항이 존재한다.

항목	내용
장점	· 하나의 논리적 또는 물리적 테이블에 저장하던 데이터를 다수의 물리적 조각으로 분할하여 분산 저장함으로써 특정 범위 내의 데이터 조회를 빠르게 수행할 수 있다. · 파티션 단위의 데이터를 Truncate 또는 Drop 구문으로 삭제할 경우 속도가 빠르고 사용하던 디스크 공간을 반납받을 수 있다.
제약 사항	Primary Key 혹은 Unique Key를 설정할 경우 반드시 파티션 Key 컬럼을 포함해야 한다.

각각의 파티션은 별도의 테이블 형태로 구성되어 데이터가 저장되므로 대용량 데이터일지라도 분산 저장하여 효율적인 관리가 가능하다. 또한, 파티션 테이블의 SQL은 일반 테이블에서 사용하는 SQL과 동일하게 사용이 가능하며 WHERE 조건에 따라 필요한 파티션만 엑세스하여 불필요한 데이터 엑세스를 감소시켜 성능이 향상될 수 있다.

 파티션 테이블이 무조건 성능 향상을 의미하는 것은 아니며 정확한 분석 후 적용되지 않는다면 성능 저하가 발생할 수 있다.

파티션 테이블은 아래와 같은 순서로 생성한다.

1. 모든 파티션 테이블의 기준이 되는 부모 테이블 생성
2. 부모 테이블에 제약 조건 및 인덱스 생성
3. 파티션 Key 컬럼 값에 해당하는 데이터가 저장될 자식 테이블 생성

위에 순서에 맞추어 파티션 테이블의 생성 예제를 확인해 보자.

 파티션 테이블 및 인덱스를 만드는 순서는 상황과 목적에 따라 변경될 수 있다.

첫 번째로 부모 테이블의 생성을 확인해 보자.

■ 부모 테이블 생성
```
testdb=# CREATE TABLE tb_customer
         (id            INT NOT NULL,
          name          VARCHAR(32),
          age           INT,
          payment_date  TIMESTAMP)
         PARTITION BY RANGE (payment_date);
```

부모 테이블은 데이터 저장 용도가 아니라 테이블 구조를 정의하는 용도로 사용되며 제약 조건과 인덱스를 생성할 수 있다.

두 번째로 제약 조건과 인덱스를 생성해 보자.

■ 제약 조건과 인덱스 생성
```
testdb=# CREATE INDEX tb_customer_ix1 ON tb_customer(age);
testdb=# ALTER TABLE tb_customer ADD CONSTRAINT tb_customer_pk PRIMARY KEY (id, payment_date);
```

생성한 제약 조건과 인덱스는 자식 테이블에도 자동으로 생성되지만 PK 제약 조건 명은 자식 테이블명_pkey로 생성되며 인덱스명은 자식테이블명_[인덱스컬럼명]_idx로 생성되기 때문에 관리적으로 필요하다면 이름을 변경해야 한다.

세 번째로 자식 테이블 생성을 확인해 보자.

■ **자식 테이블 생성**

```
testdb=# CREATE TABLE tb_customer_202501 PARTITION OF tb_customer
          FOR VALUES FROM ('20250101') TO ('20250201');
testdb=# CREATE TABLE tb_customer_202502 PARTITION OF tb_customer
          FOR VALUES FROM ('20250201') TO ('20250301');
testdb=# CREATE TABLE tb_customer_202503 PARTITION OF tb_customer
          FOR VALUES FROM ('20250301') TO ('20250401');
testdb =# CREATE TABLE tb_customer_maxvalue PARTITION OF tb_customer
          FOR VALUES FROM ('20250401') TO (MAXVALUE);
```

→ 마지막의 MAXVALUE 파티션에는 20250401 이상의 데이터가 Insert되는 경우 해당 데이터가 저장된다. 이는 비정상 데이터의 저장을 유지하여 데이터 유실을 막을수 있다.

→ 신규 파티션 추가 시에는 MAXVALUE 파티션을 제거하고 필요 파티션을 생성하거나 필요에 따라 DETACH PARTITION/ATTACH PARTITION 명령어로 구현할 수 있다.

■ **자식 테이블 확인**

→ tb_customer_202501 파티션을 확인해 보면 아래와 같이 제약 조건과 인덱스가 자동 생성된 것을 확인할 수 있다.

```
testdb=# SELECT tablename, indexname
         FROM pg_indexes
         WHERE tablename = 'tb_customer_202501';
```

tablename	indexname
tb_customer_202501	tb_customer_202501_age_idx
tb_customer_202501	tb_customer_202501_pkey

```
testdb=# SELECT conname, contype
         FROM pg_constraint   → 제약 조건 정보 조회
         WHERE conname ='tb_customer_202501_pkey';
```

conname	contype
tb_customer_202501_pkey	p

→ p는 PK 제약 조건을 의미한다.

■ 파티션 테이블에 데이터 입력

```
testdb=# INSERT INTO tb_customer values (1,'한효주',42,current_date);
testdb=# INSERT INTO tb_customer values (1,'한효주',42,DATE '2025-01-05');

testdb=# SELECT * FROM tb_customer;
 id |  name  | age |     payment_date
----+--------+-----+---------------------
  1 | 한효주 |  42 | 2025-01-05 00:00:00
  1 | 한효주 |  42 | 2025-03-14 00:00:00
```

→ 부모 테이블을 조회하면 데이터가 조회되지만 실제 부모 테이블에는 데이터가 존재하지 않는다.

```
testdb=# SELECT relname, oid, pg_size_pretty(pg_relation_size(oid))
          FROM pg_class where relname = 'tb_customer';
   relname   |  oid  | pg_size_pretty
-------------+-------+----------------
 tb_customer | 51316 | 0 bytes
```

→ 부모 테이블의 크기를 조회하면 0 Bytes로 데이터 증가 시에도 크기가 변하지 않는다.

```
testdb=# SELECT * FROM tb_customer_202501;
 id |  name  | age |     payment_date
----+--------+-----+---------------------
  1 | 한효주 |  42 | 2025-01-05 00:00:00
```

→ tb_customer_202501 테이블은 파티션 Key 컬럼의 값이 1월인 데이터가 저장되는 파티션 테이블이다.

```
testdb=# SELECT * FROM tb_customer_202503;
 id |  name  | age |     payment_date
----+--------+-----+---------------------
  1 | 한효주 |  42 | 2025-03-14 00:00:00
```

→ tb_customer_202503 테이블에는 파티션 Key 컬럼인 payment_date 컬럼의 값이 3월인 데이터가 저장되는 파티션 테이블이다. 저장되는 데이터는 조건에 맞는 테이블 파티션에 저장된다.

```
testdb=# SELECT relname, oid, pg_size_pretty(pg_relation_size(oid))
          FROM pg_class WHERE relname = 'tb_customer_202501' ;
      relname       |  oid  | pg_size_pretty
--------------------+-------+----------------
 tb_customer_202501 | 51323 | 8192 bytes
```

→ 부모 테이블의 크기는 0 Byte이지만 실제 크기는 데이터가 저장되는 파티션 테이블에 할당된다.

Section 03 테이블(Table)의 관리

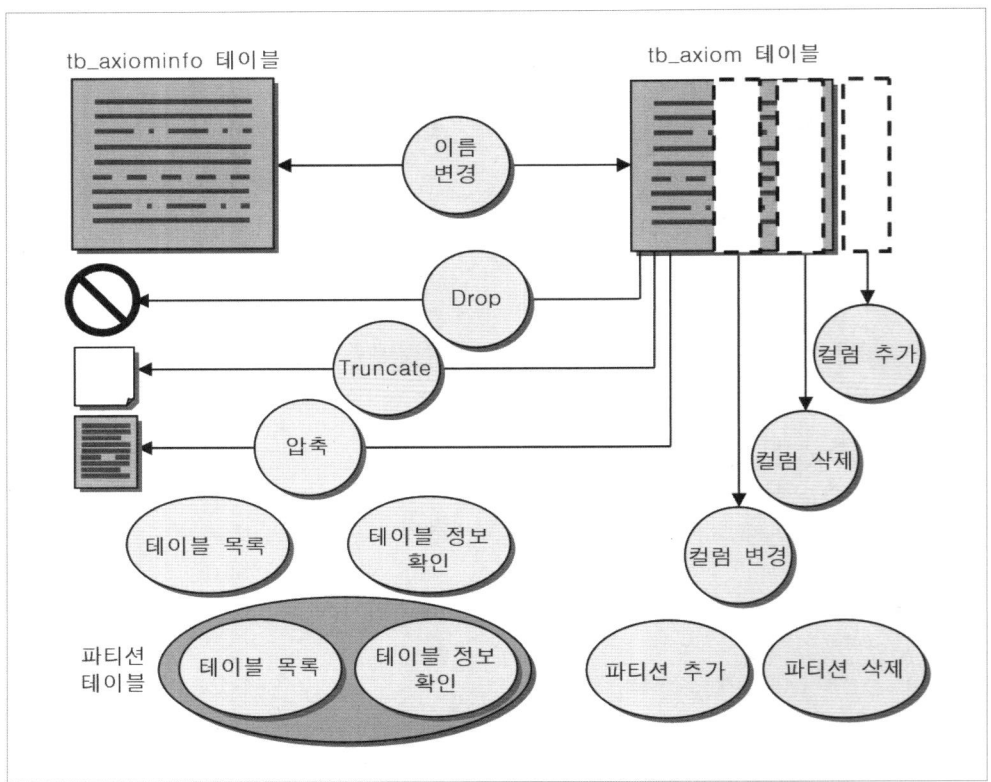

테이블을 관리하기 위한 명령어는 위와 같이 여러 가지가 존재한다.

3.1 테이블 목록 조회

테이블 목록을 조회하기 위해서는 아래와 같이 수행하여 확인이 가능하다.

```
testdb=# SELECT schemaname as Schema, tablename as Name, tableowner as Owner
        FROM pg_tables
        WHERE tablename = 'tb_axiom';
```

```
    Schema   |    Name    |  Owner
-------------+------------+----------
    public   |  tb_axiom  | postgres
```

위와 같이 SQL을 수행하면 접속한 데이터베이스의 스키마, 테이블 및 테이블 소유자를 확인할 수 있다.

3.2 컬럼 추가

데이터베이스를 운영하다 보면 특정 테이블에 컬럼을 추가해야 할 경우가 발생한다. 아래 예제를 통해 테이블에 컬럼을 추가하는 방법에 대해 확인해 보자.

```
testdb=# ALTER TABLE tb_axiom ADD COLUMN phone VARCHAR(11) DEFAULT NULL;
```

기존에 존재하는 tb_axiom 테이블에 데이터 타입이 VARCHAR(11)이며 Default 값을 NULL로 정의한 phone 컬럼을 추가하였다. 위와 같이 추가된 컬럼은 아래와 같이 확인이 가능하다.

```
testdb=# SELECT a.attname AS column,
                format_type(a.atttypid, a.atttypmod) AS data_type,
                NOT a.attnotnull AS nullable,
                pg_get_expr(d.adbin, d.adrelid) AS column_default
         FROM pg_attribute a
         JOIN pg_class c ON a.attrelid = c.oid
         JOIN pg_namespace n ON c.relnamespace = n.oid
         LEFT JOIN pg_attrdef d ON d.adrelid = c.oid AND d.adnum = a.attnum
         WHERE c.relname = 'tb_axiom'       → 테이블명 지정
         AND n.nspname = 'public'           → 스키마명 지정
         AND a.attnum > 0
         AND NOT a.attisdropped
         ORDER BY a.attnum;
 column |       date_type       | nullable |     column_default
--------+-----------------------+----------+------------------------
 id     | integer               | f        |
 name   | character varying(32) | t        | NULL::character varying
 phone  | character varying(11) | t        | NULL::character varying
```

 추가된 컬럼은 기존 테이블을 구성하는 컬럼의 우측 가장 끝에 위치한다.

3.3 컬럼 속성 변경

컬럼 변경으로 가능한 작업은 아래와 같다.

- 컬럼 데이터 타입의 종류 변경
- 컬럼 데이터 타입의 크기 변경

아래의 예제를 확인해 보자.

```
testdb=# ALTER TABLE tb_axiom ALTER COLUMN phone TYPE CHAR(11);
```

위와 같이 컬럼 변경을 수행한 후 아래와 같이 확인이 가능하다.

```
testdb=# SELECT a.attname AS column,
                format_type(a.atttypid, a.atttypmod) AS data_type,
                NOT a.attnotnull AS nullable,
                pg_get_expr(d.adbin, d.adrelid) AS column_default
         FROM pg_attribute a
         JOIN pg_class c ON a.attrelid = c.oid
         JOIN pg_namespace n ON c.relnamespace = n.oid
         LEFT JOIN pg_attrdef d ON d.adrelid = c.oid AND d.adnum = a.attnum
         WHERE c.relname = 'tb_axiom'      → 테이블명 지정
         AND n.nspname = 'public'          → 스키마명 지정
         AND a.attnum > 0
         AND NOT a.attisdropped
         ORDER BY a.attnum;
 column |      date_type       | nullable |     column_default
--------+----------------------+----------+------------------------
 id     | integer              | f        |
 name   | character varying(32)| t        | NULL::character varying
 phone  | character(11)        | t        | NULL::character varying
```

위의 예제를 통해 tb_axiom 테이블은 phone 컬럼의 데이터 타입이 VARCHAR(11)에서 CHAR(11)로 변경된 것을 확인할 수 있다.

컬럼 변경은 변경할 컬럼에 데이터가 1건이라도 저장되어 있는 경우 다음과 같은 제약 사항을 가진다.

제약 항목	내용
데이터 속성의 변경	컬럼 데이터 타입을 변경하는 시점에 해당 컬럼에 데이터가 존재하는 경우 변경되는 타입에 맞게 기존 데이터가 자동으로 변환될 수 없으면 변경에 실패한다.
컬럼 크기 축소와 확대	컬럼 크기 확대는 가능하며 축소는 축소하는 값에 위배되는 값이 테이블에 존재하지 않는다면 가능하다. 예를 들어, VARCHAR(20)에서 VARCHAR(10)으로 변경할 경우 해당 테이블에 저장되어 있는 데이터가 모두 10 Byte 이하면 축소가 가능하다. 만약 10 Byte 초과의 문자열이 포함되어 있다면 아래의 명령으로 문자열을 절삭하여 변경할 수 있다. ALTER TALBE table_name ALTER COLUMN column_name TYPE VARCHAR(10) **USING SUBSTRING(column_name FROM 1 FOR 10);**

3.4 컬럼 삭제

테이블에 존재하는 컬럼을 삭제하는 방법에 대해 확인해 보자.

```
testdb=# ALTER TABLE tb_axiom DROP COLUMN phone;
```

위와 같이 테이블에서 컬럼을 제거한 후에는 아래와 같이 확인이 가능하다.

```
testdb=# SELECT a.attname AS column,
                format_type(a.atttypid, a.atttypmod) AS data_type,
                NOT a.attnotnull AS nullable,
                pg_get_expr(d.adbin, d.adrelid) AS column_default
           FROM pg_attribute a
           JOIN pg_class c ON a.attrelid = c.oid
           JOIN pg_namespace n ON c.relnamespace = n.oid
           LEFT JOIN pg_attrdef d ON d.adrelid = c.oid AND d.adnum = a.attnum
          WHERE c.relname = 'tb_axiom'       → 테이블명 지정
            AND n.nspname = 'public'          → 스키마명 지정
            AND a.attnum > 0
            AND NOT a.attisdropped
          ORDER BY a.attnum;
 column |       date_type       | nullable |     column_default
--------+-----------------------+----------+------------------------
 id     | integer               | f        |
 name   | character varying(32) | t        | NULL::character varying
```

위의 예제와 같이 DROP COLUMN 명령어로 tb_axiom 테이블에서 phone 컬럼을 삭제할 수 있다.

■ **컬럼 삭제와 성능**

컬럼 삭제는 PostgreSQL에서 DROP COLUMN 명령을 통해 수행되며 이는 시스템 카탈로그에서 해당 컬럼에 대한 메타 데이터를 제거하여 보이지 않게 하는 방식이다. 이후 테이블에 대한 삽입(Insert) 및 갱신(Update) 작업에서는 해당 컬럼에 대해 NULL 값이 저장된다. 그러므로 컬럼을 삭제하는 작업은 빠르지만 테이블의 크기를 즉시 감소시키지 않는다. 삭제된 컬럼이 차지했던 공간은 로우가 갱신되면서 점차 회수된다.

3.5 테이블 이름 변경

테이블 이름 변경에 대해 확인해 보자.

```
testdb=# ALTER TABLE tb_axiom RENAME TO tb_axiominfo;
```

위와 같이 tb_axiom 테이블을 tb_axiominfo 테이블로 이름을 변경할 수 있다. 변경된 테이블 이름을 확인해 보자.

```
testdb=# SELECT schemaname as Schema, tablename as Name, tableowner as Owner
        FROM pg_tables
        WHERE tablename = 'tb_axiominfo';
 Schema |     Name     |  Owner
--------+--------------+----------
 public | tb_axiominfo | postgres
```

3.6 테이블 Drop

기존의 테이블을 삭제할 경우 DROP TABLE 명령어를 사용한다. DROP TABLE 구문을 사용하면 테이블에 저장되어 있는 데이터를 포함하여 테이블의 구조도 완전히 삭제된다.

```
testdb=# DROP TABLE tb_axiominfo;
testdb=# SELECT schemaname as Schema, tablename as Name, tableowner as Owner
        FROM pg_tables
        WHERE tablename = 'tb_axiominfo';
 Schema |   Name   | Owner
--------+----------+----------
(0 rows)
```

위 명령으로 tb_axiominfo 테이블이 삭제되고 테이블 목록 조회에서도 추출되지 않는다.

■ **테이블과 인덱스**

테이블을 Drop하면 테이블과 관련된 모든 인덱스 또한 Drop된다. 반대로 인덱스를 Drop한다고 해당 테이블이 Drop되지는 않는다.

3.7 테이블 Truncate

Truncate 구문은 테이블에 있는 모든 데이터를 삭제한다. Truncate 테이블은 아래와 같은 특징을 가진다.

- Delete 문은 데이터를 삭제해도 데이터가 차지하고 있던 공간은 유지되지만 Truncate 문을 사용하면 테이블 구조만 남고 삭제된 데이터가 점유하고 있는 공간까지 반납된다.
- Truncate가 수행되는 테이블은 해당 테이블의 인덱스도 Truncate된다.

아래의 예제를 확인해 보자.

```
testdb=# SELECT * FROM tb_axiominfo;
  id  |  name
------+--------
 1111 | 양희선
 2222 | 표명환

testdb=# TRUNCATE TABLE tb_axiominfo;
TRUNCATE TABLE

testdb=# SELECT * FROM tb_axiominfo;
 id | name
----+------
```

TRUNCATE TABLE을 수행한 후에는 위와 같이 tb_axiominfo 테이블은 존재하지만 실제 데이터는 모두 삭제된다.

■ **Drop VS Truncate VS Delete의 비교**

항 목	Drop	Truncate	Delete
테이블 구조(Layout)	삭제	유지	유지
데이터	모두 삭제	모두 삭제	Where 조건에 의해 삭제
공간	모두 반납	모두 반납	반납하지 못함

■ **테이블 정보 확인**

PostgreSQL에서 기본적으로 제공하는 psql에서 테이블에 대한 정보를 확인하는 방법을 알아 보자.

테이블 정보 조회 명령	내 용
\d, \dt	테이블 목록 조회
\d table_name, \dt table_name	테이블 컬럼 및 데이터 타입 조회
\di, \di index_name	테이블의 인덱스 정보 조회

위에서 소개한 테이블 정보 조회 명령으로 조회하면 원하는 테이블에 대한 정보를 확인할 수 있다.

■ **테이블 목록 조회 예제**

```
testdb=# \dt
         List of relations
 Schema |     Name     | Type  |  Owner
--------+--------------+-------+----------
 public | tb_axiominfo | table | postgres
```

\d는 테이블, 뷰 및 시퀀스에 대한 목록을 추출한다. 추출되는 컬럼을 확인해 보자.

컬럼 명	내용
Schema	테이블 스키마 정보
Name	테이블 이름

컬럼 명	내용
Type	오브젝트 타입
Owner	오브젝트 소유자

■ 테이블 컬럼 및 데이터 타입 조회 예제

```
testdb=# \d tb_axiominfo   → 테이블 이름 지정
              Table "public.tb_axiominfo"
 Column |         Type          |          Modifiers
--------+-----------------------+-----------------------------
 id     | integer               | not null
 name   | character varying(32) | default NULL::character varying
Indexes:
    "tb_axiom_pkey1" PRIMARY KEY, btree (id)
```

\d table_name은 테이블, 뷰 및 시퀀스 또는 인덱스에 대한 설명을 추출한다. 추출되는 컬럼을 확인해 보자.

컬럼 명	내용
Column	테이블에 포함된 컬럼 이름
Type	테이블에 포함된 컬럼의 데이터 타입

컬럼 명	내용
Modifiers	기본값 설정 등의 정보
Indexes	테이블에 생성되어 있는 인덱스 정보

3.8 파티션 추가

파티션 추가는 아래와 같이 수행한다.

```
testdb=# CREATE TABLE tb_customer_202504 PARTITION OF
         tb_customer FOR VALUES FROM ('20250401') TO ('20250501');
```
→ 위와 같이 수행하여 tb_customer 테이블에 tb_customer_202504 파티션을 추가할 수 있다.

3.9 파티션 삭제

단순히 파티션 테이블을 삭제하려면 DROP TABLE 명령어로 수행하면 된다. 서비스 영향을 최소화하기 위해서는 부모 테이블로부터 분리(DETACH PARTITION) 후 삭제가 유리하다.

■ DROP 명령어를 이용한 삭제

```
testdb=# DROP TABLE tb_customer_202501;
```
→ DROP TABLE 명령어은 부모 테이블에 ACCESS EXCLUSIVE Lock을 발생시켜 해당 테이블에 모든 엑세스가 불가능해 진다.

■ 부모 테이블로부터 분리 후 삭제

```
testdb=# ALTER TABLE tb_customer DETACH PARTITION tb_customer_202501 CONCURRENTLY;
testdb=# DROP TABLE tb_customer_202501;
```

→ DETACH PARTITION 명령어에 CONCURRENTLY 옵션을 사용하면 SHARE UPDATE EXCLUSIVE Lock만 발생하여 다른 세션에 대한 차단이 최소화된다. DETACH PARTITION 작업이 완료된 후 DROP TABLE을 실행하면 부모 테이블에는 영향이 없다.

3.10 파티션 정보 확인

파티션 테이블의 정보를 확인하는 방법은 아래와 같다.

■ 부모 테이블 정보 확인

```
testdb=# SELECT c.oid::regclass AS parent_table, n.nspname AS schema_name,
             CASE pt.partstrat
                 WHEN 'r' THEN 'Range Partition'
                 WHEN 'l' THEN 'List Partition'
                 WHEN 'h' THEN 'Hash Partition'
             END AS partition_strategy,
             a.attname AS partition_key
         FROM pg_partitioned_table pt
         JOIN pg_class c ON pt.partrelid = c.oid
         JOIN pg_namespace n ON c.relnamespace = n.oid
         JOIN pg_attribute a ON a.attrelid = c.oid
         AND a.attnum = ANY(pt.partattrs);
 parent_table | schema_name | partition_strategy | partition_key
--------------+-------------+--------------------+---------------
 tb_customer  | public      | Range Partition    | payment_date
```

→ 결과에서 partition_strategy 컬럼은 현재 테이블의 파티션 유형이며 partition_key 컬럼은 파티션 Key 컬럼을 의미한다.

■ 자식 테이블 정보 확인

```
testdb=# SELECT c.relname AS partition_name,
             pg_get_expr(c.relpartbound, c.oid, true) AS partition_bound
         FROM pg_partition_tree('tb_customer') AS t
         JOIN pg_class AS c ON t.relid = c.oid
         ORDER BY c.relname;
  partition_name    |                         partition_bound
--------------------+------------------------------------------------------------------
 tb_customer        |
 tb_customer_202501 | FOR VALUES FROM ('2025-01-01 00:00:00') TO ('2025-02-01 00:00:00')
 tb_customer_202502 | FOR VALUES FROM ('2025-02-01 00:00:00') TO ('2025-03-01 00:00:00')
 tb_customer_202503 | FOR VALUES FROM ('2025-03-01 00:00:00') TO ('2025-04-01 00:00:00')
```

→ 결과에서 partition_bound 컬럼은 각각의 테이블 파티션에 저장할 수는 데이터의 범위이다.

인덱스(Index)의 개념

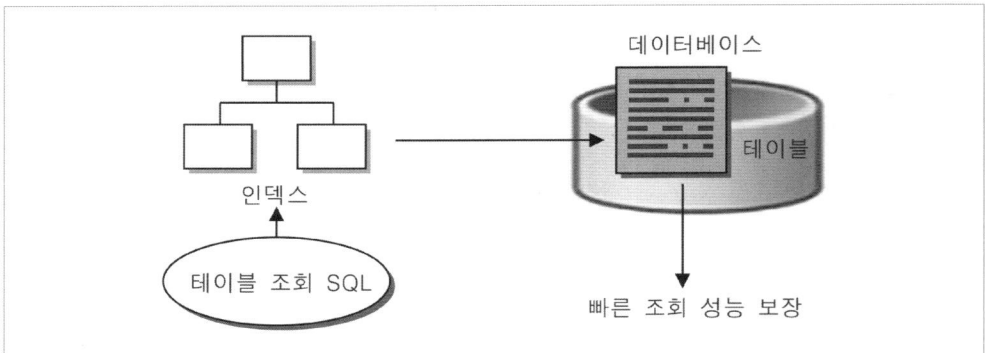

인덱스는 쿼리 성능을 향상시키는 역할을 한다.

- 인덱스를 사용하면 적은 데이터 조회 시 빠른 성능을 보장한다.
- 인덱스의 생성은 데이터베이스에 오버헤드를 발생시키므로 조회 성능을 향상시키면서 최소의 개수로 생성해야 한다.

인덱스에 대해 자세히 확인해 보자.

4.1 인덱스의 개념 및 장점과 단점

그림과 같이 인덱스는 테이블 내에서 원하는 데이터를 빠르게 엑세스하기 위해 생성하는 오브젝트이다. 따라서 인덱스는 아래와 같이 정의할 수 있다.

✓ **인덱스** – SQL의 수행 속도를 향상시키기 위해서 테이블과는 별도로 생성되는 오브젝트

예를 들어, 책의 색인은 책 내용 중에서 찾고자 하는 위치를 쉽고 빠르게 찾을 수 있도록 도와준다. 데이터베이스에서의 인덱스도 책의 색인과 같은 개념이다. 상품 정보를 저장하고 있는 테이블에서 사용자가 특정 상품을 찾기 위해서는 테이블의 처음부터 끝까지 상품명이 검색될 때까지 검색을 수행해야 한다. 찾고자 하는 상품이 테이블 검색 범위의 첫 부분에 존재한다면 바로 찾을 수 있지만 검색 범위의 가장 끝 위치에 존재한다면 처음부터 끝까지 모

두 다 검색해야 한다. 이런 비효율적인 자원 사용을 제거하고 디스크 I/O를 감소시키기 위해 인덱스를 사용한다.

인덱스의 장점 및 단점을 확인해 보자.

항목	내용
장점	· 적은 데이터를 엑세스하는 쿼리의 성능을 향상시킨다. · 효과적인 인덱스 사용으로 디스크 I/O의 최소 사용을 보장한다.
단점	· 테이블의 데이터 용량 외 추가 공간이 필요하다. · 경우에 따라 대용량의 데이터 추출 시 인덱스 사용은 성능을 저하시키기도 한다. · 데이터의 Insert, Delete, Update 작업 시(DML) 인덱스 또한 갱신해야 하므로 쓰기 성능을 저하시킨다.

4.2 인덱스의 종류

데이터베이스를 이용한 업무가 더욱 더 복잡해지고 다양해지면서 그에 따른 요구 조건도 더 복잡해지고 있다. 그래서 테이블을 조회하는 업무가 복잡해지고 데이터를 효과적으로 엑세스하기 위한 인덱스의 종류와 구조도 다양해 졌다. 아래는 PostgreSQL에서 제공되는 인덱스의 종류이다.

구분	인덱스 종류	내용
컬럼 개수에 따른 분류	단일 컬럼 인덱스	· 하나의 컬럼으로 생성된 인덱스 · Where 조건이 하나의 테이블에 대해 단일 조건으로 작성되는 경우 및 다수의 Where 조건이 존재할 경우도 사용
	복합 컬럼 인덱스	· 두 개 이상의 컬럼으로 생성된 인덱스 · 테이블을 엑세스하는 쿼리에 다수의 Where 조건이 존재할 경우 처리 범위를 감소시키기 위해서 사용
데이터 구조에 따른 분류	Primary Key 인덱스	· Primary Key는 중복된 값을 허용하지 않으며 유일한 값을 가진다. · 해당 Key는 로우의 고유성을 유지시키기 위해 사용된다. · NULL 값을 허용하지 않는다.
	Unique 인덱스	· Primary Key와 동일하게 중복된 값을 허용하지 않는 인덱스이다. · NULL 값은 서로 다른 값으로 취급하여 NULL 값의 중복을 허용한다.
	일반 인덱스	· 일반적인 인덱스이다. · 중복 값을 허용하며 조건에 부합하는 데이터의 빠른 검색을 위해 사용하는 인덱스다. · LIKE 조건 검색 시 LIKE 앞 부분에 와일드 카드 %, ? 가 입력될 경우에는 인덱스를 사용할 수 없다. · NULL 값을 허용한다.

생성 구조에 따른 분류	B-트리 인덱스	· 트리 구조의 인덱스 · 대용량 테이블에서 적은 데이터를 추출하는 경우 사용
	해쉬(Hash) 인덱스	· 해쉬 함수를 이용한 인덱스 · 컬럼의 분포도가 나쁜 컬럼에 대해서 사용 가능
	그 외 인덱스	· GIN(Generalized Inverted Index) 인덱스 · GiS(Generalized Search Tree) 인덱스

대용량의 데이터를 보관하는 테이블에서 소량의 데이터 추출 시 SQL의 성능 향상을 위해서는 반드시 인덱스가 필요하다. 인덱스를 생성하면 컬럼 개수에 따른 분류, 데이터 구조에 따른 분류 및 생성 구조에 따른 분류를 각각 선택하여 생성한다. 예를 들어, 하나의 인덱스를 생성하는 경우 복합 컬럼 인덱스로 생성하면서 일반 인덱스를 선택하고 이를 B-트리 인덱스로 생성할 수 있다. 생성 구조에 따른 인덱스 종류에 대해 아래에서 자세히 확인해 보자.

4.3 B-트리 인덱스

가장 일반적이고 보편적으로 사용하는 인덱스이다. 아래 그림을 통해 B-트리 인덱스의 구조에 대해 확인해 보자.

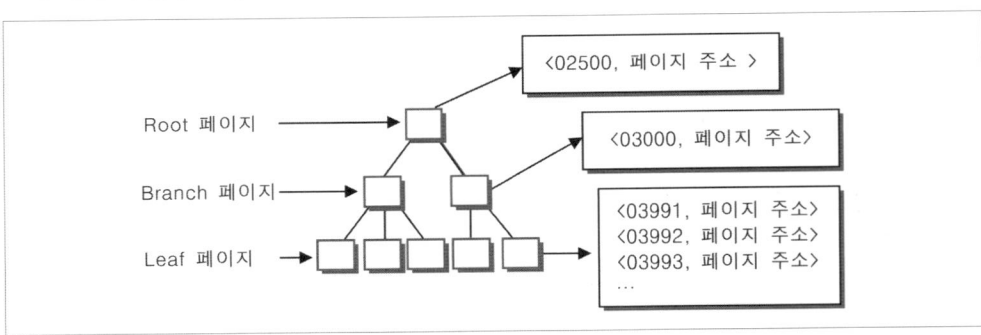

B-트리 인덱스는 가장 흔히 사용되는 인덱스이며 전체적인 구조가 균형적인 나무의 가지 형태를 하고 있어서 B-트리(Balanced Tree) 인덱스라 부른다. B-트리 인덱스를 구성하는 페이지들은 다음과 같이 구분된다.

항목	내용
Root 페이지	분기할 수 있는 Key 값과 하위 레벨인 Branch 페이지들에 대한 주소 값(Downlink) 저장
Branch 페이지	분기할 수 있는 Key 값과 하위 레벨인 Leaf 페이지들에 대한 주소 값(Downlink) 저장
Leaf 페이지	실제 인덱스 Key 컬럼 값과 해당 로우가 저장된 테이블의 물리적 위치(TID) 저장

인덱스를 이용한 데이터 엑세스에 대해 아래 예제를 통해 확인해 보자.

```
testdb=# SELECT 사원번호, 이름
        FROM 직원
        WHERE 부서번호 = 110;
 사원번호 |  이름
----------+--------
    1000  | 송혜교
```

위의 예제를 수행하면 부서번호 조건이 Where 조건에 존재하므로 부서번호 컬럼에 인덱스가 존재한다면 해당 인덱스를 이용하여 결과를 추출할 수 있다.

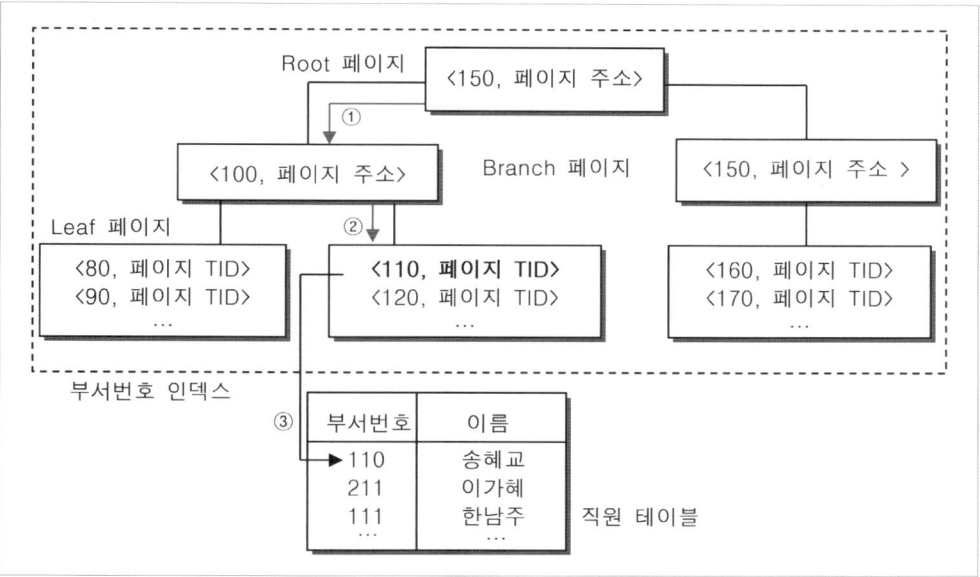

해당 SQL을 수행하기 위해 인덱스를 엑세스하는 방법에 대해 확인해 보자.

1. 부서번호 인덱스의 Root 페이지을 확인한다. 해당 Root 페이지을 확인하면 〈150, 페이지 주소〉를 확인할 수 있다. 이 뜻은 해당 인덱스의 Key 값인 부서번호 컬럼의 값이 150보다 크거나 같으면 우측 Branch 페이지로 이동하고 작으면 좌측 Branch 페이지로 이동하라는 뜻이 된다.
2. ①단계에서 부서번호 컬럼의 값이 150보다 작은 값을 조회하고 있으므로 좌측 Branch 페이지로 이동한다. 해당 Branch 페이지에서 〈100, 데이터 페이지〉 값을 확인할 수 있다. 이 뜻은 엑세스하고자 하는 부서번호 값이 150 이상이면 우측 하위 페이지로 150 미만이면 좌측 하위 페이지로 이동하라는 뜻이 된다.

3. 추출하고자 하는 부서번호 값이 100보다 크므로 ②단계와 같이 우측 하위 페이지로 이동하게 된다.
4. 하위 페이지로 이동하면 해당 페이지는 Leaf 페이지가 되므로 실제 추출하고자 하는 110번 부서번호에 대한 값을 확인하여 ③단계와 같이 Leaf 페이지에 존재하는 110번 부서번호의 페이지 TID를 이용하여 테이블에서 해당 로우를 조회한다.

이와 같이 트리 구조를 타고 내려와 데이터가 보관된 페이지의 주소(페이지 TID)를 추출할 수 있다. 추출한 해당 페이지 주소(페이지 TID)로 실제 직원 테이블을 바로 엑세스할 수 있게 된다. 위와 같은 B-트리 인덱스는 다음과 같은 특성을 가진다.

- 온라인 업무처럼 적은 로우의 데이터 엑세스 시 유리
- 분포도가 나쁜 컬럼에 대해서는 성능 저하 발생 가능
- 한 건의 데이터 엑세스 시 어느 로우나 동일한 양의 인덱스 페이지 엑세스로 성능 동일

■ 분포도(Cardinality)
분포도가 낮다 또는 나쁘다는 의미는 중복되는 데이터가 많다는 의미와 동일하다. 예를 들어 성별 컬럼은 '남자' 또는 '여자' 값이 저장된다. 그렇기 때문에 남자 데이터가 확률적으로는 50%를 차지한다. 물론 여자 데이터도 확률적으로는 50%를 차지하게 될 것이다. 이렇듯 중복되는 값이 많다면 분포도가 낮다 또는 나쁘다고 말한다.

4.4 해쉬(Hash) 인덱스

인덱스 컬럼의 값을 해쉬 함수로 변환하여 저장하고, 동일한 해쉬 값을 가진 항목들을 빠르게 검색할 수 있도록 하는 인덱스 방식이다. 해쉬 인덱스는 동등 비교만 처리할 수 있다. 때문에 인덱스 컬럼이 Where 조건에서 동등(=) 연산자를 사용한 경우 해쉬 인덱스를 사용할 수 있다. 해쉬 인덱스의 특징은 아래와 같다.

- 해쉬 인덱스의 사용은 동등(=) 연산자 일때만 사용 가능
- 인덱스의 공간 또는 크기는 B-트리 인덱스보다 매우 작아 더욱 효율적

해쉬 인덱스는 동등 비교 처리에 특화되어 데이터 분포가 고를 경우 B-트리 인덱스보다 빠른 성능을 기대할 수 있다. 또한 인덱스 컬럼 값이 아니라 해쉬 값을 저장하므로 B-트리 인덱스보다 인덱스 크기가 작을 수 있다.

```
testdb=# CREATE INDEX ix_axiom_grade_hash ON axiom USING HASH(grade);
```

■ 그 외 인덱스 종류

인덱스 종류	내 용
GIN (Generalized Inverted Index) 인덱스	· Full Text 또는 JSONB, ARRAY 타입 등의 데이터 검색에 유용한 인덱스이다. · GIN 인덱스는 방대한 Text 데이터에서 특정 Text를 검색할 때 좋은 성능을 보장할 수 있다. · 예를 들어 수백 만개의 노래 제목이 저장된 데이터에서 특정 단어를 엑세스하는 경우 빠른 검색 기능을 제공한다. 이런 불규칙한 텍스트를 검색하기 위해서는 Like 조건과 % 연산자를 사용하여 WHERE data LIKE '%abc%' 같은 검색을 수행한다. 이와 같은 경우 아래와 같은 현상이 발생한다. <table><tr><th>구 분</th><th>내 용</th></tr><tr><td>B-트리 인덱스</td><td>인덱스를 이용할 수 없다.</td></tr><tr><td>GIN 인덱스</td><td>인덱스를 이용할 수 있다.</td></tr></table> · testdb=# CREATE INDEX gin_search_idx ON gin_test 　　　　　**USING GIN**(data_indexed gin_trgm_ops); → gin_trgm_ops 컬럼에 인덱스 생성
GiST (Generalized Search Tree) 인덱스	· 숫자(실수/정수), 문자열, 배열, 범위 등 다양한 데이터 유형을 지원한다. 또한, 사용자 정의 데이터 유형에 대해서도 인덱스를 생성할 수 있다. · Full Text 검색과 Geometric 유형에 유리한 인덱스이다. · GiST 인덱스는 특히 범위 쿼리에 대해 높은 성능을 제공한다. 예를 들어, 특정 범위 내의 날짜 값을 검색하는 경우 GiST는 효율적인 범위 검색을 수행할 수 있다. · GiST 인덱스는 사용자 정의가 가능하므로 사용자가 직접 인덱스 스키마를 설계하고 구현할 수 있다. 이는 특정 사용 사례에 대해 매우 최적화된 인덱스를 만들 수 있게 해준다. · testdb=# CREATE INDEX gist_idx ON gin_test 　　　　　**USING GIST**(data_indexed inet_ops); → inet_ops 컬럼에 인덱스 생성

자세한 사용법은 PostgreSQL 매뉴얼을 참조바란다.

인덱스(Index)의 관리

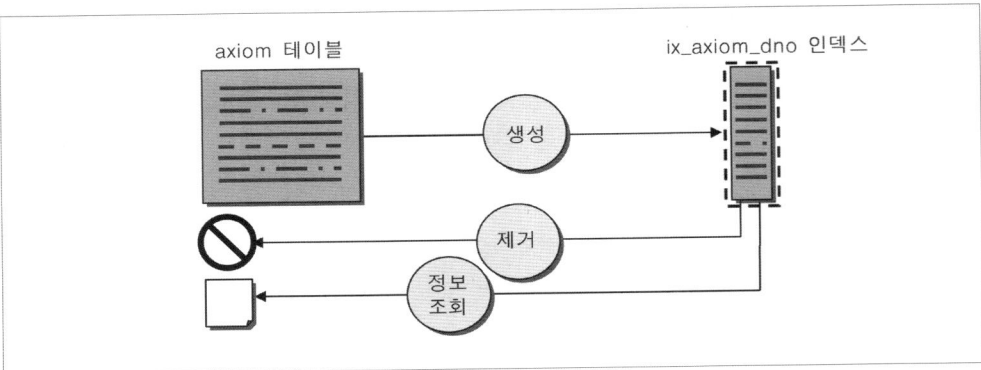

5.1 단일 컬럼 인덱스 생성

단일 컬럼으로 인덱스를 생성하는 경우를 확인해 보자.

```
testdb=# CREATE TABLE axiom(d_no int, e_no int, e_name varchar(5), d_name varchar(10));
testdb=# CREATE INDEX ix_dno ON axiom (d_no);
```

위와 같이 CREATE INDEX를 수행하면 axiom 테이블의 d_no 컬럼으로 인덱스가 생성된다. 인덱스 이름은 ix_dno가 된다.

5.2 결합 컬럼 인덱스 생성

인덱스 생성 시 2개 이상의 컬럼으로 생성하는 경우를 확인해 보자.

```
testdb=# CREATE INDEX ix_dno_ename ON axiom (d_no, e_name);
```

결합 컬럼 인덱스는 Where 조건절의 컬럼들을 결합하여 인덱스를 생성하는 방법이다.

 인덱스의 첫 번째 컬럼이 반드시 Where 절에 명시되어야 인덱스를 사용할 수 있다.

5.3 Unique 인덱스 생성

인덱스가 생성되는 컬럼 값들에 대한 유일성이 보장된다면 Unique 인덱스로 생성이 가능하다. 기본값은 Non-Unique 인덱스이다. Unique 인덱스란 해당 컬럼에 중복된 값이 존재하지 않는 인덱스를 의미한다. Unique 인덱스 생성 시 지정된 컬럼에 중복된 값이 존재한다면 에러가 발생하며 인덱스가 생성되지 않는다.

```
testdb=# CREATE UNIQUE INDEX ix_axiom_eno ON axiom (e_no);
```

위와 같이 Unique 옵션을 이용하여 Unique 인덱스를 생성할 수 있다.

5.4 인덱스 삭제

인덱스 삭제에 대해 확인해 보자.

■ 인덱스 정보 확인
```
testdb=# SELECT tablename, indexname
         FROM pg_indexes
         WHERE tablename = 'axiom';
 tablename |   indexname
-----------+---------------
 axiom     | ix_dno
 axiom     | ix_dno_ename
 axiom     | ix_axiom_eno
```

■ 인덱스 삭제
```
testdb=# DROP INDEX ix_axiom_eno;
DROP INDEX
```

■ 인덱스 정보 확인
```
testdb=# SELECT  tablename, indexname
         FROM pg_indexes
         WHERE tablename = 'axiom';
 tablename |   indexname
-----------+---------------
 axiom     | ix_dno
 axiom     | ix_dno_ename
```

위의 예제에서 ix_axiom_eno 인덱스 삭제 후에 테이블 정보를 확인하면 해당 인덱스가 존재하지 않는 것을 확인할 수 있다.

뷰(VIEW)의 개념

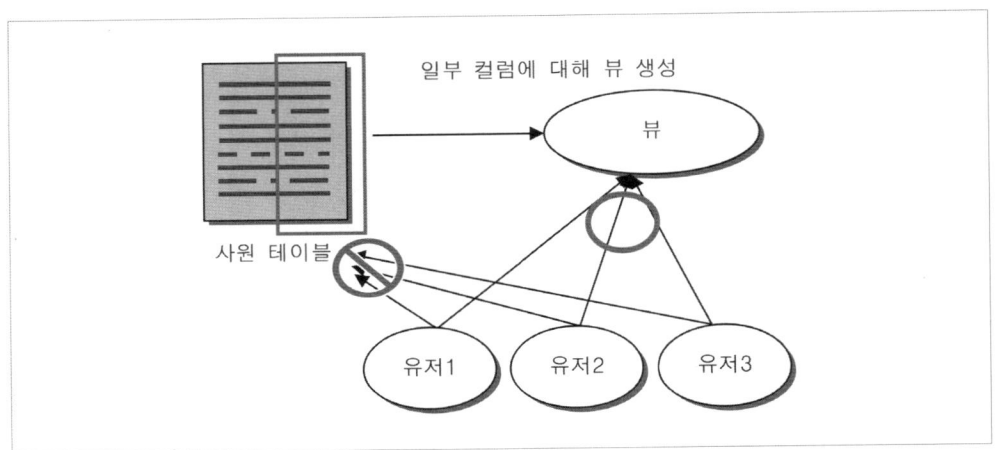

6.1 뷰의 개념

뷰는 기존의 테이블 또는 다른 뷰로부터 만들어진 논리적인 데이터 집합이다. 뷰는 실제 테이블이 아니며 뷰가 조회될 때마다 뷰 생성 시 정의한 Select 구문이 수행된다.

예를 들어, 사원 테이블을 모든 유저들이 조회해야 하지만 해당 사원 테이블에는 급여가 저장되어 있다고 가정하자. 이런 경우 급여 컬럼은 모든 유저에게 보여주고 싶지 않은 경우가 있다. 급여 컬럼을 제외하고 다른 컬럼들로 뷰를 생성하여 해당 뷰를 조회하도록 한다면 급여 정보는 조회할 수 없을 것이다. 위 그림에서 사원 테이블의 일부 컬럼으로 뷰를 생성하여 모든 유저에게 사원 테이블을 엑세스하지 못하게 하고 뷰를 조회하게 함으로써 업무를 구현할 수 있다. 따라서 뷰는 다음과 같이 정의할 수 있다.

☑ **뷰** – 테이블에 대한 가공 결과를 추출하게 해주는 오브젝트

뷰는 다음과 같은 특징을 가진다.

항목	내용
뷰의 특징	· 뷰는 기본적으로 실제 데이터를 저장하지 않는다. · 뷰에는 인덱스를 생성할 수 없다. · 보안 및 성능 향상과 편의성을 위해 제공한다.

6.2 뷰와 데이터

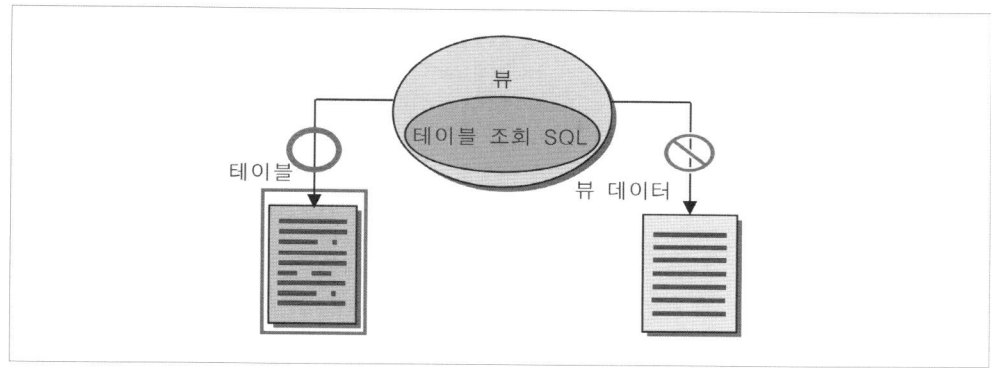

위의 그림과 같이 기본적인 뷰는 실제 데이터를 저장하고 있지 않다. 뷰는 단지 테이블을 액세스하는 SQL만을 저장하고 있으며 해당 SQL이 대상 테이블을 조회한다. 따라서 뷰를 조회하면 뷰에 정의된 Select 문이 수행된다.

항목	내용
뷰와 인덱스	뷰는 실제 데이터를 저장하고 있지 않기 때문에 인덱스를 생성할 수 없다. 뷰에 정의된 SQL 문에 존재하는 테이블이 소유하고 있는 인덱스는 이용할 수 있다.
보안	해당 테이블을 조회해야 하지만 공개할 수 없는 데이터가 존재한다면 뷰를 사용하여 원하는 컬럼만 조회할 수 있도록 제공할 수 있다.
성능 향상	뷰 자체가 성능을 향상시키거나 성능을 저하시키는 요인은 아니다. 하지만 뷰가 SQL로 작성되기 때문에 해당 SQL만 최적화된다면 해당 뷰를 조회하는 대부분의 SQL은 최적화가 될 수 있다.

뷰는 위와 같은 특징을 가진다. 또한 앞에서 언급했듯이 뷰는 오브젝트이지만 기본적으로는 실제 물리적 저장 공간을 가지고 있지 않다. 단지 뷰 정의만 PostgreSQL 내부에 저장하는 구조이다.

07 뷰(VIEW)의 관리

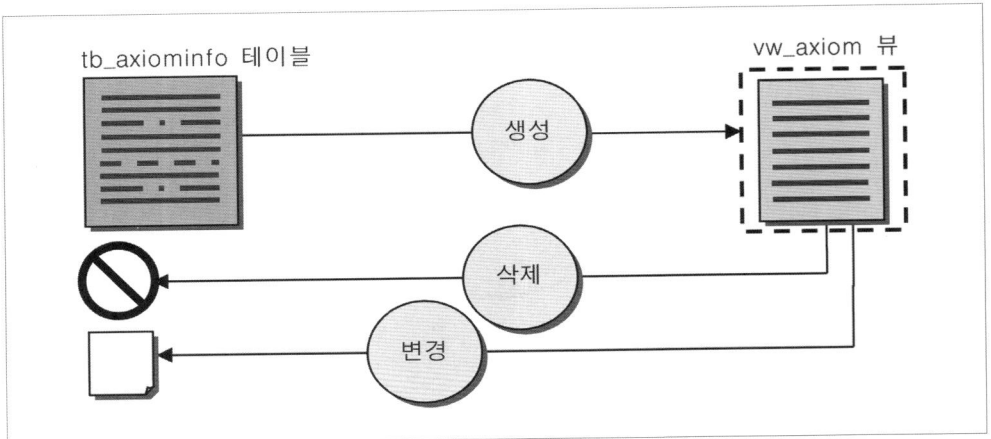

7.1 뷰 생성

첫 번째로 아래 예제를 통해 뷰 생성을 확인해 보자.

```
testdb=# CREATE VIEW vw_axiom
        AS
        SELECT e_no, e_name
        FROM tb_axiom
        WHERE e_no = 1009;
```

위의 구문으로 생성된 vw_axiom 뷰를 확인해 보자.

```
testdb=# SELECT viewname, viewowner
         FROM pg_views
         WHERE viewname = 'vw_axiom';
  viewname | viewowner
-----------+-----------
  vw_axiom | postgres
```

뷰는 Select 쿼리를 사용하여 테이블에 있는 데이터를 조회하는 형식으로 구성 및 생성된다. 뷰의 정보 및 뷰의 Select 쿼리는 아래와 같이 확인할 수 있다.

```
testdb=# SELECT schemaname, viewname, viewowner, definition
        FROM pg_views
        WHERE viewname = 'vw_axiom';
 schemaname | viewname | viewowner |       definition
------------+----------+-----------+------------------------------
 public     | vw_axiom | postgres  | SELECT e_no,                +
            |          |           |     e_name                  +
            |          |           |    FROM axiom               +
            |          |           |   WHERE (e_no = 1009);
```

두 번째로 뷰 생성 시에 사용하는 옵션을 확인해 보자.

```
CREATE [OR REPLACE] VIEW name [ ( column_name [, ...] ) ]
AS query
[ WITH [ CASCADED | LOCAL ] CHECK OPTION ]
```

옵션	내용
OR REPLACE	동일 이름의 뷰가 존재하여도 존재한다는 에러가 발생하지 않으며 기존 뷰를 제거한 후 새로 생성하는 옵션이다.
WITH LOCAL CHECK OPTION	뷰에 DML 작업 시 해당 뷰만 대상으로 Where 조건의 데이터 유효성을 검사한다.
WITH CASCADED CHECK OPTION	· 뷰에 DML 작업 시 해당 뷰 뿐만 아니라 참조된 뷰까지 Where 조건의 데이터 유효성을 검사한다. · CASCADED 또는 LOCAL 옵션이 지정되지 않을 경우 기본 옵션으로 CASCADED가 지정된다.

7.2 뷰 변경 및 제거

뷰에 대한 변경 및 제거에 대해 확인해 보자.

첫 번째로 뷰 변경은 아래 예제와 같이 OR REPLACE 옵션으로 수행한다.

```
testdb=# CREATE OR REPLACE VIEW vw_axiom
         AS
         SELECT e_no, e_name
         FROM axiom
         WHERE e_no = 1008;
```

위 예제는 기존 뷰 생성 시 Where 조건이 'WHERE e_no = 1009'로 되어있던 뷰의 정의를 'WHERE e_no = 1008'로 변경한 예제이다.

뷰 내용을 확인하기 위해 pg_views 동적 뷰를 확인한다.

```
testdb=# SELECT definition
        FROM pg_views
        WHERE viewname = 'vw_axiom';
        definition
------------------------------
 SELECT axiom.e_no,          +
    axiom.e_name             +
   FROM axiom                +
  WHERE (axiom.e_no = 1008);
```

두 번째로 뷰 제거는 아래 예제와 같이 수행한다.

```
testdb=# DROP VIEW vw_axiom;
```

위와 같이 DROP VIEW 명령어를 수행하면 해당 뷰는 삭제되어 확인되지 않는다.

NOTE

■ **Materialized 뷰 생성**

Materialized 뷰는 뷰에 정의된 쿼리의 실제 데이터 값을 저장하는 뷰이다.

구분	내용
장점	· 뷰의 결과 데이터를 별도 저장하여 SQL 속도를 향상시킬수 있다. · 뷰에 인덱스를 생성할 수 있으므로 성능을 향상시킬 수 있다.
단점	일정 시간이 지난 후 REFRESH MATERIALIZED VIEW 명령어를 통해 뷰를 새로고침하여 최근 데이터를 반영해야 한다.

아래는 Materialized 뷰의 생성 구문이다.

```
testdb=# CREATE MATERIALIZED VIEW mv_axiom
         AS
         SELECT e_no, e_name
         FROM axiom
         WHERE d_no BETWEEN 120 AND 160;
testdb=# REFRESH MATERIALIZED VIEW mv_axiom;
```
→ Materialized 뷰를 새로고침하려면 REFRESH MATERIALIZED VIEW 명령어를 사용한다.

시퀀스(Sequence)의 개념

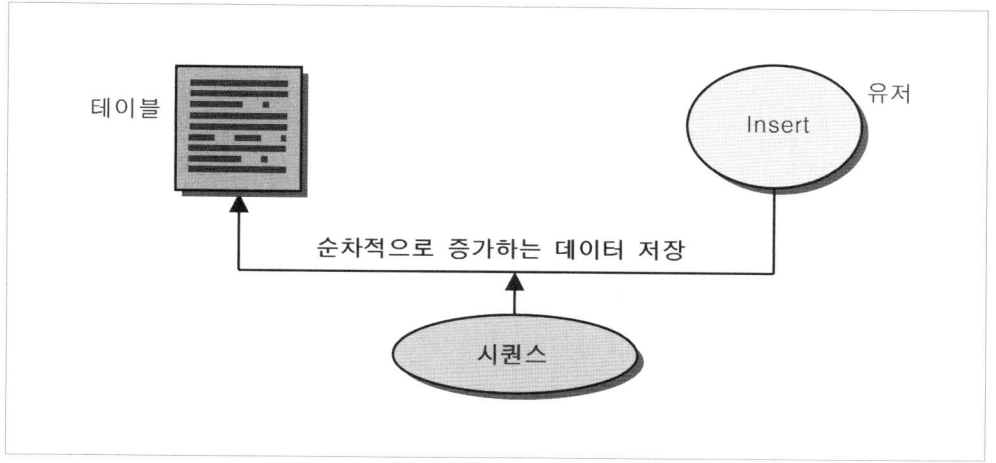

순차적으로 증가하는 숫자 값을 생성하는 오브젝트를 시퀀스라고 한다. 시퀀스의 정의는 아래와 같다.

✓ **시퀀스** – 특정 규칙에 따라 순차적으로 숫자를 생성하는 오브젝트

시퀀스는 아래와 같은 용도로 사용된다.

■ 순차적으로 증가하는 데이터 값 생성 – 연속된 번호 필요 시 사용

예를 들어, 어느 회사의 사원 데이터를 관리하는 테이블이 존재하며 해당 테이블에서 사원번호 컬럼은 하나씩 증가하는 값을 저장한다고 가정하자. 현재 최대 사원번호 값이 '0103'이라고 한다면 다음에 입사하는 사원에게는 '0104' 사원번호 값을 할당해야 한다. 이와 같은 경우 시퀀스를 생성하고 데이터 저장 시 시퀀스를 호출하여 '0104'인 값을 자동으로 추출하여 사원번호로 할당할 수 있다.

시퀀스는 데이터베이스에 시퀀스의 정의와 최종 할당된 값 정보만을 가지고 있고 실제 호출이 발생하면 시퀀스 생성 정의에 의해 다음 값이 할당된다. 단, 시퀀스를 생성하는 경우 Cache 옵션을 설정하면 해당 Cache 값 만큼 미리 메모리에 할당한다.

■ **시퀀스와 Cache**

시퀀스의 Cache는 시퀀스 값을 메모리에 미리 할당하는 옵션이다. 해당 Cache를 사용하면 성능은 향상되지만 세션 종료 및 데이터베이스의 종료 등으로 메모리 Crash가 발생하면 메모리에 할당된 시퀀스 값은 사라지게 되어 해당 값은 더 이상 할당되지 않는다. 이를 시퀀스 GAP이라고 한다.

이와 같은 이유에서 시퀀스는 Cache 옵션과 함께 사용하는 것이 성능에 유리하지만 업무상 중간에 값이 비는 경우가 용납되지 않는 경우에는 Cache를 사용하지 못하므로 성능 저하가 발생할 수 있다.

09 시퀀스(Sequence)의 관리 및 사용

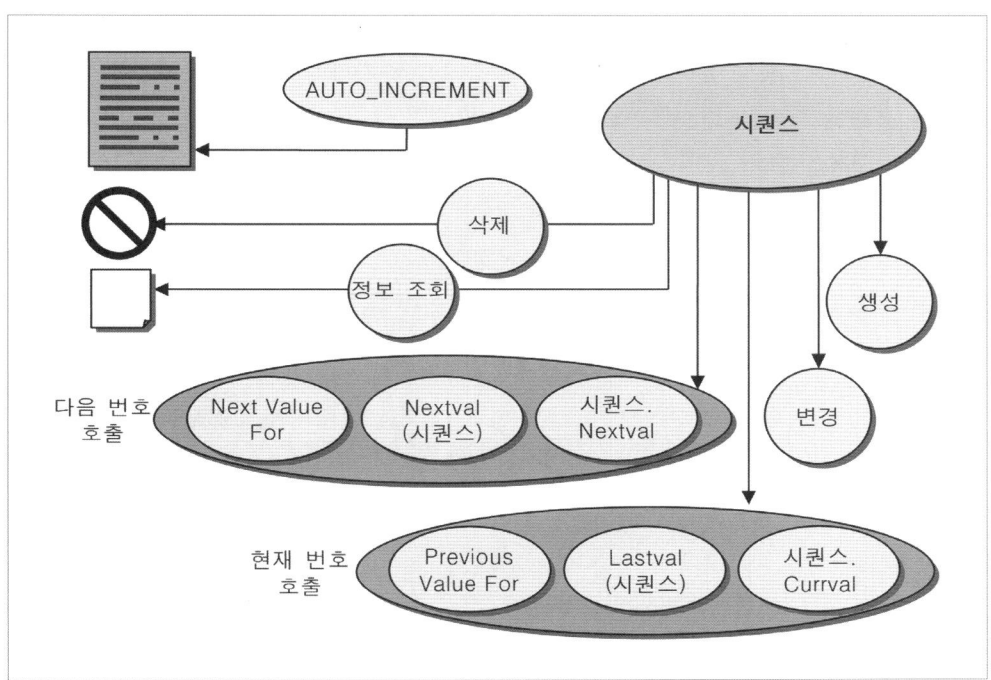

9.1 시퀀스 생성

시퀀스 생성 시 설정할 수 있는 옵션에 대해 예제를 통해 확인해 보자.

```
CREATE [ TEMPORARY | TEMP ] SEQUENCE [ IF NOT EXISTS ] name
    [ INCREMENT [ BY ] increment ]
    [ MINVALUE minvalue | NO MINVALUE ] [ MAXVALUE maxvalue | NO MAXVALUE ]
    [ START [ WITH ] start ] [ CACHE cache ] [ [ NO ] CYCLE ]
    [ OWNED BY { table_name.column_name | NONE } ]
```

아래는 시퀀스를 생성하는 예제이다.

```
testdb=# CREATE SEQUENCE sq_test
        START WITH 1
        INCREMENT BY 1
        MAXVALUE 1000
        CYCLE
        CACHE 10;
```

위 예제의 시퀀스 생성 옵션은 1부터 시작하고 1씩 증가하며 최대 1,000까지 채번하고 CYCLE 옵션에 의해 다시 1번부터 채번을 한다. 또한, 10개의 숫자를 메모리에 Cache할 수 있도록 설정하였다.

위와 같이 시퀀스를 생성할 수 있으며 해당 시퀀스를 생성하기 위해 설정할 수 있는 옵션을 확인해 보자.

옵션	내용
INCREMENT BY n	· 해당 시퀀스의 번호 증가 단위를 의미한다. · 기본값은 1 이다. · INCREMENT BY 2로 설정하면 초기 값에서 2씩 증가하는 값을 할당한다. · INCREMENT BY -1로 설정하면 1씩 감소하는 시퀀스가 된다.
START WITH n	· 시퀀스를 원하는 값에서 시작할 수 있다. · START WITH 100으로 설정하면 처음에 할당되는 값이 100이며 INCREMENT BY 1에 의해 100부터 1씩 증가된 값을 할당한다.
MAXVALUE n (NOMAXVALUE)	· 시퀀스의 최대 값을 결정한다. · MAXVALUE 1000이면 START WITH 옵션에 의한 초기값에서 값을 하나씩 할당하여 MAXVALUE 옵션에 설정한 값까지 할당할 수 있다. · NOMAXVALUE 옵션을 설정하면 기본값인 오름차순 $2^{63}-1$로 설정된다.
MINVALUE n (NOMINVALUE)	· 시퀀스의 최소 값을 결정한다. · MINVALUE 옵션을 100으로 설정한다면 START WITH의 값이 1이라 할지라도 100부터 번호가 할당된다. · NOMINVALUE 옵션을 설정하면 기본값인 내림차순 $-2^{63}-1$로 설정된다.
CYCLE | NOCYCLE	· 해당 시퀀스가 MAXVALUE 옵션에 의해 최대 값을 할당한 후 다시 번호를 할당해야 하는 경우의 옵션이다. MAXVALUE에 도달했을 때 옵션에 따라 다음 할당되는 값은 아래와 같다. | 설정 옵션	내용
CYCLE	START WITH에 의해 설정된 값부터 다시 할당한다.
NOCYCLE	더 이상 번호를 할당할 수 없다. | · 해당 옵션을 생략했을 경우엔 기본값인 NOCYCLE로 설정된다.

CACHE n | NOCACHE	· 시퀀스를 호출한 세션의 메모리에 CACHE 옵션의 설정 값 만큼 미리 할당한다. · CACHE 옵션을 10으로 설정하고 3개 세션에서 시퀀스를 호출했다면 각 세션에 10개의 시퀀스가 할당되어 총 30개의 시퀀스 값이 할당된다. · 시퀀스를 호출하지 않은 세션에는 CACHE 값에 해당하는 시퀀스 값을 미리 메모리에 할당하지 않는다. · 시퀀스를 할당받은 세션이 종료하거나 데이터베이스 종료 시 미리 할당된 시퀀스 값은 사라지며 새로 할당되어 시퀀스 값이 추출되므로 중간에 시퀀스 값이 사라지는 시퀀스 GAP이 발생할 수 있다.

9.2 시퀀스 변경 및 삭제

시퀀스 변경 및 삭제를 확인해 보자.

첫 번째로 시퀀스는 설정된 옵션의 대부분을 변경할 수 있다.

```
■ 시퀀스 옵션 변경
ALTER SEQUENCE [ IF EXISTS ] name
    [ AS data_type ]
    [ INCREMENT [ BY ] increment ]
    [ MINVALUE minvalue | NO MINVALUE ] [ MAXVALUE maxvalue | NO MAXVALUE ]
    [ START [ WITH ] start ]
    [ RESTART [ [ WITH ] restart ] ]
    [ CACHE cache ] [ [ NO ] CYCLE ]
    [ OWNED BY { table_name.column_name | NONE } ]

■ 시퀀스 소유자 변경
ALTER SEQUENCE [ IF EXISTS ] name OWNER TO { new_owner | CURRENT_USER | SESSION_USER }

■ 시퀀스 이름 변경
ALTER SEQUENCE [ IF EXISTS ] name RENAME TO new_name

■ 시퀀스 스키마 변경
ALTER SEQUENCE [ IF EXISTS ] name SET SCHEMA new_schema
```

아래 예제는 시퀀스의 최대값을 10,000으로 변경하는 예제이다.

```
testdb=# ALTER SEQUENCE sq_test MAXVALUE 10000;
```

두 번째로 시퀀스 삭제를 확인해 보자. 아래의 명령을 통해 시퀀스를 삭제할 수 있다.

```
testdb=# DROP SEQUENCE sq_test;
```

운영 TIP

■ 컬럼에 NEXTVAL을 설정해서 사용하는 경우의 시퀀스 삭제

testdb=# **DROP SEQUENCE** sq_test; → 컬럼에 NEXTVAL을 설정하여 사용하면 시퀀스 삭제가 실패함
ERROR: cannot drop sequence sq_test because other objects depend on it
DETAIL: default value for column id of table test depends on sequence sq_test
HINT: Use DROP ... CASCADE to drop the dependent objects too.

위와 같이 에러가 발생하면 아래와 같이 해결할 수 있다.

testdb=# **ALTER TABLE** test **ALTER COLUMN** id **DROP DEFAULT** ;
ALTER TABLE

testdb=# **DROP SEQUENCE** sq_test;
DROP SEQUENCE

또는 DROP SEQUENCE sq_test CASCADE로도 삭제 가능하지만 해당 시퀀스를 사용하는 모든 오브젝트에 영향을 미치기 때문에 가급적 첫 번째 방법을 사용할 것을 권고한다.

9.3 시퀀스 정보 조회

시퀀스 정보는 아래와 같이 수행하여 확인할 수 있다.

```
testdb=# SELECT sequencename, start_value, max_value
              , min_value, increment_by, cycle, cache_size
         FROM pg_sequences
         WHERE sequencename = 'sq_test';
 sequencename | start_value | max_value | min_value | increment_by | cycle | cache_size
--------------+-------------+-----------+-----------+--------------+-------+------------
 sq_test      |           1 |      1000 |         1 |            1 | t     |         10
```

위의 결과를 통해 sq_test 시퀀스는 아래와 같은 속성을 가지게 된다.

옵션	내용	옵션	내용
INCREMENT BY n	1	MINVALUE n	1
START WITH n	1	CYCLE | NOCYCLE	CYCLE
MAXVALUE n	1000	CACHE n | NOCACHE	CACHE 10

위와 같이 1부터 시작해서 1씩 증가하는 시퀀스이며 1,000까지 할당되면 다시 1부터 1씩 증가하는 값을 추출할 수 있는 시퀀스이다.

9.4 시퀀스의 사용

시퀀스에서 번호를 채번하기 위해서는 각각 아래 3가지 유형의 명령어를 사용하다.

구분	내용
NEXTVAL(시퀀스명)	다음 번호를 채번할 때 사용
CURRVAL(시퀀스명)	현재 번호를 채번할 때 사용
SETVAL(시퀀스명,값)	지금까지 채번된 번호를 무시하고 지정 값으로 변경 후 채번

첫 번째로 NEXTVAL 및 CURRVAL을 이용하여 번호를 채번하는 예제를 확인해 보자.

■ **다음 번호 채번**
```
testdb=# SELECT NEXTVAL('sq_test');
 nextval
---------
       2
```

■ **현재 번호 채번**
```
testdb=# SELECT CURRVAL('sq_test');
 currval
---------
       2
```
→ 위에서 NEXTVAL로 번호를 채번했기 때문에 현재 번호는 위에서 채번한 번호가 결과로 추출

두 번째로 SETVAL을 사용하는 예제를 확인해 보자.

■ **SETVAL 이용**
```
testdb=# SELECT CURRVAL('sq_test');
 currval
---------
       2
```
→ 현재 값은 2로 확인

```
testdb=# SELECT SETVAL('sq_test',300);
 setval
--------
    300
```
→ sq_test 시퀀스의 현재 값을 SETVAL을 이용해 300으로 변경

```
testdb=# SELECT NEXTVAL('sq_test');
 setval
--------
    301
```
→ SETVAL()이 지정한 값 바로 다음 값이 nextval()을 사용하여 반환

9.5 테이블 컬럼에 시퀀스 데이터 타입 적용 (SERIAL 데이터 타입)

일반적으로 테이블에는 Primary Key를 설정하여 데이터의 식별성과 정합성을 유지한다. 또한, Primary Key 값은 유일한 값을 가져야 하기 때문에 동일한 데이터를 저장할 수 없다. 많은 시스템에서는 Primary Key를 INT 데이터 타입으로 중복되지 않게 숫자(정수) 값을 계속 증가시켜 입력하기도 한다. 이 경우 테이블 컬럼의 데이터 타입을 SERIAL 데이터 타입으로 설정하여 정수 값을 자동으로 증가시킬수 있다. 대상 컬럼에 설정하면 데이터가 Insert될 때마다 자동으로 값이 증가한다. 사용 방법은 테이블 생성 시 옵션을 추가하면 된다. 아래 예제를 확인해 보자.

■ 테이블 생성 (SERIAL 데이터 타입 정의)

```
testdb=# CREATE TABLE serial_test (id SERIAL, name VARCHAR(32));
```

■ 테이블 정의 확인

```
testdb=# SELECT a.attname AS column, format_type(a.atttypid, a.atttypmod) AS data_type,
                NOT a.attnotnull AS nullable, pg_get_expr(d.adbin, d.adrelid) AS column_default
         FROM pg_attribute a
         JOIN pg_class c ON a.attrelid = c.oid
         JOIN pg_namespace n ON c.relnamespace = n.oid
         LEFT JOIN pg_attrdef d ON d.adrelid = c.oid AND d.adnum = a.attnum
         WHERE c.relname = 'serial_test'      → 테이블명 지정
         AND n.nspname = 'public'             → 스키마명 지정
         AND a.attnum > 0
         AND NOT a.attisdropped
         ORDER BY a.attnum;
 column |      date_type       | nullable |           column_default
--------+----------------------+----------+------------------------------------
 Id     | integer              | f        | nextval('serial_test_id_seq'::regclass)
 name   | character varying(32)| t        | NULL::character varying
```

■ 데이터 저장

```
testdb=# INSERT INTO serial_test (name) VALUES ('김태리');
testdb=# INSERT INTO serial_test (name) VALUES ('이영애');
testdb=# INSERT INTO serial_test (name) VALUES ('이가혜');
```

■ 데이터 확인

```
testdb=# SELECT * FROM serial_test;
 id | name
----+------
  1 | 김태리
  2 | 이영애
  3 | 이가혜
```

위와 같이 SERIAL 데이터 타입으로 생성한 id 컬럼은 데이터를 Insert하면 순서대로 번호를 자동으로 할당한다.

SERIAL 데이터 타입의 초기화 및 변경을 확인해 보자.

SERIAL 데이터 타입은 PostgreSQL에서 지원하는 데이터 타입으로 테이블 생성 시 설정하면 '테이블명_컬럼명_SEQ' 시퀀스가 생성된다. 그렇기 때문에 SERIAL 데이터 타입은 ALTER SEQUENCE 명령으로 시퀀스와 동일하게 변경이 가능하다.

예제에서 생성된 SERIAL 데이터 타입이 적용된 테이블의 컬럼이 사용하는 시퀀스명은 'serial_test_id_seq'이다. 아래 예제를 확인해 보자.

■ 시퀀스 변경
```
testdb=# ALTER SEQUENCE serial_test_id_seq MAXVALUE 10000;
```

■ 시퀀스 정보 조회
```
testdb=# SELECT sequencename, start_value, max_value
              , min_value, increment_by, cache_size
         FROM pg_sequences
         WHERE sequencename = 'serial_test_id_seq';
    sequencename    | start_value | max_value | min_value | increment_by | cache_size
--------------------+-------------+-----------+-----------+--------------+------------
 serial_test_id_seq |           1 |     10000 |         1 |            1 |          1
```

PART 08

데이터베이스 정보 확인 및 모니터링

데이터베이스는 다수의 사용자가 이용하고 다양한 프로세스와 오브젝트가 존재하는 환경이므로
이를 효과적으로 운영하기 위해 전반적인 상태를 파악하는 것이 중요하다.
PostgreSQL에서는 메모리, 프로세스, I/O 등의 현황과 사용 정보를 확인할 수 있는
동적 뷰와 함수 및 데이터베이스 오브젝트를 정의하는 시스템 카탈로그를
제공하고 있고 이를 통해 데이터베이스를 모니터링할 수 있다.
이번 단원에서는 운영상 자주 사용하는
시스템 카탈로그와 동적 뷰, 함수의
종류와 사용 예제를 확인해 보자.

데이터베이스 정보 확인 및 모니터링 개념

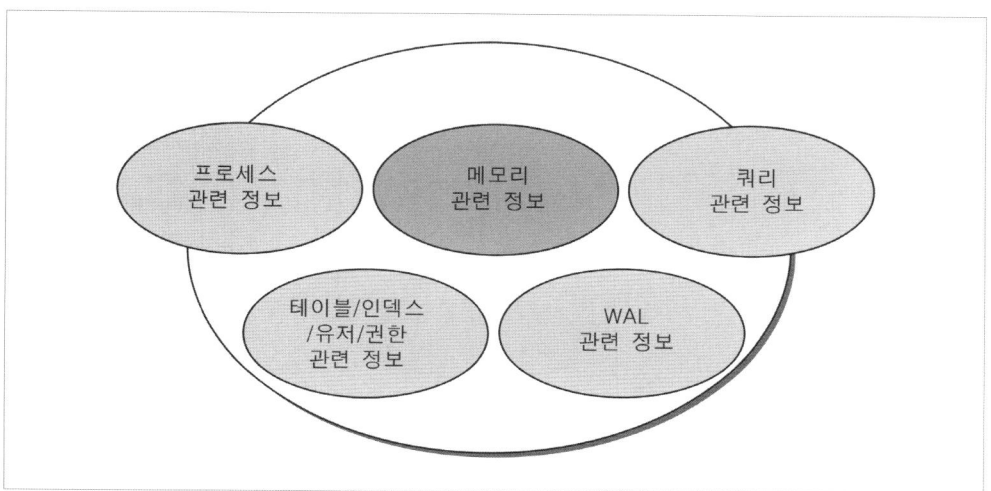

시스템 모니터링을 위해 데이터베이스의 어떤 정보를 확인해야 하는지 확인해 보자.

항목	내용
시스템 카탈로그	데이터베이스 오브젝트(테이블, 인덱스, 유저 등)의 메타 정보를 저장하는 내부 테이블
동적 뷰	PostgreSQL의 실시간 동작 상태(세션, 쿼리, I/O 등)를 조회할 수 있는 SELECT 쿼리로 정의된 논리적인 뷰
함수	PostgreSQL의 내부 상태, 설정, 트랜잭션 정보 등을 조회하거나 제어할 수 있는 내장 함수

시스템 카탈로그, 동적 뷰 및 함수를 통해 어떤 정보를 추출할 수 있는지에 따라 아래와 같이 구분할 수 있다.

- 프로세스 관련 정보
- 메모리 관련 정보
- 쿼리 관련 정보
- 테이블/인덱스/유저/권한 관련 정보
- WAL(Write-Ahead Log) 관련 정보

각각의 항목에 대해 자세히 확인해 보자.

프로세스 관련 정보

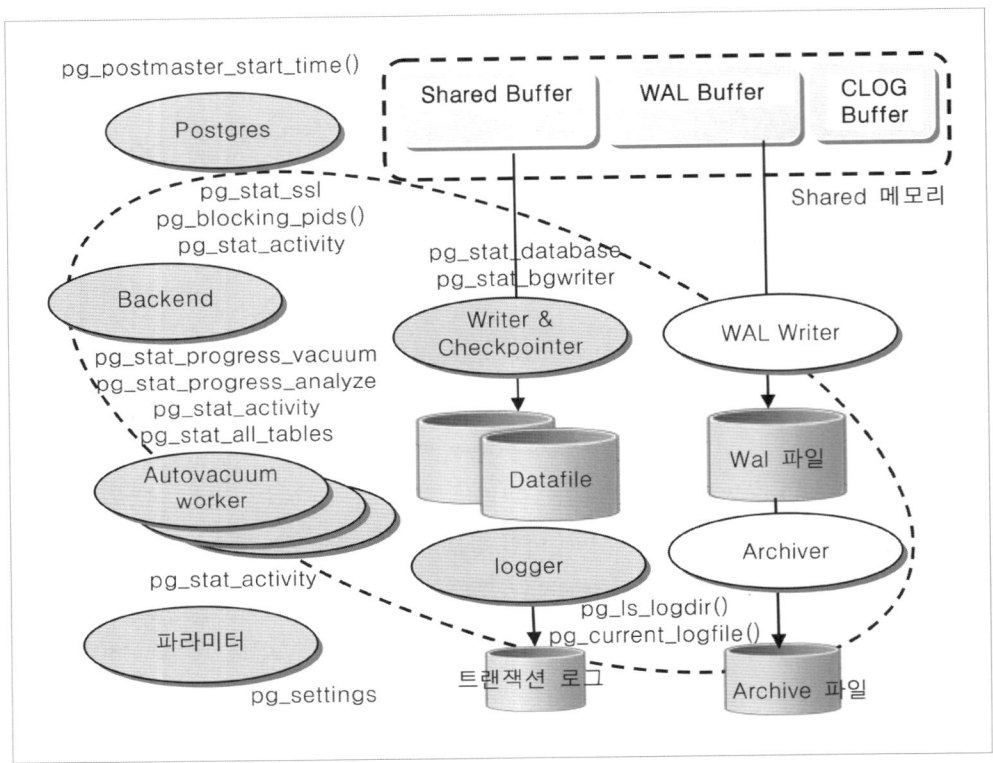

2.1 파라미터 설정 관련

파라미터 설정 관련해서는 pg_settings 동적 뷰를 조회해서 확인할 수 있다.

동적 뷰	내용
pg_settings	PostgreSQL의 파라미터 정보 조회 가능

pg_settings 동적 뷰의 자세한 컬럼 내용은 아래와 같다.

컬럼명	내용
name	파라미터명
setting	파라미터의 현재 설정 값(단위를 나타내는 unit 값을 참조해야 할수 있음)
unit	파라미터 설정 단위(kb, ms, s 등)
category	파라미터가 속한 카테고리
short_desc	파라미터에 대한 간단한 설명
extra_desc	파라미터에 대한 추가적인 설명
context	파라미터가 변경될 수 있는 조건

vartype	파라미터 값의 데이터 유형
	
	      | 종류 | 내용 |
	      | bool | 참(t)/거짓(f) 값 |
	      | integer | 정수 |
	      | real | 실수 |
	      | string | 문자열 |
	      | enum | 미리 정의된 값 중 하나 선택 |

source	파라미터 값의 설정 경로
	
	      | 종류 | 내용 |
	      | client | Client가 데이터베이스에 접속할 때 설정 |
	      | configuration file | postgresql.conf에서 설정 |
	      | default | 기본값 |
	      | session | 현재 새션 내에서 설정 |
	      | override | SET 명령 등으로 설정 |

min_val	파라미터에 허용되는 최소값
max_val	파라미터에 허용되는 최대값
enumvals	enum 타입(열거형 데이터 타입)으로 정의한 파라미터의 허용 값 예) log_statement → {none,ddl,mod,all} → log_statement 파라미터는 위 4개의 값(none,ddl,mod,all) 중 하나를 선택하여 설정 가능하다.
boot_val	파라미터가 별도로 설정되지 않은 경우 데이터베이스 시작 시 파라미터의 기본값
reset_val	RESET 명령을 사용했을 때 복원되는 기본값
sourcefile	파라미터 값이 지정된 파일
sourceline	파리미터 값이 지정된 파일 내 위치
pending_restart	파라미터 변경 사항이 즉시 적용되지 않고 데이터베이스 재시작이 필요한지 여부를 참/거짓으로 표시

2.2 Postgres 프로세스

Postgres 프로세스는 데이터베이스 인스턴스의 첫 번째 프로세스이다. 다른 백그라운드 프로세스를 시작하고 관리하며 Client 연결을 처리하기 위한 Backend 프로세스를 생성한다.

함수	내용
pg_postmaster_start_time()	postgres 프로세스를 기동한 시간 반환

pg_postmaster_start_time() 함수는 다음과 같이 사용한다.

```
testdb=# select pg_postmaster_start_time();
  pg_postmaster_start_time
--------------------------------
 2025-02-10 17:15:41.501931+09
```

2.3 Backend 프로세스

Backend 프로세스는 Client 세션을 대신하여 요청을 처리하며 Postgres 프로세스에 의해 생성된 하위 프로세스이다. 관련 동적 뷰와 함수는 아래와 같다.

동적 뷰/함수	내용
pg_stat_activity	현재 접속 중인 모든 세션(Client 및 Backend 프로세스)별 각각의 로우로 저장하여 세션의 활동과 관련된 정보를 확인할 수 있는 동적 뷰
pg_blocking_pids()	PID를 이용하여 해당 PID를 Blocking하는 프로세스 추출
pg_backend_pid()	현재 세션의 Backend 프로세스 ID 확인
pg_cancel_backend()	특정 Backend 프로세스의 쿼리 실행 취소(세션은 유지됨)
pg_terminate_backend()	특정 Backend 프로세스 강제 종료

첫 번째로 pg_stat_activity 동적 뷰에 대해 확인해 보자. pg_stat_activity 동적 뷰에는 세션 프로세스 당 하나의 로우가 저장되며 해당 프로세스의 현재 활동과 관련된 정보가 표시되는 매우 중요한 동적 뷰이다.

컬럼명	내용
datid	해당 Backend 프로세스가 연결된 데이터베이스 OID
datname	해당 Backend 프로세스가 연결된 데이터베이스 이름
pid	해당 Backend 프로세스 ID

컬럼	설명
leader_pid	· 해당 프로세스가 병렬 쿼리 작업인 경우 병렬 그룹 Leader의 프로세스 ID · 해당 프로세스가 병렬 그룹 Leader 또는 병렬 쿼리가 아닌 경우 NULL 값
usesysid	Backend 프로세스에 로그인한 사용자 OID
usename	Backend 프로세스에 로그인한 사용자 이름
application_name	Backend 프로세스에 접속한 어플리케이션 이름
client_addr	· 해당 Backend 프로세스에 연결된 Client의 IP 주소 · 해당 값이 NULL인 경우 로컬(Local Socket) 접속 또는 내부 Backend 프로세스 혹은 백그라운드 프로세스
client_hostname	Client의 Hostname을 의미하며 접속한 IP 주소를 역방향 DNS 조회를 통해 획득한 값
client_port	· Client가 해당 Backend 프로세스와의 통신에 사용 중인 TCP 포트 번호 · Unix Socket이 사용되는 경우 -1 · 해당 컬럼 값이 NULL이면 백그라운드 프로세스
backend_start	· 해당 프로세스가 시작된 시간 · Client의 경우 Client가 서버에 연결된 시간
xact_start	· 해당 프로세스의 현재 트랜잭션이 시작된 시간 또는 활성 상태인 경우 NULL · 현재 쿼리가 트랜잭션의 첫 번째인 경우 이 컬럼은 'query_start' 컬럼과 동일
query_start	· 세션이 현재 Active 상태이면 쿼리가 시작된 시간 · 세션이 Active 상태가 아니면 마지막 쿼리를 시작한 시간
state_change	세션의 state 값이 마지막으로 변경된 시각
wait_event_type	Backend 프로세스가 대기 중인 이벤트 유형이며 그렇지 않은 경우 NULL
wait_event	Backend 프로세스가 현재 대기 중인 경우 이벤트 이름 표시
state	· 세션의 현재 상태 값 · 가능한 값은 아래와 같음 | 종류 | 내용 | |---|---| | active | Backend 프로세스에서 쿼리를 실행하는 상태 | | idle | Backend 프로세스에서 신규 Client 명령 대기 | | idle in transaction | Backend 프로세스가 트랜잭션을 유지한채 대기하고 있는 상태 | | idle in transaction (aborted) | 트랜잭션이 에러로 인해 중단되었지만 세션은 유지되고 있는 상태 | | fastpath function call | Fast-Path API를 사용한 PostgreSQL 함수 호출 상태 | | disabled | · track_activities 파라미터가 off인 경우 세션 및 백그라운드 프로세스의 상태 정보 수집 중지 · 세션 별로 track_activity 파라미터를 on과 off로 수행 가능 |

backend_xid	Backend 프로세스의 최상위 트랜잭션 ID가 있는 경우 트랜잭션 ID를 표시
backend_xmin	현재 Backend 프로세스가 수행 중인 가장 오래된 트랜잭션 ID(xmin 값)
query_id	현재 Backend 프로세스에서 가장 최근에 실행한 쿼리의 식별값
query	· 해당 Backend 프로세스의 가장 최근 쿼리 텍스트 · 상태가 Active 상태인 경우 해당 컬럼에는 현재 실행 중인 쿼리의 텍스트가 표시 · 기본적으로 쿼리 텍스트는 1024 Byte만 보이며 해당 값은 track_activity_query_size 파라미터를 통해 변경 가능
backend_type	현재 Backend 프로세스 유형

pg_stat_activity 동적 뷰는 전체 세션에 대해 세션 정보 및 SQL 정보 등을 조회할 수 있다.

```
testdb=# SELECT pid, now()-pg_stat_activity.query_start as duration, query, state
         FROM pg_stat_activity;
  pid  |    duration    |                    query                     |       state
-------+----------------+----------------------------------------------+--------------------
 28932 |                |                                              |
 28934 |                |                                              |
 28936 | 00:13:02.781425| update test set col1=4;                      | idle in transaction
 29241 | 00:12:57.781403| update test set col1=6;                      | active
 29351 | 00:00:00       | select pid, now()-pg_stat_activity.query_start active | active
       |                | as duration, query, state FROM pg_stat_activity; |
 28930 |                |                                              |
```

위 결과는 28936 프로세스가 Update 수행 후 트랜잭션 진행 중인 상태이고 29241 프로세스는 수행 중인 상태로 결과가 추출된다. 위와 같이 현재 수행 중인 SQL 모니터링이 가능하다. duration 컬럼을 통해 해당 프로세스의 쿼리가 수행된 이후로의 경과 시간(시분초)을 확인할 수 있다.

두 번째로 pg_blocking_pids( ) 함수에 대해 확인해 보자.

함수	내용
pg_blocking_pids( )	PID를 이용하여 해당 PID를 Blocking하는 프로세스 추출

예제를 확인해 보자.

■ **PID가 10728인 세션에서 자동 Commit 모드 비활성화**
```
testdb=# \set AUTOCOMMIT off
```

■ **PID가 10728인 세션에서 테이블의 로우 1건 Update**
```
testdb=# UPDATE family SET age=16 WHERE name = '홍길동';
```

■ **PID가 3248인 세션에서 동일 테이블의 동일 로우 1건 Update(Hang 상태)**
```
testdb=# UPDATE family SET age=16 WHERE name = '홍길동';
```

■ **신규 세션에서 Hang 상태인 PID가 3248인 세션을 pg_blocking_pid 함수로 조회**
```
testdb=# select pg_blocking_pids(3248);
 pg_blocking_pids
------------------
 {10728}
```
→ PID가 3248인 세션의 Hang에 대한 원인이 된 세션은 PID가 10728인 것을 확인할 수 있다.
→ PID가 10728인 세션에서 Commit을 수행하거나 10728 세션을 Kill하면 Hang은 제거된다.

위 예제는 PID가 3248인 프로세스가 PID가 10728에 의해 Blocked 상태에 있음을 확인할 수 있다.

세 번째로 pg_backend_pid(), pg_cancel_backend(), pg_terminate_backend() 함수에 대해 확인해 보자.

함수	내용
pg_backend_pid()	현재 세션의 Backend 프로세스 ID 확인
pg_cancel_backend()	특정 Backend 프로세스의 쿼리 실행 취소(세션은 유지됨)
pg_terminate_backend()	특정 Backend 프로세스 강제 종료

예제를 확인해 보자.

■ **현재 접속 중인 세션의 PID 확인**
```
testdb=# SELECT pg_backend_pid();    → 강제 종료되어 에러 발생
 pg_backend_pid
----------------
      31602     → 현재 세션의 PID
```

■ **PID가 31602인 세션에서 실행 중인 쿼리 실행 취소**
```
testdb=# SELECT pg_cancel_backend('31602');
 pg_cancel_backend
-------------------
 t     → 실행 중인 쿼리 취소 완료
(1 row)
```

■ PID가 31602인 세션 강제 종료
```
testdb=# SELECT pg_terminate_backend('31602');
 pg_terminate_backend
----------------------
 t     → 세션 강제 종료 완료
```

■ 강제 종료된 PID 31602 세션에서 pg_backend_pid() 실행
```
testdb=# SELECT pg_backend_pid();  → 강제 종료되어 에러 발생
FATAL:  terminating connection due to administrator command
server closed the connection unexpectedly
        This probably means the server terminated abnormally
        before or while processing the request.
The connection to the server was lost. Attempting reset: Succeeded.
```

2.4 Autovacuum Worker 프로세스

Autovacuum Worker 프로세스는 Autovacuum Launcher 프로세스에 의해 기동되어 주기적으로 Vacuum과 Analyze를 수행하는 Background 프로세스이다. Autovacuum Worker 프로세스 관련 동적 뷰를 확인해 보자.

동적 뷰	내용
pg_stat_progress_vacuum	현재 진행 중인 Vacuum에 대한 정보 표시
pg_stat_progress_analyze	현재 진행 중인 Analyze 작업에 대한 정보 표시

첫 번째로 pg_stat_progress_vacuum 동적 뷰를 확인해 보자.

컬럼 이름	내용
pid	Vacuum을 수행하는 Backend 프로세스 ID
datid	Backend 프로세스가 연결된 데이터베이스의 OID
datname	Backend 프로세스가 연결된 데이터베이스의 이름
relid	Vacuum이 진행 중인 테이블의 OID
phase	진행 중인 Vacuum의 단계
heap_blks_total	스캔 시작 시에 확인하는 테이블의 총 Heap 블록 수
heap_blks_scanned	· 스캔된 Heap 블록 수 · VM(Visibility Map)은 스캔을 최적화하는데 사용하기 때문에 일부 블록은 Skip함 · Skip한 블록도 합계에 포함되므로 Vacuum이 완료되면 heap_blks_total과 동일해짐

heap_blks_vacuumed	· Vacuum이 완료된 Heap 블록 수 · 테이블에 인덱스가 없으면 Vacuuming Heap 단계에서만 카운팅됨 · Dead 로우가 없는 블록은 Skip하기 때문에 값이 갑자기 증가할수 있음
index_vacuum_count	완료된 인덱스 Vacuum 수
max_dead_tuples	maintenance_work_mem 파라미터를 기반으로 인덱스 Vacuum을 수행하기 전에 저장할 수 있는 Dead 로우 수
num_dead_tuples	마지막 인덱스 Vacuum때 수집된 Dead 로우 수
indexes_total	Vacuum 또는 Clean Up될 전체 인덱스 수
index_processed	현재 Vacuum 작업으로 처리된 인덱스 수

Vacuum 수행 중 다른 세션에서 pg_stat_progress_vacuum 동적 뷰의 phase 컬럼의 값에 의해 Vacuum의 단계를 확인할 수 있다.

단계	내용
initializing	Vacuum이 Heap 스캔을 시작하기 위한 준비 단계
scanning heap	Vacuum이 실제로 Heap 스캔 단계
vacuuming indexes	인덱스 Dead 로우 정리
vacuuming heap	테이블 Dead 로우 정리
cleaning up indexes	인덱스를 최신 상태로 유지/불필요한 항목 제거
truncating heap	테이블 마지막에 있는 빈 페이지들을 운영 체제에 반환
performing final cleanup	Vacuum의 최종 정리 작업 단계로 FSM을 정리하고, pg_class 시스템 카탈로그의 통계 등을 갱신

아래의 예제를 확인해 보자.

```
testdb=# CREATE TABLE test (a int);
testdb=# INSERT INTO test SELECT generate_series(1,99999999) FROM test;
INSERT 0 99999999

testdb=# DELETE FROM test;
DELETE 99999999

testdb=# VACUUM test;

testdb=# SELECT pid, datname, phase, heap_blks_total, heap_blks_scanned,
            (heap_blks_scanned * 100.0 / heap_blks_total) AS progress
       FROM pg_stat_progress_vacuum pv
```

```
            JOIN pg_class c ON pv.relid=c.oid
           WHERE c.relname='test';  → 다른 세션에서 수행
   pid   | datname |    phase      | heap_blks_total | heap_blks_scanned | progress
---------+---------+---------------+-----------------+-------------------+---------
  29792  | testdb  | scanning heap |     148471      |       17856       |    12
```

→ 위의 결과에서 29792 세션이 testdb 데이터베이스에서 Vacuum 작업을 수행 중이며 단계는 Phase 컬럼 값이 'scanning heap'이므로 Vacuum이 실제로 Heap을 스캔하는 단계이다. 진행 사항은 progress 결과 값에 의해 12% 진행 중이다.

두 번째로 pg_stat_progress_analyze 동적 뷰를 확인해 보자.

컬럼 이름	내 용
pid	Analyze를 수행하는 Backend 프로세스 ID
datid	Backend 프로세스가 접속한 데이터베이스의 OID
datname	Backend 프로세스가 접속한 데이터베이스의 이름
relid	Analyze를 수행 중인 테이블의 OID
phase	현재 진행 중인 Analyze 수행 단계
sample_blks_total	Sample 대상 총 Heap 블록 수
sample_blks_scanned	스캔된 Sample Heap 블록 수
ext_stats_total	두 개 이상의 컬럼 간의 관계를 분석하기 위한 Extended 통계의 수
ext_stats_computed	· Extended 통계를 계산한 횟수 · computing extended statistics 단계만 카운팅됨
child_tables_total	Child 테이블 수
child_tables_done	· 스캔된 Child 테이블 수 · acquiring inherited sample rows 단계만 카운팅됨
current_child_table_relid	· 현재 스캔 중인 Child 테이블의 OID · acquiring inherited sample rows 단계일 때만 표시

통계 정보 수집 중 다른 세션에서 pg_stat_progress_analyze 동적 뷰의 phase 컬럼 값을 확인하면 Analyze의 단계를 확인할 수 있다.

단 계	내 용
initializing	Heap 스캔을 시작하기 위해 준비하는 단계
acquiring sample rows	실제로 Heap을 스캔하는 단계
acquiring inherited sample rows	자식 테이블을 스캔하는 단계
computing statistics	샘플 로우에서 통계를 계산하는 단계
computing extended statistics	샘플 로우에서 Extened 통계를 계산하는 단계
finalizing analyze	pg_class 시스템 카탈로그를 갱신하는 단계

진행 중인 통계 정보 수집이 없을 경우 결과가 추출되지 않는다. 아래 예제를 확인해 보자.

■ 세션1 (테이블 생성/데이터 저장/Analyze 수행)
```
testdb=# CREATE TABLE test (cola INT, colb VARCHAR(40), colc TIMESTAMP);
testdb=# INSERT INTO test (cola, colb, colc)
         SELECT aa, bb, cc
         FROM generate_series(1,10000000) aa, md5(aa::varchar) bb, now() cc;
testdb=# ANALYZE VERBOSE test;
```

■ 세션2 (ANALYZE 수행 시 pg_stat_progress_analyze 동적 뷰 조회)
```
testdb=# SELECT pid, datname, relid::regclass as relname,
                phase, sample_blks_total, sample_blks_scanned
         FROM pg_stat_progress_analyze;
 pid  | datname | relname |        phase         | sample_blks_total | ample_blks_scanned
------+---------+---------+----------------------+-------------------+--------------------
 9930 | testdb  | test    | acquiring sample rows|       60000       |       27690
```
→ 9930 세션이 Analyze 작업 과정 중 샘플 로우를 얻기위해 test 테이블을 스캔하는 단계이다.

■ 세션2 (ANALYZE 완료 후 메시지 확인)
```
testdb=# ANALYZE VERBOSE test;   → VERBOSE는 상세 과정을 출력하는 옵션
INFO:  analyzing "public.test"
INFO:  "test": scanned 30000 of 93458 pages, containing 3210000 live rows and 0 dead rows;
30000 rows in sample, 10000006 estimated total rows
```

2.5 BG Writer 프로세스

Shared Buffer의 Dirty Buffer를 파일시스템에 Write하는 프로세스이다.

동적 뷰	내용
pg_stat_bgwriter	BG Writer 프로세스의 작업 통계 정보 표시

아래에서 pg_stat_bgwriter 동적 뷰를 확인해 보자.

컬럼 이름	내용
buffers_clean	BG Writer 프로세스에 의해 디스크에 기록된 Buffer 수
maxwritten_clean	최대 Buffer Write 후의 Clean 작업 중단 횟수
buffers_alloc	할당된 Buffer의 수
stats_reset	통계가 마지막으로 Reset된 시간

pg_stat_bgwriter 동적 뷰를 조회하면 아래와 같다.

```
testdb=# SELECT buffers_clean, maxwritten_clean, buffers_alloc, stats_reset
        FROM pg_stat_bgwriter;
 buffers_clean | maxwritten_clean | buffers_alloc | stats_reset
---------------+------------------+---------------+------------------------
          1000 |                5 |          5000 | 2025-02-23 10:30:00+00
```

→ buffer_clean, maxwritten_clean 컬럼을 통해 bgwriter 프로세스가 충분히 Buffer를 정리하는지 확인 가능하다.
(maxwritten_clean 컬럼의 값이 증가하면 비효율이 증가할 수 있음)

NOTE

■ Checkpointer 프로세스

Checkpoint 실행을 담당하는 프로세스이다. 아래의 동적 뷰를 통해 Checkpoint 프로세스에 대해 더 많은 내용을 확인할 수 있다.

동적 뷰	내용
pg_stat_checkpointer	항상 단일 로우를 저장하며 Checkpointer 프로세스에 대한 정보 저장
pg_stat_bgwriter	항상 단일 로우를 저장하며 BG Writer 프로세스의 작업 통계 정보 저장

2.6 Logger 프로세스

Logger 프로세스는 프로세스들이 발생시키는 정보를 현재 로그 파일에 기록한다.

함수	내용
pg_ls_logdir( )	로그 디렉토리에 있는 각 파일의 이름, 크기 및 마지막 수정 시간 반환
pg_current_logfile( )	현재 사용 중인 로그 파일의 경로와 파일 이름 반환

pg_ls_logdir() 함수는 postgresql.conf의 log_directory 파라미터를 참조한다. log_directory 파라미터의 기본값은 "log"이므로 별도 설정이 없다면 $PGDATA/log에 로그 파일을 기록한다. 하지만 사용 중인 log directory를 삭제 또는 이동 시키거나 권한이 없어진다면 아래와 같은 오류가 발생한다.

■ 파일 또는 디렉터리가 없음

ERROR: could not open directory "log":

```
testdb=# SELECT pg_ls_logdir();
            pg_ls_logdir
-----------------------------------------
 (logfile,10875,"2021-07-04 14:56:37+09")
```

→ 출력되는 결과는 총 3가지 항목이며 콤마(,)로 구분된다. 순서대로 로그 파일명, 파일 크기, 최종 변경 시각을 의미한다.

 로그 파일을 저장하려는 디렉터리에 대한 권한이 있는 경우라면 log_directory 파라미터에 미생성된 디렉터리 경로를 지정해도 디렉터리를 생성해서 로그 파일을 기록하지만 권한이 없는 경로라면 데이터베이스 기동이 불가하니 주의가 필요하다.

아래 함수는 log_filename 파라미터를 지정해야 값을 추출할 수 있다.

```
testdb=# SELECT pg_current_logfile();
                 pg_current_logfile
--------------------------------------------------------
 /home/postgres/pgsql/postgresql-2021-07-04_150420.log
```

→ 현재 사용 중인 로그 파일의 절대 경로의 위치와 파일명을 확인할 수 있다.

03 메모리 관련 정보

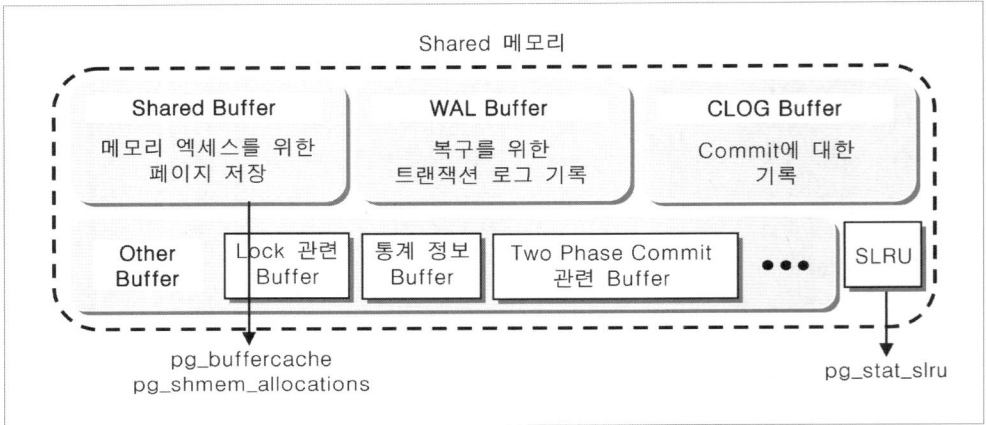

3.1 Shared Buffer

Shared Buffer는 디스크에 존재하는 데이터를 저장하고 있는 페이지를 메모리로 캐싱할 때 사용하는 메모리 공간이다.

동적 뷰	내 용
pg_buffercache	· pg_buffercache Extension을 설치해야 조회 가능한 동적 뷰 · Shared Buffer Cache가 어떻게 사용되고 있는지 실시간으로 확인 가능 · pg_buffercache_pages() 함수는 Buffer Cache 정보를 로우 단위로 결과 반환 · 기본적으로 superuser와 pg_monitor Role에 포함된 멤버만 접근 가능
pg_shmem_allocations	· PostgreSQL에 의해 Shared 메모리 내에서 현재까지 할당한 영역들에 대한 정보 조회 · 동적 메모리를 이용해 할당된 메모리는 표시하지 않으므로 주의

첫 번째로 pg_buffercache 동적 뷰를 확인해 보자. pg_buffercache 동적 뷰는 Shared Buffer에 캐시된 페이지 목록을 보여주며 relfilenode 컬럼으로 해당 페이지가 속한 Relation(테이블, 인덱스 등)을 확인할 수 있다.

컬럼 이름	내 용
bufferid	각 Buffer를 고유하게 식별하는 ID
relfilenode	테이블 또는 인덱스의 파일 노드 번호
reltablespace	해당 테이블 또는 인덱스의 테이블스페이스 OID
reldatabase	해당 테이블 또는 인덱스의 데이터베이스 OID
relforknumber	해당 테이블 또는 인덱스 내에서의 Fork 번호(0=main, 1=fsm, 2=vm)
relblocknumber	해당 테이블 또는 인덱스 내에서의 페이지 번호
isdirty	페이지가 Dirty 상태인지 확인
usagecount	Clock-Sweep 알고리즘에 따른 접근 횟수
pinning_backends	해당 Buffer를 Pinning하고 있는 Backend 프로세스 수

두 번째로 pg_shmem_allocations 동적 뷰를 확인해 보자.

컬럼 이름	내 용
name	할당된 Shared 메모리의 이름
off	할당이 시작되는 Offset
size	패딩을 제외한 순수 요청된 메모리 크기(Bytes)
allocated_size	실제 할당된 크기(Bytes)

Backend 프로세스 관련 메모리를 조회할 경우 아래와 같이 확인이 가능하다.

```
testdb=# SELECT * FROM pg_shmem_allocations
         WHERE name LIKE 'Backend%' ORDER BY name;
              name               |    off    |  size  | allocated_size
---------------------------------+-----------+--------+----------------
 Backend Activity Buffer         | 288185472 | 131072 |         131072
 Backend Application Name Buffer | 288169088 |   8192 |           8192
 Backend Client Host Name Buffer | 288177280 |   8192 |           8192
 Backend SSL Status Buffer       | 288316544 |  41984 |          41984
 Backend Status Array            | 288114816 |  54272 |          54272
```
→ Backend 프로세스와 관련된 5개의 메모리 정보가 확인된다. allocated_size 파라미터의 값이 size 값보다 현저하게 큰 경우 메모리 누수를 의심할 수 있다.

위의 결과에서 name 컬럼에 추출될 수 있는 메모리는 아래와 같다.

컬럼 값	내 용
Backend Activity Buffer	각 Backend 프로세스의 활동 상태 저장
Backend Application Name Buffer	각 Backend 프로세스의 어플리케이션 이름 저장
Backend Client Host Name Buffer	각 Backend 프로세스의 Client Hostname 저장
Backend SSL Status Buffer	각 Backend 프로세스의 SSL 연결 상태 정보 저장
Backend Status Array	각 Backend 프로세스의 상태 정보를 배열 형태로 저장

사용되지 않은 Buffer의 크기는 아래와 같이 확인할 수 있다.

```
testdb=# SELECT count(*)*8/1024||'MB' AS size
         FROM pg_buffercache
         WHERE relfilenode is null AND reltablespace is null
         AND reldatabase is null AND relforknumber is null
         AND relblocknumber is null AND isdirty is null AND usagecount is null;
 size
------
 93MB
```

■ **Extension(확장 모듈) 설치 필요**
testdb=# SELECT * FROM pg_buffercache;
ERROR: relation "pg_buffercache" does not exist
→ pg_buffercache는 Extension 모듈 설치 후 조회 가능하다.

■ **Extension(확장 모듈) 설치 방법**
testdb=# CREATE EXTENSION pg_buffercache;

■ **SLRU Caches**

SLRU Caches - SLRU(Simple Least Recently Used) Cache는 트랜잭션 관련 데이터(pg_xact, pg_subtrans 등) 및 내부 시스템 데이터를 효율적으로 관리하기 위한 캐시이다. 해당 캐시의 사용 정보는 아래 동적 뷰에서 확인이 가능하다.

동적 뷰	내 용
pg_stat_slru	Cache된 페이지의 Read/Write/Hit Ratio/오류 등의 통계 저장

쿼리 관련 정보

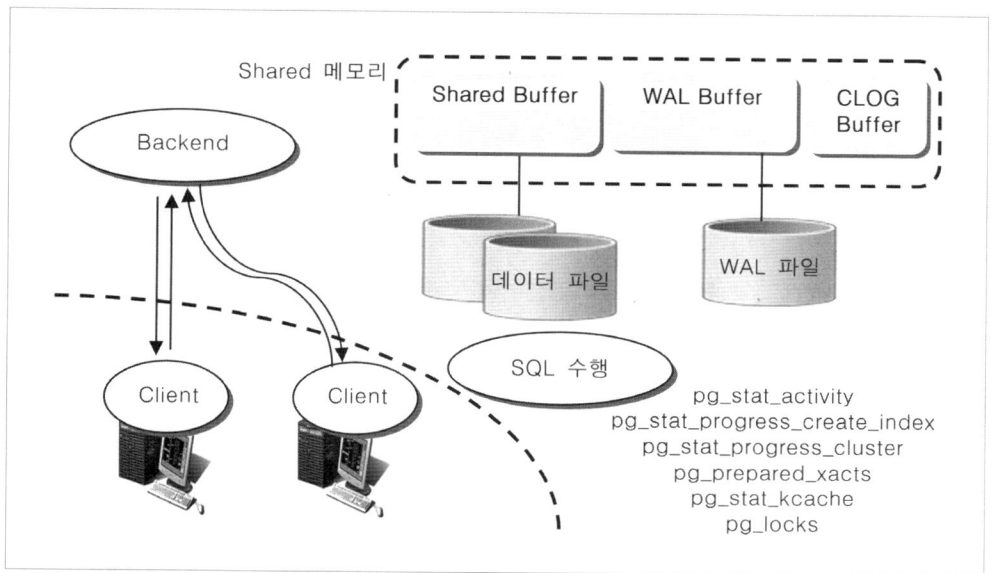

4.1 쿼리 Planning

Planner/Optimizer는 최적의 실행 계획을 작성하는 역할을 수행한다. 실행 계획의 특징은 아래와 같다.

- 동일한 쿼리를 수행해도 실제로 매우 다양한 방법으로 실행될 수 있다.
- 실행 방법이 다르다고 해도 각 쿼리는 동일한 결과 집합을 추출한다.
- 쿼리 Optimizer는 생성된 모든 실행 계획을 분석해서 가장 효율적인 실행 계획을 선택한다.

쿼리 Planning과 관련된 동적 뷰를 확인해 보자.

동적 뷰	내 용
pg_stat_statements	· 실행되는 SQL 문의 실행 계획 및 통계를 추적하기 위한 수단 제공 · Shared 메모리가 필요하므로 postgresql.conf 파일의 shared_preload_library 파라미터에 pg_stat_statement를 추가한 후 재시작 필요 · SQL 문의 실행된 통계를 수집하려면 pg_stat_statements Extension을 설치하여 해당 동적 뷰 생성 필요

pg_stat_statements 동적 뷰의 주요 컬럼에 대해 확인해 보자. 실행 계획 수립 소요 시간 관련 값을 확인하기 위해서는 Extension 파라미터인 stat_statement.track_planning 파라미터를 on으로 설정해야 하지만 성능 저하가 발생할수 있으며 파라미터의 기본값(off) 상태에서는 0으로 추출된다.

컬럼 이름	내 용
userid	SQL 문을 실행한 유저의 OID(pg_authid.oid 참조)
dbid	SQL 문을 실행한 데이터베이스 OID(pg_database.oid 참조)
toplevel	쿼리가 최상위 쿼리인지 아니면 서브쿼리인지 구분(true일 경우 최상위 쿼리)
queryid	SQL의 해쉬 값
query	쿼리의 텍스트
plans	SQL 문이 Planned된 횟수
total_plan_time	SQL 문을 Planning하는데 소요된 총 시간(ms)
min_plan_time	SQL 문을 Planning하는데 소요된 최소 시간(ms)
max_plan_time	SQL 문을 Planning하는데 소요된 최대 시간(ms)
mean_plan_time	SQL 문을 Planning하는데 소요된 평균 시간(ms)
stddev_plan_time	SQL 문을 Planning하는데 소요된 시간의 표준 편차(ms)
calls	SQL 문이 실행된 총 횟수
total_exec_time	SQL 문을 실행하는데 소요된 총 시간(ms)
min_exec_time	SQL 문을 실행하는데 소요된 최소 시간(ms)
max_exec_time	SQL 문을 실행하는데 소요된 최대 시간(ms)
mean_exec_time	SQL 문을 실행하는데 소요된 평균 시간(ms)
stddev_exec_time	SQL 문을 실행하는데 소요된 시간의 표준편차(ms)

컬럼	설명
shared_blks_hit	Shared Buffer에서 엑세스한 블록 수
shared_blks_read	디스크에서 엑세스한 블록 수
shared_blks_dirtied	SQL 문에 의해 발생한 Dirty 블록의 총 개수
shared_blks_written	SQL 문에 의한 디스크로 Write한 블록의 총 개수
local_blks_hit	Local Buffer에서 엑세스한 블록 수
local_blks_read	디스크에서 엑세스한 Local 블록 수
local_blks_dirtied	SQL 문에 의한 Dirty 블록으로 변경된 Local Buffer 블록의 총 개수
local_blks_written	SQL 문에 의한 디스크에 Writen된 Local Buffer 블록의 총 개수
temp_blks_read	SQL 문에 의한 Read된 Temp 블록의 총 개수
temp_blks_written	SQL 문에 의한 디스크에 Writen된 Temp 블록의 총 개수
wal_records	SQL 문이 생성하는 WAL 레코드의 전체 개수
wal_fpi	SQL 문이 생성하는 WAL Full 페이지 Image의 전체 개수
wal_bytes	SQL 문이 생성하는 전체 WAL 크기(Bytes)
stats_since	해당 쿼리에 대한 통계 수집이 시작된 시간
minmax_stats_since	해당 쿼리에 대한 최소/최대 통계 수집이 시작된 시간

pg_stat_statements 동적 뷰를 활용하여 수행 시간이 많이 소요되는 SQL 4개를 추출하는 예제를 확인해 보자.

```
testdb=# SELECT query, calls, total_exec_time AS total_time, rows,
            100.0 * shared_blks_hit /
              nullif(shared_blks_hit + shared_blks_read, 0) AS hit_percent
        FROM pg_stat_statements
        ORDER BY total_time DESC LIMIT 4;
               query                | calls |  total_time  |   rows   |    hit_percent
------------------------------------+-------+--------------+----------+---------------------
 INSERT INTO test SELECT * FROM test |    22 | 21344.882301 | 29360121 | 99.1854089683862789
 select * FROM pg_stat_statements   |     4 |      0.24278 |       12 |
 INSERT INTO test values($1)        |     7 |      0.12946 |        7 | 75.0000000000000000
 select count(*) FROM test          |     1 |      0.01126 |        1 |
```

4.2 쿼리 Execution

Executor는 Planner/Optimizer가 작성한 실행 계획을 확인하여 필요한 결과 집합을 추출하는 역할을 수행한다.

동적 뷰	내 용
pg_stat_progress_create_index	CREATE INDEX 또는 REINDEX가 실행될 때마다 현재 인덱스를 생성하고 있는 각 Backend 프로세스의 진행 사항 확인 가능
pg_stat_progress_cluster	CLUSTER 또는 VACUUM FULL이 실행될 때마다 명령 중 하나를 실행 중인 각 Backend 프로세스에 대한 정보 저장
pg_locks	· 데이터베이스 내의 Active 프로세스에서 보유하고 있는 Lock에 대한 정보 제공 · Lock이 수행된 오브젝트 당 하나의 로우이며 요청된 Lock 모드 및 관련 프로세스 포함 · 여러 프로세스가 Lock을 유지하거나 Lock을 Wait하는 경우 동일한 Lock이 수행 가능한 오브젝트가 여러 번 추출 · Lock이 수행 가능한 오브젝트에는 테이블, 테이블의 페이지, 페이지의 로우, 트랜잭션 등 여러 가지 유형 존재

첫 번째로 pg_stat_progress_create_index 동적 뷰를 확인해 보자. 해당 동적 뷰는 작업이 진행 중인 INDEX 생성 또는 REINDEX 상태를 확인하는 동적 뷰이다.

컬럼 이름	내 용
pid	Backend 프로세스 ID
datid	Backend 프로세스가 연결된 데이터베이스의 OID
datname	Backend 프로세스가 연결된 데이터베이스의 이름
relid	인덱스가 생성되는 테이블의 OID
index_relid	생성 중 또는 REINDEX 중인 인덱스의 OID (non-concurrent CREATE INDEX의 경우 0)
command	· 현재 진행 중인 명령어 · CREATE INDEX, CREATE INDEX CONCURRENTLY, REINDEX 또는 REINDEX CONCURRENTLY
phase	진행 중인 인덱스 생성 단계
lockers_total	인덱스 생성 작업 과정에서 발생한 Lock에 영향을 받는 프로세스 수
lockers_done	Lock 영향을 받은 세션 중 Lock이 해제된 프로세스 수
current_locker_pid	인덱스 생성 작업으로 현재 대기 중인 프로세스 ID
blocks_total	현재 단계에서 처리해야할 총 블록 수
blocks_done	현재 단계에서 처리된 블록 수

tuples_total	현재 단계에서 처리해야할 총 로우 수
tuples_done	현재 단계에서 처리된 로우 수
partitions_total	파티션 테이블에 인덱스를 생성할 경우 인덱스가 생성될 총 파티션 수
partitions_done	파티션 테이블에 인덱스를 생성할 경우 인덱스 생성이 완료된 파티션 수

인덱스 생성 중 다른 세션에서 pg_stat_progress_create_index 동적 뷰의 phase 컬럼의 값으로 진행 상황을 확인할 수 있다.

단계	내용
initializing	인덱스를 생성하기 위한 준비 단계
waiting for writers before build	인덱스 Build를 진행하기 전에 테이블에 Write Lock을 가진 트랜잭션들이 종료될 때까지 대기하는 단계
building index	인덱스 생성 단계 | 컬럼 값	내용
building index: scanning table	테이블의 데이터 스캔
building index: sorting live tuples	실제로 사용될 데이터 로우 정렬
building index: loading tuples in tree	데이터를 트리 구조에 삽입하는 과정	
waiting for writers before validation	인덱스 Build 후 검증을 진행하기 전에 테이블에 Write Lock을 가진 트랜잭션들이 종료될 때까지 대기하는 단계
index validation: scanning index	검증해야 할 로우를 찾기 위해 인덱스를 스캔하는 단계
index validation: sorting tuples	인덱스를 스캔하여 얻은 로우를 정렬하는 단계
index validation: scanning table	테이블을 스캔하여 인덱스 로우의 정합성을 검증하는 단계
waiting for old snapshots	Snapshot을 갖고 있는 트랜잭션들이 종료될 때까지 대기하는 단계
waiting for readers before marking dead	트랜잭션들이 완료될 때까지 대기하는 단계
waiting for readers before dropping	AccessShareLock을 가진 트랜잭션들이 완료될 때까지 대기한 후 기존 인덱스를 제거하는 단계

인덱스 생성이 수행되지 않을 때에는 결과가 추출되지 않는다. 인덱스 생성 시에는 아래와 같은 결과를 확인할 수 있다. 아래 결과에서 blocks_total과 block_done 컬럼을 확인하여 종료 시간을 예측할수 있다.

```
■ 세션1
testdb=# CREATE TABLE test (cola INT, colb VARCHAR(40), colc TIMESTAMP);
testdb=# INSERT INTO test (cola, colb, colc)
         SELECT aa, bb, cc
         FROM generate_series(1,10000000) aa, md5(aa::varchar) bb, now() cc;
testdb=# CREATE INDEX test_ix01 ON test (cola);

■ 세션2
testdb=# SELECT pid, datname, relid::regclass as tname,
                index_relid::regclass as iname,
                phase, blocks_total as blk_total,
                blocks_done as blk_done,
                round((blocks_done::numeric/nullif(blocks_total,0)::numeric)*100, 2) pct
         FROM pg_stat_progress_create_index;
  pid  | datname | tname | iname |           phase              | blk_total| blk_done |  pct
-------+---------+-------+-------+------------------------------+----------+----------+-------
 10464 | testdb  | test  |   -   | building index: scanning table|  467290  |  66513   | 14.23
```

→ 대상 인덱스가 아직 생성되지 않았기 때문에 인덱스명은 확인할 수 없으며 현재 테이블 스캔 작업이 14.23% 진행된 상태임을 확인할 수 있다.

두 번째로 pg_stat_progress_cluster 동적 뷰에 대해 확인해 보자. 해당 동적 뷰를 통해 진행 중인 CLUSTER, VACUUM FULL 명령어의 진행 상태를 확인할 수 있다.

컬럼 이름	내 용
pid	Backend 프로세스 ID
datid	Backend 프로세스가 연결된 데이터베이스의 OID
datname	Backend 프로세스가 연결된 데이터베이스의 이름
relid	CLUSTER 또는 VACUUM FULL 대상 테이블의 OID
command	진행 중인 명령어(CLUSTER, VACUUM FULL)
phase	현재 진행 중인 단계
cluster_index_relid	CLUSTER/VACUUM FULL 실행 시 사용된 인덱스의 OID이며 없다면 0
heap_tuples_scanned	스캔된 Heap 로우 수(seq scanning heap, index scanning heap, writing new heap 단계에만 카운팅)
heap_tuples_written	작성된 Heap 로우 수(seq scanning heap, index scanning heap, writing new heap 단계에만 카운팅)

heap_blks_total	seq scanning heap 단계에서 보고된 테이블의 총 Heap 블록 수
heap_blks_scanned	스캔된 Heap 블록 수(seq scanning heap 단계에만 카운팅)
index_rebuild_count	Rebuild된 인덱스의 개수(Index Rebuild때만 카운팅)

CLUSTER 또는 VACUUM FULL 중 다른 세션에서 pg_stat_progress_cluster 동적 뷰의 phase 컬럼의 값에 의해 상황을 확인할 수 있다.

단계	내용
initializing	명령이 Heap 테이블 스캔 시작을 준비하는 단계
seq scanning heap	명령이 순차적 스캔을 사용하여 테이블을 스캔하는 단계
index scanning heap	CLUSTER 명령이 인덱스 스캔을 사용하여 테이블을 스캔하는 단계
sorting tuples	CLUSTER 명령이 로우들을 정렬하는 단계
writing new heap	CLUSTER 명령이 정렬된 데이터를 새로운 Heap 파일에 기록하는 단계
swapping relation files	새로 Build된 테이블 파일을 기존의 테이블 파일로 교체하는 단계
rebuilding index	테이블에 대해 인덱스를 재구성하는 단계
performing final cleanup	CLUSTER 또는 VACUUM FULL 명령이 최종 정리 작업을 수행하는 단계

heap_blks_total 컬럼과 heap_blks_scanned 컬럼을 참고하여 모니터링하면 된다. 테이블 VACUUM FULL 진행 중에 pg_stat_progress_cluster 동적 뷰를 조회해 보자. 참고로 CLUSTER 명령어는 지정한 인덱스를 기준으로 정렬된 새로운 테이블을 생성하기 때문에 heap_blks_total, heap_blks_scanned 값이 0으로 표시된다.

■ 세션1
```
testdb=# CREATE TABLE test (cola INT, colb VARCHAR(40), colc TIMESTAMP);
testdb=# INSERT INTO test (cola, colb, colc)
         SELECT aa, bb, cc
         FROM generate_series(1,10000000) aa, md5(aa::varchar) bb, now() cc;
testdb=# VACUUM FULL test;
```

■ 세션2
```
testdb=# SELECT pid, datname, relid::regclass as tname,
            phase, heap_blks_total as blk_total,
            heap_blks_scanned as blk_done,
            round((heap_blks_scanned::numeric
               /nullif(heap_blks_total,0)::numeric)*100, 2) pct
```

```
       FROM pg_stat_progress_cluster;
  pid  | datname | tname |       phase       | blk_total | blk_done | pct
-------+---------+-------+-------------------+-----------+----------+-------
 10464 | testdb  | test  | seq scanning heap |    467290 |   181884 | 38.92
```
→ 현재 테이블 스캔 작업이 38.92% 진행된 상태임을 확인할 수 있다.

세 번째로 pg_locks 동적 뷰를 확인하기 전에 Lock에 대해 확인해 보자.

- Lock - 자원을 동시에 사용하지 못하게 제어

하나의 세션에서 test 테이블의 A 로우를 변경하는 과정 중에 다른 세션에서 동시에 test 테이블의 A 로우를 변경하는 등의 작업을 수행하지 못하게 제어하는 것이 Lock이다. Lock은 다음과 같이 두 가지 핵심 속성을 가진다.

- Lock 모드 - 어떤 수준으로 접근 권한을 점유했는지를 표시
- Lock 호환성 - 서로 다른 Lock 모드를 획득할 수 있는지 여부(공존 가능성)

Lock 모드는 pg_locks 동적 뷰의 mode 컬럼 값을 통해 확인할 수 있으며 아래와 같다.

Lock 모드	대상 작업
AccessShareLock	SELECT 수행 시 사용(다른 트랜잭션이 모든 변경 가능)
RowShareLock	SELECT ... FOR UPDATE/FOR SHARE 시 사용
RowExclusiveLock	INSERT, UPDATE, DELETE 및 MERGE 시 사용
ShareUpdateExclusiveLock	ANALYZE, VACUUM, CREATE INDEX CONCURRENTLY, 일부 ALTER INDEX 및 ALTER TABLE 명령 등 수행 시 사용
ShareLock	CONCURRENTLY 옵션이 없는 CREATE INDEX
ShareRowExclusive	CREATE TRIGGER 및 일부 ALTER TABLE 시 사용
ExclusiveLock	REFRESH MATERIALIZED VIEW CONCURRENTLY 시 사용
AccessExclusiveLock	VACUUM FULL, DROP TABLE TRUNCATE 등 수행 시 사용(최상위 Lock)

위와 같은 Lock 모드는 아래와 같은 Lock 호환성을 가진다.

Lock 모드	Access Share Lock	Row Share Lock	Row Exclusive Lock	Share Update Exclusive Lock	Share Lock	Share Row Exclusive	Exclusive Lock	Access Exclusive Lock
Access ShareLock	O	O	O	O	O	O	O	X
Row ShareLock	O	O	O	O	O	O	X	X
Row ExclusiveLock	O	O	O	O	X	X	X	X
ShareUpdate ExclusiveLock	O	O	O	X	X	X	X	X
ShareLock	O	O	X	X	X	X	X	X
ShareRow Exclusive	O	O	X	X	X	X	X	X
ExclusiveLock	O	X	X	X	X	X	X	X
Access ExclusiveLock	X	X	X	X	X	X	X	X

위의 Lock 호환성을 확인해 보면 하나의 테이블에 AccessShareLock이 수행되는 경우에 다른 세션에서 해당 테이블에 AccessShareLock을 동시에는 수행이 가능하지만 AccessExclusiveLock은 수행이 되지 않는다는 의미이다. 즉, A 테이블을 Select 하는 과정에서 다른 세션에서 해당 테이블을 Drop할 수는 없다.

이와 같은 Lock에 대해 Active 프로세스의 Lock 정보를 확인할 수 있는 동적 뷰가 pg_locks 이다. pg_locks 동적 뷰에 대해 확인해 보자.

컬럼 이름	내 용
locktype	· Lock 유형 · Relation, Extend, Frozenid, Page, Tuple, Transactionid, Virtualxid, Spectoken, Object, Userlock, Advisory
database	· Lock 대상이 존재하는 데이터베이스의 OID · Shared 오브젝트일 경우 0 / 트랜잭션 ID일 경우 NULL
relation	· Lock 대상 테이블(Relation)의 OID · 대상이 테이블 또는 테이블의 일부가 아닐 경우 NULL
page	· 테이블 내의 Lock 대상 페이지 번호 · 테이블의 페이지가 아니거나 로우가 아닌 경우 NULL

tuple	· 페이지 내의 Lock 대상 로우 번호(locktype='tuple'일 경우) · 대상이 로우가 아닌 경우 NULL
virtualxid	· Lock 대상 트랜잭션의 가상 ID · 대상이 가상 트랜잭션이 아니라면 NULL
transactionid	· Lock 대상 트랜잭션의 ID(locktype='transaction'일 경우) · 대상이 트랜잭션이 아니라면 NULL
classid	· Lock 대상이 속해있는 시스템 카탈로그의 OID(locktype='object'일 경우) · 대상이 일반적인 데이터베이스 오브젝트가 아니라면 NULL
objid	· 시스템 카탈로그 내 Lock 대상의 OID(locktype='object'일 경우) · 대상이 일반적인 데이터베이스 오브젝트가 아니라면 NULL
objsubid	· Lock 대상의 컬럼 번호
virtualtransaction	· Lock을 유지 중이거나 대기 중인 트랜잭션의 가상 ID
pid	· Lock을 보유하거나 대기 중인 Backend 프로세스의 프로세스 ID · Prepared 트랜잭션이 Lock을 보유중이면 NULL
mode	· 프로세스가 보유하거나 원하는 Lock 모드 이름
granted	· Lock이 유지 중이면 true이며 대기 중이면 false
fastpath	· Fast Path를 통해 엑세스한 경우 true · 기본적인 Lock 테이블을 엑세스한 경우는 false
waitstart	· Lock을 대기하기 시작한 시각이며 만약 Lock을 획득했다면 NULL

Lock으로 인해 수행이 필요한 프로세스가 실행되지 못하는지 확인하기 위해 자주 조회된다. pg_locks 동적 뷰에서 granted 컬럼이 false일 경우가 대기 상태이며 이 부분을 확인하여 처리하는 것이 중요하다.

```
testdb=# SELECT pl.pid as blocked_pid ,psa.usename as blocked_user
            ,pl2.pid as blocking_pid ,psa2.usename as blocking_user
            ,psa.query as blocked_statement
        FROM pg_catalog.pg_locks pl JOIN pg_catalog.pg_stat_activity psa
          ON pl.pid = psa.pid
        JOIN pg_catalog.pg_locks pl2 JOIN pg_catalog.pg_stat_activity psa2
          ON pl2.pid = psa2.pid
          ON pl.transactionid = pl2.transactionid
          AND pl.pid != pl2.pid
        WHERE pl.granted != true;
 blocked_pid | blocked_user | blocking_pid | blocking_user | blocked_statement
-------------+--------------+--------------+---------------+-------------------
        5785 | postgres13   |         5590 | postgres13    | DELETE FROM test2;
```

test2 테이블의 데이터를 삭제하는 과정에서 대기 중인 상태이다. Blocking 세션은 5590이며 5590 세션에 대해 문제가 존재하는지 파악해야 한다.

테이블의 Lock 관련 정보를 아래와 같이 조회할 수 있다.

```
testdb=# SELECT t.relname, l.locktype, l.page, l.pid, l.mode, l.granted
        FROM pg_locks l, pg_stat_all_tables t
        WHERE l.relation = t.relid
        AND t.relname='test2'    → 테이블 이름 지정
        ORDER BY relation ASC;
 relname | locktype | page | pid  |      mode       | granted
---------+----------+------+------+-----------------+--------
 test2   | relation |      | 5590 | RowExclusiveLock | t
```
→ RowExclusiveLock은 DML 작업(INSERT, UPDATE, DELETE, MERGE) 시 발생한다.

05 테이블/인덱스/유저/권한 관련 정보

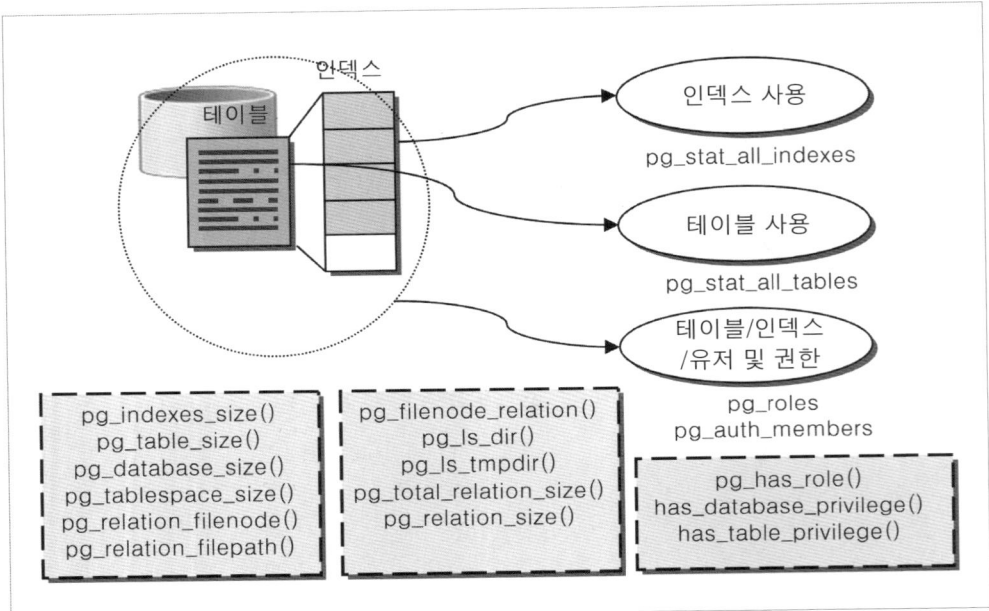

5.1 테이블

테이블 사용에 대한 동적 뷰를 확인해 보자.

동적 뷰	내 용
pg_stat_all_tables	· 테이블은 공통 데이터 구조를 가진 로우의 집합이다. 이와 같은 로우는 동일한 수의 속성, 동일한 순서, 동일한 이름을 가진다. · 테이블의 엑세스 통계를 저장한다.

pg_stat_all_tables 동적 뷰는 현재 데이터베이스의 각 테이블에 대한 엑세스 통계를 보여주는 동적 뷰이다.

컬럼 이름	내용
relid	테이블의 OID
schemaname	테이블이 속한 스키마 이름
relname	테이블의 이름
seq_scan	테이블 Sequential 스캔을 수행한 횟수
last_seq_scan	테이블에 대한 마지막 Sequential 스캔의 시간
seq_tup_read	Sequential 스캔 시 추출한 Live 로우 수
idx_scan	테이블에 대해 인덱스 스캔을 수행한 횟수
last_idx_scan	테이블에 대한 마지막 인덱스 스캔 시간
idx_tup_fetch	인덱스를 스캔하면서 추출한 Live 로우 수
n_tup_ins	Insert 로우 수
n_tup_upd	Update 로우 수(Hot Update된 로우도 포함)
n_tup_del	Delete 로우 수
n_tup_hot_upd	같은 페이지 내에서 데이터의 Update가 발생한 HOT(Heap-Only Tuple - 인덱스에 사용하지 않는 컬럼) Update 로우 수
n_tup_newpage_upd	HOT이 아닌 Update가 발생한 횟수
n_live_tup	Live 로우 수(추정치)
n_dead_tup	Dead 로우 수(추정치)
n_mod_since_analyze	마지막으로 Analyze된 후부터 변경된 로우 수(추정치)
n_ins_since_vacuum	마지막으로 Vacuum이 수행된 후부터 Insert된 로우 수(추정치)
last_vacuum	마지막 수동 Vacuum 수행 시간(Vacuum Full 제외)
last_autovacuum	마지막으로 Autovacuum 프로세스에 의해 Vacuum이 수행된 시간
last_analyze	마지막 수동 Analyze 수행 시간
last_autoanalyze	마지막으로 Autovacuum 프로세스에 의해 Analyze된 시간
vacuum_count	수동 Vacuum을 수행한 횟수(Vacuum Full 제외)
autovacuum_count	Autovacuum 프로세스가 수행한 Vacuum 횟수
analyze_count	수동 Analyze를 수행한 횟수
autoanalyze_count	Autovacuum 프로세스가 수행한 Analyze 횟수

예제로 테이블을 생성하여 INSERT, UPDATE, DELETE 수행 후 pg_stat_all_tables 동적 뷰를 조회해 보자.

■ 테이블 생성 및 동적 뷰 조회

```
testdb=# CREATE TABLE test (cola INT ,colb VARCHAR(40) ,colc TIMESTAMP);
testdb=# SELECT relname, n_tup_ins, n_tup_upd, n_tup_del
         FROM pg_stat_all_tables
         WHERE relname = 'test';
relname | n_tup_ins | n_tup_upd | n_tup_del
--------+-----------+-----------+----------
 test   |         0 |         0 |         0
```

■ 데이터 입력, 갱신, 삭제

```
testdb=# INSERT INTO test (cola, colb, colc)
         SELECT aa, bb, cc
         FROM generate_series(1,10000000) aa, md5(aa::varchar) bb, now() cc;
INSERT 0 10000000 → 값을 확인하여 pg_stat_all_tables 동적 뷰에 조회된 값과 비교


testdb=# UPDATE test SET cola = cola + 10000000 WHERE mod(cola, 9) = 0;
UPDATE 1111111 → 값을 확인하여 pg_stat_all_tables 동적 뷰에 조회된 값과 비교


testdb=# DELETE FROM test WHERE mod(cola, 100) = 99;
DELETE 100000 → 값을 확인하여 pg_stat_all_tables 동적 뷰에 조회된 값과 비교
```

■ 동적 뷰 조회

```
testdb=# SELECT schemaname, relname, n_tup_ins, n_tup_upd, n_tup_del,
                n_dead_tup, last_autovacuum
         FROM pg_stat_all_tables
         WHERE relname = 'test';
schemaname | relname | n_tup_ins | n_tup_upd | n_tup_del | n_dead_tup | last_autovacuum
-----------+---------+-----------+-----------+-----------+------------+--------------------
 public    | test    |  10000000 |   1111111 |    100000 |     100205 | 2021-07-11 17:13:54
```

→ test 테이블을 신규 생성한 뒤 10,000,000 건의 데이터 입력, 1,111,111 건의 수정, 100,000 건의 삭제를 수행한 뒤 pg_stat_all_tables 동적 뷰에서 입력, 수정, 삭제 횟수를 확인할 수 있다. 더불어 n_dead_tup(100,205건의 Dead 로우 발생), last_autovacuum(마지막 수행된 Autovacuum 시간) 컬럼을 확인하여 Vacuum 필요 여부를 판단하는데 참고할 수 있다.

5.2 테이블/인덱스 데이터 파일

테이블/인덱스 데이터 파일 정보 확인을 위한 함수를 확인해 보자.

함수	내용
pg_indexes_size()	테이블의 인덱스가 사용 중인 디스크 공간 계산
pg_table_size()	테이블(인덱스 제외)에서 사용 중인 디스크 공간 계산
pg_database_size()	특정 데이터베이스의 전체 크기 계산
pg_tablespace_size()	특정 테이블스페이스의 전체 크기 계산
pg_relation_filenode()	특정 테이블(Relation)의 filenode 번호 반환
pg_relation_filepath()	특정 테이블(Relation)의 데이터 파일 경로 반환
pg_filenode_relation()	테이블(Relation)과 관계된 테이블스페이스와 OID를 통해 테이블(Relation) OID 반환
pg_ls_dir()	지정된 디렉토리에 있는 모든 파일의 이름 반환
pg_ls_tmpdir()	기본 테이블스페이스(pg_default)의 임시 파일 디렉토리에 있는 파일의 이름, 크기 및 마지막 수정 시간 반환
pg_total_relation_size()	모든 인덱스 및 TOAST 데이터를 포함해 테이블에서 사용 중인 총 디스크 공간 계산
pg_relation_size()	테이블 또는 인덱스의 기본 데이터 크기만 계산(TOAST 및 인덱스 제외)

예제로 test 테이블, 인덱스 및 현재 데이터베이스의 크기를 추출하는 쿼리를 확인해 보자.

■ 테이블 및 인덱스 크기

```
testdb=# SELECT pg_size_pretty(pg_indexes_size('test_table')) AS index_size,
            pg_size_pretty(pg_table_size('test_table')) AS table_size,
            pg_size_pretty(pg_indexes_size('test_table')
            + pg_table_size('test_table')) AS total_size;
 table_size | index_size | total_size
------------+------------+-----------
 50 MB      | 20 MB      | 70 MB
```

→ 테이블, 인덱스 크기의 연산으로 전체적인 크기를 추출하는 응용도 가능하다.
→ pg_size_pretty() 함수를 사용하면 Bytes 단위의 값을 크기에 따라 KB, MB, GB처럼 변환하여 결과를 추출한다.

■ 해당 경로의 파일 및 디렉토리를 확인

```
testdb=# select pg_ls_dir('/pg_data/pgdata');
pg_ls_dir
----------------------
pg_wal
global
pg_commit_ts
pg_dynshmem
```

→ pg_ls_dir 함수를 통해 해당 경로의 파일 및 디렉토리를 확인할 수 있다.

■ TEMP 파일과 크기 확인

```
testdb=# SELECT * FROM pg_ls_tmpdir() ORDER BY modification;
       name         |    size    |      modification
--------------------+------------+------------------------
 pgsql_tmp1262598.0 | 1073741824 | 2025-02-24 12:13:03+01
 pgsql_tmp1262598.1 | 1073741824 | 2025-02-24 12:14:05+01
```

→ pg_ls_tmpdir을 통해 TEMP 파일과 크기 등에 대한 정보를 확인할 수 있다.

5.3 유저 및 권한

유저 및 권한 관리와 관련된 시스템 카탈로그, 동적 뷰 및 함수에 대해 확인해 보자.

동적 뷰/시스템 카탈로그	내용
pg_roles	유저 또는 그룹 Role에 대한 정보 제공
pg_auth_members	유저 또는 그룹 Role 간의 관계 정보 제공

첫 번째로 pg_roles 동적 뷰는 유저 및 그룹 Role의 여러 속성을 확인할 수 있는 동적 뷰이다.

컬럼 이름	내용
rolname	유저 및 그룹 Role의 이름
rolsuper	Superuser 여부
rolinherit	Role이 속한 다른 Role의 권한을 자동으로 상속받을지 여부
rolcreaterole	Role 생성 권한 여부

컬럼 이름	내용
rolcreatedb	데이터베이스 생성 권한 여부
rolcanlogin	로그인 가능 여부
rolreplication	Replication Role 여부
rolconnlimit	해당 Role로 동시 접속 최대 연결 수(-1이면 무제한)
rolpassword	패스워드 (pg_role 동적 뷰에서는 보안상의 이유로 *** 출력)
rolvaliduntil	패스워드 만료일
rolbypassrls	RLS(Row-Level Security) 우회 가능 여부
rolconfig	해당 Role에 대한 설정 파라미터
oid	해당 Role의 OID

두 번째로 pg_auth_members 시스템 카탈로그는 유저 또는 Role이 어떤 Role에 속해 있는지 확인할 수 있는 시스템 카탈로그이다.

컬럼 이름	내용
oid	로우의 고유 식별자
roleid	부여된 Role의 OID
member	Role에 속한 멤버의 OID
grantor	멤버를 Role에 추가한 Role의 OID
admin_option	true이면 멤버가 다른 유저에게 해당 Role 부여 가능
inherit_option	Role로부터 상속된 권한을 자동으로 부여받을지 여부
set_option	SET ROLE 명령어를 사용하여 Role 전환 여부

다음과 같이 조회하면 Role에 속한 멤버를 확인할 수 있다.

```
testdb=# SELECT r.rolname AS member_name
         FROM pg_auth_members m
         JOIN pg_roles r ON m.member = r.oid
         WHERE m.roleid = (SELECT oid FROM pg_roles
                           WHERE rolname = 'axiom_role');
 member_name
-------------
 axiom
```

→ axiom 유저는 axiom_role Role에 속해 있음을 확인할 수 있다.

세 번째로 유저 및 권한 관계를 확인할 때 자주 사용하는 함수는 다음과 같다.

함수	내용
pg_has_role()	특정 Role에 대한 특정 권한 보유 여부 확인
has_database_privilege()	특정 데이터베이스에 대한 특정 권한 보유 여부 확인
has_schema_privilege()	특정 스키마에 대한 특정 권한 보유 여부 확인
has_table_privilege()	특정 테이블에 대한 특정 권한 보유 여부 확인
has_function_privilege()	특정 함수에 대한 특정 권한 보유 여부 확인

위의 함수의 사용 예제를 확인해 보자.

■ **axiom 유저의 axiom_role Role의 멤버 확인**

```
testdb=# SELECT pg_has_role('axiom', 'axiom_role', 'MEMBER');
 pg_has_role
-------------
 t
```
→ t(true)이므로 axiom 유저는 axiom_role Role의 멤버를 의미

■ **axiom 유저의 axiom_db 데이터베이스에 대한 CONNECT 권한 보유 확인**

```
testdb=# SELECT has_database_privilege('axiom', 'axiom_db', 'CONNECT');
 has_database_privilege
------------------------
 t
```
→ t(true)이므로 axiom 유저는 axiom_db에 대한 CONNECT 권한 보유를 의미

■ **axiom 유저의 axown 스키마에 대해 USAGE 권한 보유 확인**

```
testdb=# SELECT has_schema_privilege('axiom', 'axown', 'USAGE');
 has_schema_privilege
----------------------
 t
```
→ t(true)이므로 axiom 유저는 axown 스키마에 대해 USAGE 권한 보유를 의미

■ **axiom 유저의 axown 스키마의 test 테이블에 대해 SELECT 권한 보유 확인**

```
testdb=# SELECT has_table_privilege('axiom', 'axown.test', 'SELECT');
 has_table_privilege
---------------------
 t
```
→ t(true)이므로 axiom 유저는 axown 스키마의 test 테이블에 대해 SELECT 권한 보유를 의미

■ **axiom 유저의 axown 스키마의 test 함수에 대해 EXECUTE 권한 보유 확인**

```
testdb=# SELECT has_function_privilege('axiom', 'axown.test(int)', 'EXECUTE');
 has_function_privilege
------------------------
 t
```
→ t(true)이므로 axiom 유저는 axwon 유저의 test 함수에 대해 EXECUTE 권한 보유를 의미

WAL(Write Ahead Log) 관련 정보

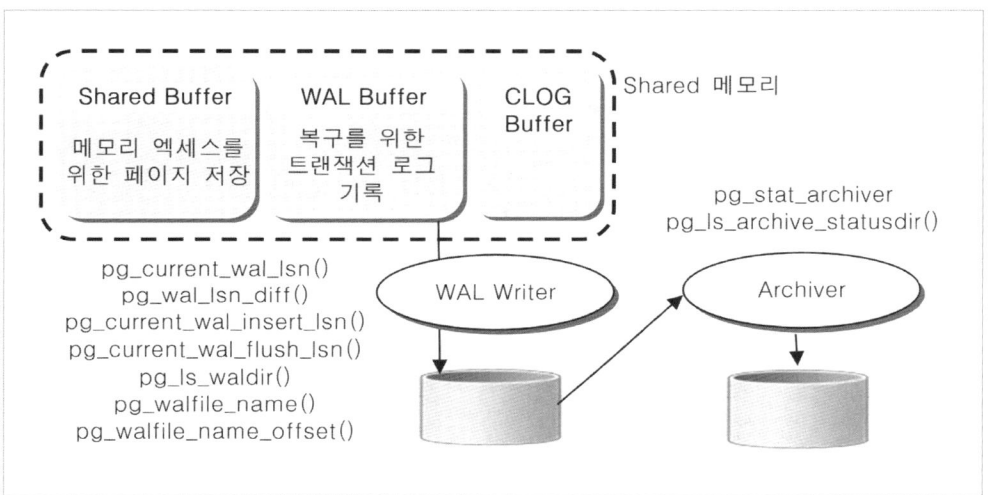

6.1 WAL(Write-Ahead Log) 관련 함수

WAL 관련 함수를 확인해 보자.

함수	내용
pg_current_wal_lsn( )	현재 WAL 기록 위치(LSN, Log Sequence Number) 반환
pg_wal_lsn_diff( )	두 개의 WAL 위치(LSN) 간의 크기 차이 반환
pg_current_wal_insert_lsn( )	현재 WAL 기록 위치 반환(WAL Buffer에 기록된 마지막 위치)
pg_current_wal_flush_lsn( )	현재 디스크에 Flush된 마지막 WAL 기록 위치(LSN) 반환
pg_ls_waldir( )	· pg_wal 디렉터리의 모든 파일들에 대한 크기와 변경 시간 표시 · superuser와 pg_monitor Role에 속한 멤버만 조회 가능
pg_walfile_name( )	WAL 위치를 포함하는 WAL 파일의 이름으로 변환하는 함수
pg_walfile_name_offset( )	WAL 위치를 포함하는 WAL 파일의 이름과 Byte Offset으로 변환하는 함수
pg_switch_wal( )	수동으로 WAL 파일 전환

아래의 예제를 확인해 보자.

■ **LSN(Log Sequential Number) 번호에 대한 차이 값을 이용한 WAL 파일의 생성량**
```
testdb=# SELECT pg_wal_lsn_diff('3/BCC8BA10','3/BCC88BE0');  → 두 개의 LSN 번호 입력
     pg_wal_lsn_diff
    ------------------
             11824
```
→ LSN 번호에 대한 차이 값을 추출하여 WAL 파일의 생성량을 파악할 수 있다. 두 WAL 파일의 LSN 간에 11,824 Byte 만큼 변경이 발생했음을 확인할 수 있다.

■ **LSN 기록 확인**
```
testdb=# SELECT pg_current_wal_insert_lsn(), pg_current_wal_flush_lsn();
 pg_current_wal_insert_lsn | pg_current_wal_flush_lsn
---------------------------+--------------------------
                3/BCC8BA10 |               3/BCC8BA10
```
→ pg_current_wal_insert_lsn과 pg_current_wal_flush_lsn 값이 같다면 지연없이 WAL 파일을 디스크에 기록했음을 의미한다.

■ **WAL 디렉토리의 파일 정보**
```
testdb=# SELECT pg_ls_waldir();
                        pg_ls_waldir
---------------------------------------------------------------
 (000000010000000300000E5,16777216,"2021-07-05 13:31:36+09")
 (000000010000000300000E6,16777216,"2021-07-05 13:31:31+09")
 (000000010000000300000D0,16777216,"2021-07-05 10:52:32+09")
```

■ **LSN을 이용하여 WAL 파일 이름 확인**
```
testdb=# SELECT pg_walfile_name('3/BCC8BA10');
     pg_walfile_name
--------------------------
 000000010000000300000BC
```

6.2 Archiver 프로세스

백업본을 만들거나 또는 장애 시 복구를 하기 위한 WAL 파일의 복사본을 저장하는 프로세스이다.

동적 뷰/함수	내 용
pg_stat_archiver	Archive 프로세스 상태를 확인할 수 있는 동적 뷰
pg_ls_archive_statusdir( )	· Archive 상태, 디렉토리(pg_wal/archive_status)에 있는 파일 이름, 크기 및 마지막 수정 시간 반환 · 해당 함수는 기본적으로 superuser와 pg_monitor Role의 멤버만 실행할 수 있으며 다른 유저에게 EXECUTE 권한 부여 가능

아래에서 pg_stat_archiver 동적 뷰를 확인해 보자.

컬럼 이름	내 용
archived_count	성공적으로 Archive된 WAL 파일의 수
last_archived_wal	마지막으로 보관한 WAL 파일의 이름
last_archived_time	마지막으로 성공한 Archive 작업 시간
failed_count	WAL 파일을 Archive하는데 실패한 횟수
last_failed_wal	마지막으로 실패한 Archive 작업의 WAL 파일 이름
last_failed_time	마지막으로 실패한 Archive 작업 시간
stats_reset	통계 정보가 마지막에 재설정된 시간

pg_stat_archiver 동적 뷰를 조회해 보자.

```
testdb=# SELECT archived_count, last_archived_wal, last_archived_time
        FROM pg_stat_archiver;
 archived_count |     last_archived_wal      |      last_archived_time
----------------+----------------------------+-------------------------------
            153 | 000000010000003B00000054   | 2025-02-21 08:39:29.021667+00
```

→ Archive가 완료한 WAL 파일의 개수가 153개이고 마지막 WAL 파일명 및 완료 시간을 확인할 수 있다.

→ 추가로 failed_count, last_failed_wal, last_failed_time 컬럼 값을 조회하면 Archive가 실패한 횟수와 마지막 실패한 WAL 파일의 생성 시간 및 파일명을 확인할 수 있다.

```
testdb=# SELECT pg_switch_wal();   → 수동으로 WAL 파일을 전환한다.
 pg_switch_wal
---------------
 3B/55DA3C40

testdb=# SELECT archived_count, last_archived_wal, last_archived_time
        FROM pg_stat_archiver;
 archived_count |     last_archived_wal      |      last_archived_time
----------------+----------------------------+-------------------------------
            154 | 000000010000003B00000055   | 2025-02-21 08:56:58.083759+00
```

→ archive_count 컬럼의 값이 154로 값이 증가한다.

추천사

EXHORTATION

지난 25년간 데이터베이스 분야의 굵직한 변천사—메인프레임의 쇠퇴에서부터 유닉스/리눅스/오라클의 전성기, 그리고 오라클의 독점적 지위를 대체하려는 현재의 노력들—를 지켜봐 왔듯이, 현재 DB 시장은 거대한 전환점에 서 있습니다.

"왜 지금 PostgreSQL인가?"

오랜 기간 RDBMS 시장은 오라클이 높은 점유율을 차지하며 주도해 왔습니다. 특히 유닉스 시스템으로의 다운사이징 환경 변화 속에서 오라클이 선보인 다양한 관리 도구와 RAC 기능은 '오라클의 전성기'를 이끌었습니다. RDBMS는 데이터 무결성과 신뢰성을 바탕으로 현장에서 가장 널리 활용되는 시스템입니다.

그러나 최근 몇 년 사이, PostgreSQL이 국내외에서 오라클을 대체하는 강력한 대안으로 빠르게 부상하고 있습니다. PostgreSQL이 기존의 다른 오픈소스 DB들보다 늦게 주목받았음에도 빠르게 시장을 확장하는 이유는 명확합니다. 기존 오픈소스 DB가 비교적 규모가 작은 업무에 적합한 '라이트한' 성격을 가졌다면, PostgreSQL은 고비용의 상용 DBMS를 대체할 수 있는 엔터프라이즈급 기능을 갖춘 오픈소스라는 결정적인 강점을 지니고 있습니다. 이러한 안정적이고 강력한 엔진을 기반으로 현재 시장에서는 PostgreSQL 상용 패키지 제품들이 활발히 경쟁하고 있으며, 이는 'PostgreSQL 시대'가 본격적으로 열렸음을 체감하게 합니다.

"전문가의 깊이 있는 현장 지식"

이 중요한 시점에 엑시엄의 대표님께서 이 책을 집필하셨다는 사실은 모든 현업 관계자에게 큰 기대를 갖게 합니다. 저자는 국내에서 오라클 데이터베이스 관리, 트러블슈팅, 튜닝 분야의 최고 전문가로 인정받아 온 분입니다. 현재는 국내에서 가장 많은 PostgreSQL 마이그레이션을 수행하고 있는 선도적인 실무가이기도 합니다.
PostgreSQL 사용자들이 현장에서 직면하는 궁금증과 어려움을 해결하는 데 있어, 저자의 풍부한 25년 실무 경험과 깊이 있는 지식은 최고의 나침반이 될 것이라 확신합니다.

이 책은 단순히 이론을 나열하는 것을 넘어, 상용 DBMS를 대체할 엔터프라이즈급 DB로서 PostgreSQL을 안정적으로 운영하고 최적화하는 데 필요한 모든 것을 담고 있습니다. 부디 이 책이 새로운 PostgreSQL 사용자들에게 실질적인 도움을 제공하고, 더 널리 활용되어 국내 데이터베이스 업계 발전에 오랫동안 기여하기를 소망합니다.

저자의 건승과 건강을 기원하며, 이 책을 통해 독자들이 PostgreSQL 시대를 주도하는 핵심 인재로 성장하시기를 바랍니다.

_AX 솔루션 전문 기업 (주)엔텔스 대표이사 최일규

초보자를 위한
PostgreSQL DBA편

발　　행	2025년 12월 11일 1쇄 발행
저　　자	권순용 · 구경서 · 최경환 · 윤　현 · 허원석
감　　수	최세환 · 정　흠 · 문태견 · 홍리화
총　　판	신한전문서적
펴 낸 곳	(주)엑시엄정보시스템
주　　소	서울시 송파구 법원로 128, B동 209호(문정동, 문정역 SK V1)
전　　화	070-8264-9889
팩　　스	02-6499-9889
이 메 일	oksy@axiominfo.co.kr
I S B N	979-11-959425-9-6　13500
정　　가	22,000원

파본은 구입하신 곳에서 교환하여 드립니다.

이 도서의 저작권은 저자들에게 있으며 일부 혹은 전체 내용을 무단 복제 및 전재하는 것은 저작권법에 저촉됩니다.